세상이
흉내 낼 수
없는
기독교
UNPARALLELED

UNPARALLELED
by Jared C. Wilson

Copyright ⓒ 2016 by Jared C. Wilson
Originally published in English under the title
Unparalleled by Baker Books,
A division of Baker Publishing Group
P.O. Box 6287, Grand Rapids, MI 49516, U.S.A.

Used and translated by the permission of Baker Publishing Group
through rMaeng2, Seoul, Republic of Korea.

This Korean Edition Copyright ⓒ 2017 by Word of Life Press, Seoul, Republic of Korea.

이 한국어판의 저작권은 알맹2 에이전시를 통하여 Baker와 독점 계약한 생명의말씀사에 있습니다.
신 저작권법에 의하여 한국 내에서 보호 받는 저작물이므로 무단 전재와 무단 복제를 금합니다.

세상이
흉내 낼 수
없는
기독교

ⓒ 생명의말씀사 2017

2017년 7월 21일 1판 1쇄 발행

펴낸이 | 김재권
펴낸곳 | 생명의말씀사

등록 | 1962. 1. 10. No.300-1962-1
주소 | 서울시 종로구 경희궁1길 5-9(03176)
전화 | 02)738-6555(본사) · 02)3159-7979(영업)
팩스 | 02)739-3824(본사) · 080-022-8585(영업)

기획편집 | 박미현, 유영란
디자인 | 윤보람
인쇄 | 영진문원
제본 | 정문바인텍

ISBN 978-89-04-16596-4 (03230)

저작권자의 허락없이 이 책의 일부 또는 전체를
무단 복제, 전재, 발췌하면 저작권법에 의해 처벌을 받습니다.

세상이 흉내낼 수 없는 기독교

제라드 윌슨 지음
전병철 옮김

UNPARALLELED

생명의말씀사

차례

들어가는 글 _ '착함' 깨뜨리기   6

1장 이슬람도 같은 하나님 믿는 것 아닌가요?   16
    : 세상 어디에도 기독교의 하나님과 같은 신은 없다.

2장 세 분이면서 한 분이라는 걸 믿으라고요?   48
    : 세상 어디에도 하나님처럼 삼위일체로 존재하는 신은 없다.

3장 기독교인은 왜 다른 사람을 죄인 취급해요?   76
    : 세상 어디에도 기독교처럼 인간을 신성하게 보는 종교는 없다.

4장 교회 다니면서도 죄 짓는 사람 많던데요?   100
    : 세상 어디에도 기독교처럼 인간을 직시하는 종교는 없다.

5장 예수님은 그저 좋은 선생인 것 아닌가요?   126
    : 세상 어디에도 예수님처럼 단호하게 구원을 제시한 신은 없다.

UNPARALLELED

6장 예수님이 정말 신이라면 죽을 수 없지 않나요?   150
: 세상 어디에도 예수님처럼 인간을 대신해 죽은 신은 없다.

7장 부활 같은 이야기는 안 믿어도 되지 않나요?   168
: 세상 어디에도 예수님의 부활만큼 인간에게 필요한 사건은 없다.

8장 착하게만 살면 천국 가는 것 아닌가요?   198
: 세상 어디에도 기독교처럼 오직 은혜로 구원받는 종교는 없다.

9장 혼자 잘 믿으면 되지 선교를 꼭 해야 하나요?   220
: 세상 어디에도 기독교처럼 남을 위해 자기가 죽는 종교는 없다.

10장 죽으면 다 끝이지 영생이 꼭 필요한가요?   244
: 세상 어디에도 영원한 하나님 나라만큼 위대한 현실은 없다.

나가는 글 _ 예수 그리스도 외에 없다   264
역자의 글 _ 기차게 독특한 교리로 세상을 흔들어라!   268
감사의 글   271

들어가는 글

'착함' 깨뜨리기

나는 그저 머리를 깎고 싶었을 뿐이다. 삶과 죽음, 선과 악 또는 천국과 지옥에 대해 토론할 계획은 전혀 없었다. 그러나 하나님은 다른 계획이 있으셨다. 그 미용사도 그랬던 것 같다.

미용실에 갈 때마다 단 한 번의 예외도 없이 이런 일이 생긴다. 깨끗한 미용 의자에 앉자마자 두툼한 비닐 앞치마가 둘러졌다. 상투적인 인사말을 건네기가 무섭게 나의 머리카락이 우수수 바닥에 떨어졌다. 그리고 얼마 지나지 않아 미용사가 거의 모든 손님에게 물었을 질문을 내게 했다. "그래, 뭐하는 분이세요?"

여기에 수많은 창의적인 대답이 있을 수 있다. 이를테면, "뭐 그렇게 대단한 일은 아니고, 주로 책상 앞에 앉아 하는 일을 해요." 조금 건방져 보이고 싶다면 이렇게 답할 수도 있다. "차갑고 어두운 우주의 생태와 눅눅하고 어두운 이 무의미한 공간에 대해 사색하는 일을 하죠."

그러나 미용사가 진짜 궁금한 게 뭔지 나는 안다. "생계를 위해 하는 일이 뭔가요?"

다시 말해 직업을 묻는 것이다. 나는 정직하고 직접적인 두 가지 대답을 줄 수 있다. 만일 종교적인 논쟁을 피하고 싶거나, 그날 나의 내향적인 성향이 마침내 극에 달했거나, 혹은 영적인 대화에 너무 지친 날이면, 나는 그냥 "작가예요."라고 답한다. 하지만 그러면 여지없이 무슨 글을 쓰는지 꼭 묻는다. 그러면 결국 다시 나의 가장 솔직한 대답으로 돌아오게 되어 있다. 그래서 이렇게 대답한다. "목사입니다."

소위 미국 남부의 신앙이 두터운 지역이나 다른 종교성이 짙은 지역에서 머리를 깎는다면, 미용사는 그냥 눈썹을 살짝 치켜세우고 '그게 뭐 어쨌다는 거야.'라며 하찮게 여길지 모른다. 미국 남부지역에서는 창밖으로 돌을 던지면 십중팔구 목사가 맞는다. 그러나 내가 가장 최근에 살았던 곳(미국에서도 교회가 가장 적은 주에서 또 교회가 거의 없는 지역)에서는 직업이 목사라고 하면 종교에 관한 대화를 피할 방도가 없다. 평범한 버몬트 주 사람이 복음주의 목사와 대화하게 될 확률은 괴생명체 빅풋(Bigfoot)과 마주치거나 외계인에게 납치될 확률과 같다고 보면 된다.

좋다, 과장이 좀 심했다. 어쨌든 그리 흔한 일은 아니라는 것이다.

내가 목사라고 말하면 일반적으로 아주 잠시 어색한 침묵이 흐른다. 미용사는 순간 머릿속에서 이런저런 생각을 굴리며, 자신이 예상하지 못한 정보에 대한 올바른 대응을 찾는다.

우선 내가 어디서 목회하는지 물을 수 있다. 그 지역 사람조차 대부분이 모르는 아주 구석진 그 동네가 어떠한지, 혹은 우리 아이들이 거기서 학교 다니는 것을 좋아하는지를 물을 수 있다. 그러나 대화는 대개 나의 직업에 대한 나름의 평가로 이어진다.

"좋은 일 하시네요."

그리고 그녀는 대부분의 사람들이 할 법한 말을 한다. 그런 말을 들을 때마다 5센트씩 모았다면, 머리 깎는 값을 내고도 남았을 것이다. 직업이 목사라는 것을 들은 사람은 거의 언제나 "나는 영적이지만 종교적이지는 않다."는 말을 다른 식으로 표현한다.

그 말의 속뜻은 이렇게 해석할 수 있다. "당신이 목사라는 건 좋습니다. 하지만 나는 제도적인 종교에는 관심이 없습니다."

"나는 영적이지만 종교적이지는 않다."는 말은 그 미용사뿐 아니라 많은 사람에게서 듣는 말이다. 뉴잉글랜드 지역 사람들도 그렇게 말한다. 그리고 그들 중 다수가 어떤 식으로든 '영적인' 행위에 관여하고 있다. 그 지역을 통틀어 교회가 딱 하나뿐인 곳에서 목회한 적이 있는데, 거기서도 매주 명상 모임이 있었다. 매년 핼러윈이면 밤마다 불의 영을 부르는 주술 모임도 있었다. 그 동네에는 영매나 심령술사, 신비주의자도 많았다. 버몬트 지역도 상당히 뉴에이지적이라고 할 수 있다. 많은 사람이 영적이지만 종교적이지는 않다.

하지만 실상 "나는 영적이지만 종교적이지는 않다."는 말의 진짜 의미는 "당신 같은 사람이 언급하기에 하는 말이지 사실 나는 한 번도 영적인 것이나 종교적인 것을 생각해 본 적이 없습니다."와 같다.

그야말로 우리는 포스트-복음주의, 포스트-기독교 시대의 영적인 황무지 가운데 사는 것이다.

바로 이런 시대에서 나는 단순히 머리를 깎으러 왔고, 미용사는 아무 생각 없이 던진 말인데, 내가 열정적으로 대화의 분위기를 망친 것이다. 사실 그날은 미용실에 가면서 그런 질문과 반응에 대해 어느 정도 응대할 준비를 했다. 그러나 한편으로는, 유감스럽지만 그런 상황을 피하고 싶었다. 그냥 머리만 깎고 오고 싶었다! 하지만 하나님의 계획은 달랐다. 우리의 대화는 이렇게 진행되기 시작했다.

"저는 영적이지만 종교적이지는 않아요." 미용사가 말했다.

"멋지네요. 그런데 영적이라는 건 무슨 뜻이죠?" 내가 말했다.

"음, 아시겠지만, 착하게 살려고 노력하는 거죠. 긍정적인 생각을 하면 긍정적인 결과를 낳는다고 하잖아요. 이 세상에는 부정적으로 생각하는 사람이 너무 많은 것 같아요."

"맞아요. 그런데 사람들 대부분이 부정적이라고 생각하시나요?"

"그렇게 보여요. 전부는 아니겠죠. 하지만 많은 사람들이 부정적이에요."

"그럼, 당신은 부정적이지 않나요?"

"글쎄, 저도 물론 완벽하지는 않죠. 하지만 긍정적인 에너지를 세상에 전파하려고 노력하는 편이에요."(버몬트 주에 사는 사람들은 긍정적인 에너지와 뭐 그런 비슷한 것에 관심이 상당히 많다.)

"그래서 영적이라는 것은 착한 일을 많이 하는 거란 말씀이시죠?"

"네, 그런 부분이 크죠. 착한 사람이 되려고 노력하고, 긍정적인

들어가는 글 9

에너지를 더 많이 쏟아붓고, 부정적인 것에 방해받지 않고, 기본적으로 남들에게 친절하게 대하는 것. 뭐 그런 거죠."

이쯤에서, 인류의 역사를 돌아볼 때 사람들 대부분이 일반적으로 이렇게 생각한다는 생각이 들었다. 조금씩 다르게 정의하거나 표현할 수 있겠지만, 종교가 있건 무교이건 상관없이 이런 종류의 도덕적 기준이 모든 인간 존재에 기본적으로 들어 있는 것 같다. 예를 들면 착하게 살아야 한다, 나쁜 것보다 착한 게 낫다, 나쁜 일보다 착한 일을 더 많이 한다면 착한 사람이다, 혹은 착한 사람은 나쁜 일보다 착한 일을 더 많이 한다 등 뭐 이런 것들.

예외가 있겠지만, 대부분이 이런 생각을 가지고 산다. 바로 이런 이유 때문에 미국 남부지역 사람들은 매주 주일이면 교회에 가고, 뉴잉글랜드 지역 사람들은 교회에 가지 않는다. 모두 자신을 '착한 사람'이라 여기기 때문이다.

내가 깨달은 것은, 전혀 비기독교적인 문화 속에서는 이런 종류의 대화가 놀라운 전도의 기회로 이어진다는 사실이다. 내가 살던 지역의 사람들이 전반적으로 제도화된 종교나 그와 연관된 종교성을 거부하는 이유는, 그들 스스로가 자신은 그런 제도화된 종교의 도움 없이도 얼마든지 '착한 사람'이 될 수 있다고 판단하기 때문이다. 그런데 결정적으로, 종교적이지 않고도 얼마든지 착한 사람이 될 수 있다는 그들의 생각은 틀리지 않다.

우리는 교회나 경전 또는 종교행위 등의 도움을 받지 않고도, 우리의 도덕적 저울이 나쁜 면보다 좋은 면으로 더 기우는지 수시로 확인하면서, 끊임없이 긍정의 에너지를 발산하는 삶을 살 수 있다. 사람은 얼마든지 '영적이지만 종교적이지 않을 수' 있다. 실제로 많은 사람이 그렇게 노력하며 살아간다. 내가 사는 버몬트 주에서는 신적인 존재를 믿지 않는 사람도 가정에서 자녀에게 기본적인 예의범절을 가르치고, 홈스쿨링을 통해 교육하고, TV를 못 보게 하고, 소비를 줄이고 아껴 쓰고 재활용하는 훈련도 시킨다. 그리고 대부분 '착하게 살자.'라는 그들의 기준에 비추어 볼 때 분명 착한 사람들이다. 그들은 그런 착한 사람이 되기 위해 교회에 가지 않아도 된다는 사실을 깨달았고, 이런 그들의 생각은 틀리지 않았다.

그런 까닭에, 그리스도를 따르는 이 세상 모든 신자들이 그러하듯 나의 임무는 그들이 이제껏 한 번도 들어보지 못한 급진적인 개념으로 그들의 '착함'을 깨뜨리는 것이다. **착하게 살려고 노력하는 것이 핵심이 아니다.**

내가 누군가에게 예수님을 전하고 싶을 때 꼭 묻는 질문이 있다. 그날도 미용사에게 그 질문을 던졌다. "기독교의 핵심 메시지가 뭐라고 생각하세요?"

여태껏 나는 믿지 않는 사람들의 입에서 기독교의 핵심 진리는 '복음'이라는 말이 나오는 것을 한 번도 들은 적이 없다. 단 한 번도 말이다. 대부분은 이미 말했듯 '착한 사람이 되는 것'이라는 표현에서 조금씩 변형된 대답들이다.

저들이 기독교의 핵심 진리를 '착한 사람이 되는 것'이라 여기게 된 이유가 무엇인지 잘 모르겠다. 여태껏 복음을 한 번도 듣지 못했을 수도 있고, 혹은 복음주의 교회가 복음을 가르치는 방법이 형편없었을 수도 있다. 사실 둘 다일 것이다. 어쨌든 이제 기독교에 대한 오해를 바로 잡고 주변을 환기시켜 복음을 전할 기회의 문이 활짝 열린 것이다.

한 가지 분명한 사실은, 영적이거나 비(非)영적이거나, 종교적이거나 비종교적이거나, 유신론적이거나 다신론적이거나 무신론적이거나, 정치적이거나, 도덕적이거나, 자유주의적이거나 보수적이거나 온건주의적 또는 모든 종류의 사상이 펼쳐진 공개적인 종교적 대화의 장에서 기독교는 상당히 유리하다. 왜인 줄 아는가? 다원주의의 짙은 안개 속에서 기독교는 밝은 빛을 비추는 진정한 등대처럼 독창적인 진리를, 유일하게 그리고 매우 선명하게 비추기 때문이다. 기독교의 중심 진리는 이 세상 그 어떤 종교나 철학 혹은 시스템과도 비교할 수 없다.

알다시피 '영적이지만 종교적이지 않은' 사람들은 종교와 철학은 결국 모두 같다고 생각한다. 무신론자는 모든 영성이 비슷하다고 주장한다. 범신론자는 모든 구원의 길은 결국 하나의 목적지를 향한다고 주장한다. 도덕주의자는 정치와 예술은 물론 위대한 고전으로부터 자신의 당위성을 찾는다. 하지만 기독교는 근본적으로 다르다.

내 얼굴 앞에서 날카로운 가위를 들고 있는 미용사에게 이렇게 말했다. "만일 기독교의 핵심 메시지가, 목사인 나를 포함해 단 한 사람도 그 속까지 착한 사람은 없으며, 우리 자신은 결코 무엇이 선하고 악한지 정확히 판단할 능력이 없는데, 이러한 우리를 하나님이 무조건 사랑하셔서 아무리 악한 사람도 '선하다.' 여겨 주시는 것이라 한다면 어떠시겠어요?"

대개는 혼란스러워 한다. 하지만 동시에 흥미로워한다. 상식적인 사람이라면, 악한 사람을 어떻게 선하다 여길 수 있겠는가? 하물며 하나님이 그렇게 하신다고?

나는 이렇게 말했다. "기독교의 중심 진리는 우리가 종교적이 되거나 착한 사람이 되려고 노력하는 것이 아니에요. 기독교의 핵심 메시지는 하나님이 악한 사람들을 너무나 사랑하셔서 그들을 용서하려고 결국 아들 예수님을 보내 십자가에 달려 죽게 하셨고, 우리가 자신의 선행이 아닌 예수님을 신뢰한다면, 우리는 영원히 선하다 선포되며 심판에서 구원받는다는 것이거든요."

솔직히 말해 이런 대화를 통해 그리스도를 자신의 주님과 구세주로 영접했다는 사람을 본 적은 없다. 하지만 분명한 것은 그들이 진짜 성경의 메시지를 난생처음으로 듣게 되었다는 사실이다.

불신앙과 회의론적 성향이 점점 커지는 현시대에서 우리는 어떻게 해야 그리스도인으로 담대하게 살 수 있을까? 그러려면 기독교가 다른 반대되는 철학 또는 사상과 비교했을 때 어떻게 분명하게 구별되는지 잘 알아야 한다. 단지 '착함'만으로는 우리가 그들보다 나은 것이 없다. 믿음이 없는 사람도 얼마든지 착하게 살 수 있음을 잘 알지 않는가. 슬프게도 예수님을 따른다고 하면서도 '착함'과 거리가 먼 사람들도 있다.

'착하게 살면 된다.'는 생각은 현대 사회에서 상당히 지적으로 발전했다. 오늘날 기독교 신앙에 대한 거부는 이전보다 훨씬 더 정교하고 적대적이다. 기독교는 보편적 진리들의 또 다른 변형으로 여겨진다. 냉소주의자나 반기독교 비판가들은, 기독교가 주장하는 중심 진리란 사실상 고대 신화나 설화를 재포장한 것에 불과하다고 주장한다.

하지만 정말 그럴까?

잘 아는 사실이지만, 가짜를 구별하려면 진짜를 잘 알아야 한다. 우리는 기독교 신앙과 그 영향력의 기초로 돌아가 기독교가 다른 종교와 어떻게 다른지 연구해야 한다. 우리가 고백하는 신앙의 기본 진리와 익숙해질수록 기독교가 근본적으로 얼마나 다른지 알게 된다. 하나님에 대한 성경의 가르침에서부터 그리스도의 사역에 이르기까지, 기독교가 전하는 메시지에서부터 사명에 이르기까지, 기독교는 모든 것들과 구별된 진리이다.

기독교에 대한 정면 도전으로부터 신앙을 지키려는 우리의 노력에 도움이 될 만한 기독교 변증서와 기독교 세계관에 관한 책이 많다. 그러나 우리는 논쟁에서 이기려고 배우는 것이 아니다. 그런 태도는 바로 이 세상 종교에 대해 논쟁하는 다른 모든 사람이 취하는 방식이다. 기독교는 단 한 번도 논쟁에서 이김으로써 영혼을 구원한 적이 없다. 논쟁에서 이기는 것이 아니라 마음을 얻어야 한다. 그래야 전도가 된다.

기독교 신앙이 단순히 옳은 진리가 아닌 **강력한 능력**이라는 사실은 왜 그리 중요한가? 사도 바울은 고린도후서 10장 5절에서 이렇게 말했다. "하나님 아는 것을 대적하여 높아진 것을 다 무너뜨리고 모든 생각을 사로잡아 그리스도에게 복종하게 하니." 바르게 이해하고 정확하게 가르치기만 한다면, 성경의 가르침은 반대 의견을 잠재울 뿐 아니라 그들의 영혼까지 사로잡을 수 있다.

성경 중심의 기독교 기본 교리는, 지성인들의 까다로운 질문에 대답하는 동시에 그들 마음속 가장 깊고 간절한 열망에 응답한다(전 3:11; 행 17:23; 롬 8:23). 물론 분명히 기독교 신앙과 다른 종교 사이에 몇 가지 유사점이 있다. 그러나 나는 이 책에서 기독교의 근본적인 독창성이 지닌 완전히 거부할 수 없는 매력을 보여 주고 싶다. 이 땅에 그 어떤 종교도 철학도 삶의 방식도 기독교와 같을 수 없다.

1

이슬람도 같은 하나님 믿는 것 아닌가요?
: 세상 어디에도 기독교의 하나님과 같은 신은 없다.

"테러를 예로 들어 보죠."

우리가 탄 택시의 무슬림 운전사가 말했다.

솔직히 속으로 긴장했다. 종종 나도 모르게 종교적인 이야기를 할 때가 있다. 그리고 가끔은 일부러 내가 먼저 그런 이야기를 꺼낼 때도 있다. 그것 때문에 어려움을 당하기도 하지만, 사실 개인적으로는 그것이 내가 기독교인이라는 정체성을 확인하는 아주 중요한 부분이기도 하다.

나는 우리가 하나님을 알기 바라시는 인격적인 하나님을 믿는다. 그리고 그 인격적인 관계를 다른 사람에게 알리는, 복음을 전하는 사명이 그리스도인에게 주어졌다고 믿는다. 내가 진심으로 하나님을 사랑한다면, 이웃도 사랑해야 한다. 내가 진심으로 이웃을 사랑한다면, 그들이 하나님을 사랑하게 되기를 원할 것이다. 그리고 그들이 하나님을 사랑하게 되기를 진심으로 원한다면, 그들에게 하나님에 대해 이야기하게 될 것이다.

바로 그런 까닭에 내 친구 조나단과 나는 어느 햇볕 좋은 날 오후 워싱턴 DC의 한 택시 안에서 운전사와 종교에 관한 이야기를 하게 된 것이다. 그는 자신이 이슬람교 신자이지만 모스크에는 자주 가지 않으며, 신앙심이 깊은 무슬림은 아니라고 했다. 하지만 신앙심 깊은 부모님 밑에서 엄격하게 자랐기 때문에 여전히 하나님에 대한 강한 믿음을 갖고 있다고 말했다(그 운전사는 '알라'라고 하지 않고, '하나님'이라고 했다). 그리고 자신의 믿음을 우리와 나누고 싶어 했다.

아주 짧은 거리였지만, 그 사이에 성경의 역사에 등장하는 족장 설화들과, 선지자들의 특징 그리고 하나님의 공의에 대해 이야기했다. 그 택시 운전사의 이름이 기억나지 않으니 여기서는 편의상 '오마르'라고 부르기로 하자. 오마르가 이슬람 테러리즘에 대한 이야기를 꺼냈을 때 우리는 마침 몇몇 정부청사를 거쳐 국회의사당 근처를 지나고 있었다. 그가 말했다. "내가 지하드에 속해 있다 해도 사람을 죽인다면 하나님도 절대 용서하시지 못할 거요."

"용서하실 수 있는 방법이 없다고요?" 내가 물었다.

그가 말했다. "물론이죠. 살인은 돌이킬 수 없으니까요. 만일 내가 무언가를 훔쳤다면 배상을 할 수 있겠죠. 훔친 물건을 돌려주면 되니까요. 혹은 상대가 만족할 때까지 처벌을 받을 수도 있고요. 하지만 내가 당신을 죽인다면…… 그건……."

살인이라는 말에 나는 떨렸지만 그것을 감추기 위해 애써 웃었다.

"이미 죽은 목숨을 살려낼 수 없으니, 당신은 나를 용서할 수 없을 테고, 그렇게 되면 하나님도 나를 용서하고 싶어도 그러실 수 없게 되는 거죠."

"만일 테러리스트가 천국에 간다면 어떻게 되는 거죠? 이슬람에서는 낙원이 주어진다고 하지 않나요?"

오마르가 대답했다. "그렇지 않아요. 하나님은 그런 인간을 절대 천국에 들어가도록 그냥 놔두지 않아요. 살인은 아주 무서운 죄라서 하나님도 용서하실 수 없죠."

정의에 관한 오마르의 견해가 아주 강하다는 사실에 매우 기뻤다. 그는 살인이 중대한 범죄임을 정확하게 알았다. 물론 성경은 살인을 금하고 있다. 하지만 구체적으로 오마르는 사형과 같은 죄에 응당하는 보상적 처벌을 이야기하는 것 같았다. 그러나 그가 말하는 '용서'는 단순한 '배상'과는 상당히 다른 개념이라고 생각한다.

내가 말했다. "기독교에서는 예수를 믿으면 누구든지 하나님이 어떠한 죄라도 용서해 주신다고 믿어요."

오마르는 화를 내지는 않았지만 아주 단호한 목소리로 말했다. "그런 죄들은 너무 심해서 하나님도 용서하실 수 없다고요!"

그때 내 친구 조나단이 오마르에게 물었다. "예수님에 대해서는 무엇이라고 믿나요? 선지자였다고 생각하나요?"

"그렇죠." 오마르가 고개를 끄덕이며 대답했다. 그는 왼손으로는 핸들을 잡고, 오른손으로는 마치 오케스트라를 지휘하듯 현란한 손짓을 하며 말했다. "예수도 모세나 아브라함 그리고 야곱처럼 하나님의 좋은 선지자 중 한 분이지요."

"그럼 예수님이 사람들의 죄를 위해 죽었다는 건 믿나요?"

"십자가에서요? 아니요."

"그럼 예수님은 어떻게 되신 거죠?"

"하나님이 천국으로 데려가신 겁니다."

우리의 목적지는 그리 멀지 않았는데, 이야기가 어떻게 거기까지 갔는지 모르겠다. 우리는 구약성경에 나오는 선지자들의 이야기와, 오마르가 이슬람교에서 듣고 배운 예언자의 일부를 비교했다. 선지자에 대한 이야기는 기본적으로 기독교나 이슬람교나 비슷했다. 예를 들면, 아브라함이 하나님의 명령에 순종해 자신의 아들 이삭을 제물로 바치려고 산으로 데려갔는데, 결국 하나님이 이삭을 대체할 제물로 나무에 걸린 양을 제공하셨다는 이야기 등이 말이다. 그 양의 출현은 결국 이삭을 살렸다.

오마르 같은 이슬람교 신자에게 아브라함의 이야기는 단순히 하나님의 자상함을 보여 주는 아주 좋은 예일 뿐이다. 하지만 기독교인에게는 하나님의 공의를 충족시키는 동시에 우리의 생명을 살리시려고 우리를 대신해서 죽으신 예수 그리스도를 가장 잘 나타내는 예표이다.

내가 물었다. "그 이야기가 기독교인들이 예수를 믿는 이유라고 생각해 본 적은 없으세요?"

오마르가 대답했다. "무슨 말인지 알겠어요. 아주 흥미롭군요."

우리는 그에게 복음에 대한 어떤 즉각적인 응답이나 기도를 권하지는 않았다. 하지만 택시에서 내리기 전에, 예수님이 십자가에서 죽으심으로 우리의 모든 죄를 대신 처벌받아 우리 죄의 대가를 모두 치르셨기에, 하나님은 그 어떤 극악무도한 죄인도 용서하실 수 있으며 또 용서하신다는 사실을 확인해 주었다.

지난 몇 년간 그 짧은 만남이 자주 떠올랐다. 그때마다 오마르에게 뿌려진 복음의 씨앗이 뿌리를 내려서 그가 예수님을 더욱 알게 해 달라고 기도했다. 그 만남을 통해 나는 인간의 본성과 종교적인 이데올로기, 하나님에 대해 다양한 관점이 존재함을 깨달았다.

오늘날, 다른 사람들이 믿는 것을 무시하기가 훨씬 쉬워졌다. 왜냐하면 우리가 사는 이 시대는 모든 것을 효과적으로 단순화하는 문화에 익숙해졌기 때문이다. 내용보다는 자극적인 문구나 슬로건이 판치는 시대여서 사람들은 자신과 반대편에 있는 종교적인 주제, 심지어는 정치나 문화적인 이슈에 대해 알려고 하지 않는다. 상대방의 신념에 반대하기 위해 상대방과 일일이 소통할 필요는 없다. 상대방이 실제로 믿는 바가 무엇인지 '알' 필요조차 없다. 단지 상대의 신념을 피상적인 문구로 단순화하고 그걸로 대체하면 그만이다. 논증에서는 이것을 '허수아비 때리기'라고 부른다. 예를 들어, 하나님에 대해 "나는 하늘을 나는 요정을 믿지 않아."라거나 "소원을 들어주려고 우주에서 온 노인 같은 존재를 믿지 않아."라고 말하는 식이다. 그런데 그거 아는가? 기독교인들은 하늘을 나는 요정이나 소원을 들어주러 우주에서 온 노인의 존재를 믿지 않는다.

누구에게나 나름의 신이 있다

신의 존재를 부정하는 사람들과 실질적인 종교 이야기를 나누는 가장 좋은 방법 하나는 그들이 믿지 않는다는 신에 대해 설명해 달라고 하는 것이다. 그들의 말을 듣고 있으면 십중팔구 "나도 그런 신은 안 믿어!"라고 말하게 될 것이다.

택시 운전사 오마르에게 배운 이슬람 신학은 페이스북에 돌아다니는 기독교인들의 비판글이나 폭스 뉴스의 분석보다 좀 더 미묘하다. 우선 나는 오마르가 대부분의 사람들처럼 정의에 대해 매우 강한 신념을 가졌다는 사실을 알게 되었다.

오르마는 살인자도 용서하시는 하나님이라는 개념을 이해할 수 없다고 했다. 이것은 비단 오마르만의 문제가 아니라고 생각한다. 실제로 많은 진보적인 기독교 자유주의 신학자들과 무신론자들, 일반적인 상대주의자들과 주관주의자들에게서 '하나님의 정의'에 대한 그런 비슷한 관점을 찾아볼 수 있다. 그들은 정상적인 사람이라면 누구나 악에 대해 단호한 하나님을 믿는다고 생각한다. 혹은 만일 하나님이 존재한다면, 하나님은 그런 분이어야 한다고 믿는다.

기독교 신앙의 진보 진영에서는 하나님의 자비와 친절한 모습만 강조한 나머지, 성경에 묘사된 하나님의 거룩함은 왜곡하거나 소홀히 하는 경향이 있다. 그런 탓에 진보주의자들이 말하는 하나님의 모습은 상당히 관용적이다. 그러나 동시에 정의와, 악을 극복하는 것, 영적인 어둠을 몰아내는 일에 매우 깊은 관심을 가진다. 성경을 믿는 여타 기독교인들처럼 그들도 정의로운 하나님을 믿는다. 하나님의 진노나 지옥을 믿지 않고 지나칠 정도로 죄를 강조하지 않을지는 모르지만, 분명히 악행이 있으며 하나님이 악행을 간과하지 않으신다는 사실을 그들도 믿는다.

마찬가지로, 논리적으로 일관된 무신론자조차 신은 악의 문제를 간과하지 않는다는 사실을 안다. 악은 무신론자에게도 매우 심각한 문제이다. 그런 까닭에 요즘 새로 등장하는 무신론자들은 기독교나 종교에서 말하는 악의 개념을 증명하는 데 자신의 수사학적이고 철학적인 에너지를 쏟아붓는다. 그들은 신적인 존재를 믿지 않지만, 만일 진짜 하나님이 있다면 인간에게 설명할 것이 많으리라고 생각한다. 또한 무신론자 거의 대부분은, 만일 하나님이 진짜 있고 그 하나님이 악한 사람을 지옥에 보낸다면, 아돌프 히틀러나 제프리 다머 같은 인간들은 반드시 그곳에 가야 한다고 생각한다.

하나님의 거룩이라는 개념은 우리 생각만큼 생소하지 않다. 우리에게는 모두 도덕적 절대주의나 정의감이 내장되어 있다. 아무리 무신론자라 힐지라도 도둑질과 같은 악행을, 그것도 자기 가족에게 벌어지는 악행을 보고 괜찮다고 넘어갈 사람은 없다. 혹 누군가의 옳고 그름에 대한 기준을 알고 싶다면 동성 결혼에 관한 의견을 나누어 보라. 이 아주 민감한 문제는 이 시대에서 누가 옳고 그른지 판단하는 기준이 되어 버렸다.

물론 세계 주요 종교단체의 추종자들과 비종교적인 사람들은 옳고 그름의 판단 기준에 있어 서로 동의할 수는 없겠지만, 정상적인 사람이라면 누구나 옳고 그름의 기준을 나름 가진다는 사실에 동의할 것이다. 무신론자들은 도덕성이란 인간의 진화된 문화 양심이라 치부하려 하지만, 사실상 그들이 도덕적 기준의 근거로 삼는 것은 그들 나름의 기능적인 신이다. 반면 종교인들은 옳고 그름에 상당히 구체적인 기준을 제시하는 신이 존재함을 믿는다. 그리고 그 신은 죄의 대가를 치르는 일 없이 그냥 넘어가게 두지 않는다고 믿는다. 특히 유일신 사상을 지닌 3대 주요 종교인 유대교, 기독교, 이슬람교는 하나님은 악을 그냥 지나치지 않으시며, 그에 상응하는 조치를 취하시리라고 믿는다.

그렇다면 이것은 유대교, 기독교 그리고 이슬람교가 같은 하나님을 예배한다는 뜻일까? 세 종교 모두 하나님이 거룩하시다는 점에는 동의하지만, 각각이 지닌 하나님에 대한 견해는 나머지와 구별되는 나름의 주장을 한다.

착하게 사는 것과 은혜

나는 오마르가 죄의 문제를 심각하게 받아들였다는 사실에 감사했다. 또한 그가 하나님을 용서하시는 하나님으로 여겼다는 사실이 좋았다. 이 두 가지, 즉 하나님은 거룩하시며 용서하는 분이라는 사실은 유일하고 진실하신 하나님을 이해하는 데 중요한 요소이다. 그런데 유일신 사상을 가진 세 종교는 여전히 거룩이라는 개념과 용서라는 개념에 대해 각각 다른 접근을 취한다.

오마르의 종교관에서 볼 때 하나님은 어떠한 경우라도 살인과 같은 심각한 죄를 용서하실 수 없다. 오마르가 심각하게 여기는 죄에는 강간이나 성추행 등도 포함될 것이다. 도덕적인 기준으로 볼 때 그의 견해는 옳다.

하지만 나는 기독교인으로서 그가 하나님에 대해 다른 어떤 대안적 견해도 받아들일 수 없다는 사실이 불편하다. 하나님은 어떤 죄는 용서하고 어떤 죄는 용서하지 않으실까? 기독교인들도 하나님이 어떤 사람은 용서하지만 어떤 사람은 용서하지 않는다고 생각한다. 하지만 이 둘은 분명 다른 개념이다. 기독교인들은 살인을 저지른 사람도 천국에 갈 수 있다고 믿는다. 또 살인을 저지르지 않았지만 천국에 갈 수 없는 사람이 있다고 믿는다. 그 둘의 차이점은 무엇일까?

첫째, 기독교의 관점에서 보면, 거룩하신 하나님은 죄가 있다는 사실 그 자체에 벌주신다. 어떤 죄를 지었느냐가 핵심이 아니다. 하나님은 완벽하게 거룩하신 분이기에 그분의 기준에서는 남을 헐뜯는 비방이니 살인이나 똑같이 하나님의 진노의 대상이다. 그런데 우리는 살인이 비방보다 심각한 범죄라고 생각한다. 구약의 레위기와 민수기에서 하나님이 죄에 상응하는 실제적인 처벌을 명하시는 것을 보면, 죄의 경중을 알 수 있다. 그러나 이것은 하나님이 어떤 죄는 간과하시고 어떤 죄는 용서하실 수 없다는 의미가 결코 아니다.

사도 바울은 바로 이점을 로마서에서 지적했다.

"기록된 바 의인은 없나니 하나도 없으며 깨닫는 자도 없고 하나님을 찾는 자도 없고 다 치우쳐 함께 무익하게 되고 선을 행하는 자는 없나니 하나도 없도다 …… 모든 사람이 죄를 범하였으매 하나님의 영광에 이르지 못하더니"(롬 3:10-12, 23).

사도 바울의 주장은 비방과 살인, 도둑질과 학대, 탐욕과 동성애 모두를 고발한다. 종교적인 사람과 종교이지 않은 사람 모두를 기소한다. 종교 설문 조사란에 '유대교'와 '이슬람교'뿐 아니라 '기독교'라 표시하는 모든 사람이 해당된다. 하나님의 거룩한 빛에 비추면 모든 인간은 죄인이다. 그리고 하나님은 결코 죄를 내버려 두지 않으신다(나 1:3).

죄의 경중을 가리는 데 있어 기독교 역시 요지부동의 태도를 지닌다. 오히려 더하면 더했지 이슬람과 비교해 크게 다르지 않다. 죄에 대한 견해에 있어 이슬람과 기독교는 "거기서 거기다."라고 말할 수 있다.

하지만 그것이 기독교의 하나님에 대한 이해의 전부는 아니다.

구약과 신약을 통틀어 성경 전체에는 하나님의 진노를 완벽하게 표현하는 하나님의 공의와 심판에 대한 내용이 잘 나타난다. 하지만 동시에 하나님의 거룩한 사랑의 완전한 적용도 찾아볼 수 있다. 다음의 성경 구절들을 살펴보자.

- 여호와는 노하기를 더디하시며(나 1:3).

- 여호와께 감사하라 그는 선하시며 그 인자하심이 영원함이로다 (시 136:1).
- 주의 긍휼이 많으오니(시 119:156).
- 주와 같은 신이 어디 있으리이까 주께서는 죄악과 그 기업에 남은 자의 허물을 사유하시며(미 7:18).
- 모든 사람에게 구원을 주시는 하나님의 은혜가 나타나(딛 2:11).
- 긍휼이 풍성하신 하나님이(엡 2:4).
- 하나님은 사랑이심이라(요일 4:8).

기독교인들이 믿는 하나님은 온전히 거룩하고 동시에 은혜로우시다. 물론 이슬람교나 유대교도 하나님이 죄인을 용서하신다는 사실을 믿는다. 이 부분은 기독교만의 독특한 특성이라 보기 어렵다. 그러나 하나님이 죄를 용서하시는 방법에 있어 완전히 다르다.

다른 모든 종교는 (유일신을 섬기는 다른 주요 종교를 포함해) 신에게 용서를 받는 여부가 개인의 행동에 달려 있다. 이를테면, 충분한 선행을 하고, 예배에도 성실하게 참여하고, '마음 자세가 옳은 곳을 향해야 한다.'거나 특정한 종교의 멤버가 되어야 한다는 식이다. 오직 기독교만이, 그 모든 행동이 좋은 것이기는 하지만, 그러한 행위의 결과로 우리 죄를 용서받을 수 없다고 분명하게 가르친다.

이 말은 우리의 선행과 교회 출석과, 기독교 공동체에 소속되는 것이 나쁘다는 뜻이 아니다. 문제는 인간의 종교적이고 영적인 노력이 항상 인간이 가진 죄책감과 밀착되어 있다는 것이다. 인간의 자기중심적인 동기와 실천은 죄 용서를 받기에 온전하지 못하다. 그러나 우리가 예배하는 하나님은 완전히 거룩한 분이시다!

다른 모든 종교에서 말하는 신들은, 인간의 죄를 용서하기 위해 어떻게든 자신의 거룩함을 타협해야 한다. 즉 죄 용서를 위해 의로움보다는 자비 쪽으로 저울의 추를 치우치게 기울여야 한다는 말이다. 일종의 '규칙을 변형'시키는 것이다. 다른 한쪽을 위해 신은 자신의 일부를 포기해야만 한다.

그러나 기독교인들이 예배하는 하나님은 조금도 타협하지 않으신다. 어떤 규칙도 바꾸지 않으신다. 실제로 하나님은 모든 죄를 일일이 다 벌하신다. 인류의 역사를 통틀어 단 하나의 죄도 하나님의 심판의 영역에서 빠져나갈 틈이 없다.

그렇다면 하나님은 어떻게 자신의 거룩함을 유지하면서 동시에 우리 같은 죄인을 용서하실 수 있는가?

하나님은 우리의 죄를 예수 그리스도께 전가하신다.

하나님은 벌 받을 자를 결코 내버려 두지 않겠다고 선언하셨다. 하나님은 죄인들을 의롭게 하신다. 그런데 공의를 해치지 않으면서 그 일을 하려면 의인을 죄인의 자리에 대신 보내야만 한다. 성경은 하나님이 이것을 이루기 위해 자신의 아들 예수를 대신 처벌하심으로써 우리의 죄를 처벌하셨다고 기록한다.

예수님은 죄가 없었지만 십자가를 지시고 자신이 받지 않아도 될 십자가의 고난을 받으셨다. 그렇게 하심으로써 우리가 받아 마땅하지만 피하고 싶은 형벌을, 온 세상의 모든 죄를 기꺼이 감당하셨다.

이렇게 우리의 모든 죄가 사함을 받았다. 지옥의 진노이든 십자가의 진노이든, 모든 죄는 반드시 응당하는 대가를 치러야 한다.

이렇게 하나님의 은혜가 드러난다. 그리스도인은, 거룩하신 하나님 앞에서 의롭다 칭함을 얻고 심판을 피하려면 자신의 선행을 의지하지 말고 거부해야 함을 믿는다. 그 대신 그리스도의 공로를 자신의 것으로 받아들여야 한다고 믿는다.

예수 그리스도의 십자가는 하나님이 어떻게 완전히 거룩하신 동시에 완전히 사랑이신지, 어떻게 온전히 공의로우신 동시에 완전히 자비로우신지 잘 보여준다. 사도 바울은 그리스도께서 십자가를 통해 "자기의 의로우심을 나타내사 자기도 의로우시며 또한 예수 믿는 자를 의롭다 하려 하심이라"(롬 3:26)라고 말했다. 이슬람교도였다가 지금은 기독교의 목사가 된 타비티 애니야브위레는 이렇게 썼다.

> 예수님의 희생을 통해 하나님은 두 가지 방법으로 당신의 공의를 드러내시며 동시에 보호하신다. 첫째, 하나님의 백성들의 죄 때문에 예수께서 고통받으심은 이전에 처벌받지 않았던 죄가 이제 그리스도 안에서 완전하게 처리되었다는 의미이다. 하나님은 어떠한 죄도 간과하지 않으신다. 자비와 은혜는 정의를 타협한 결과로 주어지는 것이 아니다. 둘째, 신자들의 모든 죄가 예수 안에서 완전하게 처벌되었기에 이제 하나님은 예수 믿는 사람들을 정당하게 의롭다 선언할 수 있다. 이것이 바로 하나님 보시기에 의롭다 여김을 받는 것, 예수를 믿는 믿음으로 의롭다 칭함을 받는 것이다. 십자가는 바

로, 예수님이 불의한 자들의 죄를 대속하신 것은 공정치 못하다는 문제 제기에 대한 하나님의 대답이다.[1]

이슬람교와 유대교의 하나님은 정의롭다. 그러나 그들의 하나님은 인간의 다양한 종교적인 노력에 의해서만 우리를 의롭게 할 수 있다. 하지만 기독교의 하나님은 의로우신 동시에 우리를 의롭게 하신다. 은혜로 우리를 의롭게 하신다. 우리의 순종 때문에 우리 죄를 용서하시는 것이 아니다. 우리 스스로는 결코 온전하게 순종할 수 없다. 오직 그리스도의 순종을 통해서만 우리는 의롭게 된다.

어쩌면 이는 매우 가느다란 구분선 같아서 기독교의 하나님과 유대교의 하나님에 사이에 큰 차이가 없어 보일 수 있다. 그러나 신약의 렌즈를 통해 보면, 유대교와 이슬람교의 신은 끊임없이 인간에게 무언가를 요구하지만, 기독교의 하나님은 요구만 하지 않으시고 요구를 충족시킬 방법을 **제공**하신다. 이 책의 8장에서 좀 더 깊이 다루겠지만, 나는 이 책 전체를 통해 은혜의 개념을 계속 다룰 것이다. 다른 종교들의 구원론을 무시하는 것은 아니지만, 기독교만이 은혜에 의한 구원을 이야기한다.

유대교와 이슬람교에서도 유일신의 사랑이라는 개념을 찾아볼 수 있다. 그러나 오직 기독교에서만이 사랑이 죄인들의 종교적인 노력과 상관없이 구원을 주시는 하나님의 일방적인 사역으로 드러난다.

---

[1] Thabiti Anyabwile, *The Gospel for Muslims* (Chicago: Moody, 2010), 75-76.

C. S. 루이스는 기독교 신앙에 대해 다음과 같은 유명한 말을 남겼다. "하나님(a God)이 존재하기에 믿는 것이 아니다. 바로 '그 하나님'(this God)이 존재하기에 믿는다."[2]

유대교, 이슬람교, 기독교, 세 개의 종교가 표현만 다를 뿐이지 결국 모두 같은 신을 예배한다고 믿는 많은 유대교도와 이슬람교도 그리고 기독교인이 있다. 이슬람교의 경전인 코란에도 그런 표현을 찾아볼 수 있다.

> "성서의 백성들을 인도함에 있어 가장 좋은 방법으로 인도하되 논쟁하지 말라. 그러나 그들 중에 사악함으로 대적하는 자가 있다면 일러 가로되, 우리는 우리에게 계시된 것과 너희에게 계시된 것을 믿노라. 우리의 하나님과 너희의 하나님은 같은 하나님이시니 우리는 그분께 순종함이니라"(코란 29:46).

유대교와 기독교의 신학 사이에는 꽤 많은 공통점이 있다. 그래서 두 종교의 신학적 공통점을 합쳐 '유대-기독교적 가치'(Judeo-Christian values)라고 부르는 것이 일반적이 되었다. 사실 이것은 실제적일 뿐 아니라 여러 면에서 볼 때 상당히 타당한 표현이다. 미국의 부시 전 대통령도 2007년 한 인터뷰에서 이렇게 말했다. "나는 전능하신 하나님을 믿는다. 또한 나는 무슬림 신자이건 기독교 신자이건 혹은

---

[2] C. S. Lewis, "On Obstinacy in Belief", in *"The World's Last Night" and Other Essays* (San Diego: Harcourt, 1988), 25.

그 어떤 종교의 신자이건 온 세계가 같은 하나님께 기도한다고 믿는다. 그것이 내 믿음이다."[3) 이러한 믿음은 세 가지 신앙의 전통에서 사실상 주류에 속한다.

하지만 나는 우리가 너무 쉽게 이러한 결론에 도달한 건 아닌가 하는 생각이 든다. 이 세 종교가 모두 유일신 사상을 가졌고 같은 역사적인 유산을 공유한다 해서, 예배하는 하나님이 모두 같을 거라는 결론은 너무 생각 없이 내린 결론이다. 실상 유일신 사상을 가진 모든 종교가 같은 신을 섬기는 것은 아니다.

유대교와 기독교는 같은 하나님을 예배한다?

실제로는 매우 복잡한 이 질문의 대답은 단호하게 '아니다.'이다.

이 주장에 움찔했을지 모르겠다. 복음주의권에서도 보면, 유대인이 예배하는 하나님이 우리가 예배하는 그 하나님이라 믿는 사람이 많다. 대다수의 유대인들은 자신이 유일하신 진짜 하나님께 예배한다고 생각한다. 하지만 사실 그들이 가진 하나님에 대한 지식은 완전하지 않다.

그런데 어떤 종교가 예배하는 대상이 기독교가 예배하는 하나님과 현저한 공통점을 가진다면, 같은 신을 예배하고 있다 여겨도 괜찮은 것 아닐까?

---

3) Mona Moussly, "Bush Denies He is an 'Enemy of Isalm,'" *Al Arabiya News* (October 5, 2007), http://www.alarabiya.net/articles/2007/20/05/39989.html.

유대교와 기독교의 여러 가닥으로 엉킨 관계가 질문을 더욱 복잡하게 한다. 유대인 학자 중 한 사람은 "유대인의 신관에는 신에 대한 통일된 이해가 없다."라고 말했다.[4] 우리가 유대교를 유대인처럼 이해하지 않기 때문에 유대교와 기독교를 구분 짓기가 더욱 어려워진다. 반면 기독교는 지난 2천 년 동안 신학적 주장의 핵심적인 문제를 거의 완벽하게 통일시켰다. 그러나 기독교의 하나님에 대한 이해와, 유대인의 하나님에 대한 이해 사이에 가장 뚜렷한 차이점이 있다면, 그것은 바로 은혜라는 사실이다.

두 종교를 가르는 구분선으로 은혜라는 개념을 내세우는 것은 좀 약해 보인다. 유대 경전인 타나크에 계시된 하나님도 지속적으로 풍성한 은혜를 보여 준다. 기독교인들도 그것에 동의한다. 구약의 하나님이 신약의 하나님과 다른 신이라고 생각하지 않는다. 유대인 선조에게 하나님은 한 분이셨음을 우리도 인정한다. 또한 타나크 전체에 은혜가 풍성하게 넘치고 있다고도 확신한다. 우리는 신약은 단순히 구약을 좀 더 온전하게 이해하는 데 필요한 것들을 제공한다고 생각한다. 그러나 두 책이 일관되게 보여 주는 사실은 하나님이 언제나 자비로운 분이라는 사실만이 아니다. 하나님은 예수 그리스도를 통한 영원한 구원 계획을 통해 자신의 자비를 보여 주신다는 사실이다.

---

4) Alon Goshen-Gottstein, "God Between Christians and Jews-Is it the Same God?" Paper presented at the Yale Center for Faith and Culture, http://faith.yale.edu/sites/default/files/goshen_final_paper_0.pdf.

기독교인은 하나님이 계시하신 것을 믿어야 한다. 또한 하나님이 계시하신 대로가 아닌 우리가 믿고 싶은 대로 믿는 것은 사실상 우상 숭배임을 알아야 한다. 아론과 이스라엘 백성들이 금송아지를 하나님으로 여기며 제사를 드린 것만 보아도 알 수 있다(출 32:5).

그런데 은혜라는 개념에 있어, 기독교를 다른 모든 종교들과 비교해 독특하게 구별하는 요소는 단순히 하나님의 성품이나 기질만을 뜻하지 않는다. 하나님이 은혜를 표현하시는 구체적인 방법, 즉 예수 그리스도와 그분의 공로까지 포함된다.

실제 유대교와 기독교를 신학적으로 구분 짓는 지점이 바로 예수님이다.

이는 단순한 의견의 차이가 아니다. 서로 정반대되는 진실을 주장하는 문제이다. 우리는 복음서에 묘사된 예수님의 가르침에서 이러한 반대되는 의견 때문에 일어난 충돌을 거듭 찾아볼 수 있다.

요한복음 8장을 보면, 정통 유대교 지도자들이 예수님을 함정에 빠뜨리고자 몰래 지켜보며 폭로하고 헐뜯고 모욕하는 것이 나온다. 여기서 우리는 예수님 시대의 바리새인들이 비주류가 아니었음을 알아야 한다. 그들은 종교적으로 엘리트였으며, 신학적으로는 주류, 즉 '현대' 유대교 신학을 대표하던 사람들이었다. 그들의 신학과 예수님의 신학은 공통점이 많았다. 바리새인들은 히브리어 성경을 읽는 신실한 신자들을 대표했다. 그들은 역사적으로 언약 신학을 믿었고, 부활을 믿었으며, 하나님의 계시를 매일의 일상에 적용하는 사람들이었다. 아마도 그들은 오늘날로 치면 기독교의 근본주의에 가까운, 즉 문화적으로는 열정적이며 한편으로는 약간 지나친 면도 없지 않지만, 모든 중요한 사안들에 대해서는 신학적으로 꽤 올바른 사람들이었다.

예수님과 바리새인들이 요한복음 8장에서 맞부딪힌 사건은 그냥 보통의 사건이 아니다. 단순히 멋진 예수 그리스도와 못된 지도자들 사이의 충돌이 아니다. 그보다 훨씬 더 심각한, 그리고 의미 있는 사건이었다. 바로 하나님에 대한 이해, 즉 하나님의 정체성에 대한 근본적인 불일치였다.

예수님은 늘 하던 일을 하고 계셨다. 바로 자신을 드러내시는 사역이었다. 이번에 주님은 자신을 재판관, 세상의 빛, 죄로부터 자유를 얻기 위한 길 그리고 자신의 정체성에 대한 다소 도발적인 주장을 몇 가지 더 하셨다. 그것은 평범한 종교 지도자들이 가르치던 것과 달랐다. 우리는 자기 자신에 대해 그런 주장을 하는 종교 지도자들을 크게 신경 쓰지 않는 경향이 있다.

그런데 예수님이 그다음에 좀 더 이상한 말씀을 하셨다.

"너희 조상 아브라함은 나의 때 볼 것을 즐거워하다가 보고 기뻐하였느니라 유대인들이 이르되 네가 아직 오십 세도 못되었는데 아브라함을 보았느냐 예수께서 이르시되 진실로 진실로 너희에게 이르노니 아브라함이 나기 전부터 내가 있느니라 하시니"(요 8:56-58).

도대체 이게 무슨 말인가?

예수님은 도무지 믿을 수 없는 두 가지 주장을 하셨다. 첫째, 자신이 아브라함 이전에 존재했다는 것이다. 이것은 명백히 예수 그리스도의 선재성에 대한 주장이며, 실제로는 영원성과 편재성에 관한 것이기도 하다. 게다가 예수님은 수천 년 전에 그랬다는 것이 아니라 현재도 그러하다는 의미로 현재 동사를 사용해 '나는 ~이다.'라는 자기 선언으로 '야훼'라는 신성한 이름을 자신에게 적용하셨다. 현대인에게는 크게 문제될 일이 아닌 듯 보이겠지만, 결코 그리 사소하지 않은 사건이었다. 예수님은 스스로 자신이 바로 하나님이라고 주장하신 것이다. 1세기 정통파 유대인들은 이와 같은 신성 모독적 주장과 마주할 때 그를 돌로 쳐 죽이도록 되어 있었다. 이것이 바로 다음 구절인 59절에서 그들이 하려던 것이었다.

다시 말하지만, 이는 단순히 의견이 다른 정도의 문제가 아니다. 그저 유대인들은 그들의 신학에 따라 우리와 같은 하나님을 다른 방식으로 예배한다는 정도의 차이가 아니다. 생각해 보라. 예수님의 실제가 하나님이시라면, 예수님을 죽이려고 하는 자들과 어떻게 같은 하나님을 예배한다고 주장할 수 있겠는가? 그 주장은 정당한 주장이 될 수 있겠는가?

사실 예수 그리스도께서 자신에 대해 하신 이러한 주장은 8장 앞부분에서 이미 시작되었다.

"대답하여 이르되 우리 아버지는 아브라함이라 하니 예수께서 이르시되 너희가 아브라함의 자손이면 아브라함이 행한 일들을 할 것이

거늘 지금 하나님께 들은 진리를 너희에게 말한 사람인 나를 죽이려 하는도다 아브라함은 이렇게 하지 아니하였느니라 너희는 너희 아비가 행한 일들을 하는도다 대답하되 우리가 음란한 데서 나지 아니하였고 아버지는 한 분뿐이시니 곧 하나님이시로다 예수께서 이르시되 하나님이 너희 아버지였으면 너희가 나를 사랑하였으리니 이는 내가 하나님께로부터 나와서 왔음이라 나는 스스로 온 것이 아니요 아버지께서 나를 보내신 것이니라 어찌하여 내 말을 깨닫지 못하느냐 이는 내 말을 들을 줄 알지 못함이로다 너희는 너희 아비 마귀에게서 났으니 너희 아비의 욕심대로 너희도 행하고자 하느니라 그는 처음부터 살인한 자요 진리가 그 속에 없으므로 진리에 서지 못하고 거짓을 말할 때마다 제 것으로 말하나니 이는 그가 거짓말쟁이요 거짓의 아비가 되었음이라 내가 진리를 말하므로 너희가 나를 믿지 아니하는도다 너희 중에 누가 나를 죄로 책잡겠느냐 내가 진리를 말하는데도 어찌하여 나를 믿지 아니하느냐 하나님께 속한 자는 하나님의 말씀을 듣나니 너희가 듣지 아니함은 하나님께 속하지 아니하였음이로다"(39-47절).

다시 말해 누군가 진정으로 하나님을 예배한다면 예수님 자신이 하나님이시기에 예수님도 예배해야 한다는 것이다. 그리고 예수님을 부인한다면, 결국 하나님을 부인하는 것이라는 말씀이다. 예수님은 정통적인 유대인이라 할지라도 예수님을 믿지 않으면 하나님의 원수인 사탄과 같은 편이라고 말씀하셨다.

이것은 내가 지어낸 말이 아니라 예수님의 말씀이다. 반대해도 할 수 없다. 혹 기분이 상했다면, 내가 바라던 바이다. 그러나 예수님이 친히 말씀하셨듯 예수님을 거부하는 것은 하나님을 거부하는 것이며 진리를 부정하는 것이고, 스스로 하나님께 속한 사람이 아니라고 주장하는 것과 같음을 분명히 알아야 한다.

요한복음 10장 30절에 보면, 예수님은 "나와 아버지는 하나이니라"라고 말씀하시며 한 번 더 같은 주장을 하셨다. 이때도 유대인 신학자들은 예수님을 죽이려고 돌을 들었다. 예수님의 주장이 단지 "나는 하나님과 같은 편이다."라는 의미였다면 그들은 돌을 들어 예수님을 죽이려 하지 않았을 것이다. 33절을 보면 그들이 예수님을 죽이려 했던 이유가 나온다. "유대인들이 대답하되 선한 일로 말미암아 우리가 너를 돌로 치려는 것이 아니라 신성모독으로 인함이니 네가 사람이 되어 자칭 하나님이라 함이로라."

우리가 그리스도 당시부터 발전하기 시작한 정통 유대교와 정통 기독교를 제대로 알려면, 이 중요한 차이를 반드시 짚고 넘어가야 한다. 예수님을 믿지 않는 유대인들과 예수님 사이의 충돌은 예수님이 얼마나 착한 분이고 바리새인들이 얼마나 못된 자들인지 드러내는 것이 아니다. 그렇다면 당시 종교 지도자들과 예수님의 관계를 매우 피상적으로 이해한 것이다. 그런데 많은 사람들이 예수님이 왜 세속적인 세상에서 죽으셔야 했는지 이런 맥락에서 이해하고 있다.

예수님은 신실하고 신앙심 좋은 바리새인이셨다. 다른 바리새인과 서기관에 대한 그분의 질타는 단순히 조직 내부의 어떤 성향 차이에서 나온 것이 아니었다. 궁극적으로 세계관의 충돌이었다. 예수님은 지금 세상을 자기 중심으로 재정리하고 계셨다. 즉 세상 모든 것의 중심에 자신을 놓으셨다. 예수님은 자신이 하나님이라고 주장하셨다. 만약 예수님의 주장이 옳다면 (물론 나는 예수님이 옳다고 생각한다.) 예수님께 반대하는 것은 하나님을 반대하는 것이다. 예수님을 부정하는 것은 하나님을 부정하는 것이다. 예수님을 거부하는 것은 하나님을 거부하는 것이다. 그리고 예수님을 제외하고 하나님만 예배하는 것은 결국 하나님이 아닌 다른 신을 예배하는 것이다.

그리스도인은 하나님이 성령으로 말미암아 마리아라는 동정녀의 몸을 통해 육신으로 이 땅에 오셔서 실재하셨으며 실존인물로 성장하셨다고 믿는다.

그렇다면 유대인들은 기독교인들과 같은 하나님을 예배하는 것일까? 기독교 신앙의 뿌리는 유대 문화와 종교에 있다. 그리고 두 신앙은 같은 역사를 공유하고 있다. 하지만 진짜 따지고 보면, 즉 실존하시는 하나님과의 관계에 대응해 보면, 유대교와 기독교가 같은 하나님을 예배하느냐는 질문에 대한 대답은 '아니요.'이다. 만일 하나님이 예수 그리스도를 통해 자신을 계시하셨고, 예수 그리스도가 하나님이 확실하시며, 하나님이 삼위일체로 존재하심이 확실하다면, 그리스도의 신성에 대한 사실을 부정하는 것(하나님의 특정한 성품에 대해 오해하거나, 하나님의 속성에 대해 잘못 아는 정도가 아닌)은 곧 하나님을 부정하는 것이기 때문이다.

예수 그리스도 때문에 모든 차이가 생긴다.

하나님이 친히 이 땅에 내려오시다

유대교와 이슬람교 그리고 기독교의 일반적인 공통점이 있다면, 그것은 하나님과 인간 사이의 관계에 대한 것이다. 이 세 종교 모두 신이 사람에게 찾아오는 모습으로 그려진다. 하지만 기독교의 하나님의 방식은 다르다. 우리 하나님은 확실하게 '인격적인 하나님'이시다.

2007년 미국의 부시 전 대통령은 앞서 언급된 「알 아라비야」와의 인터뷰에서 이렇게 말했다.

> 나는 보편적인 하나님을 믿는다. 나는 이슬람교 신자나 기독교 신자나 유대교 신자나 결국 같은 하나님께 기도한다고 믿는다. 우리는 모두 아브라함의 자손이다. 나는 그 보편성을 믿는다.[5]

대통령이 아브라함을 언급하는 것이 흥미롭다. 종종 유일신 사상은 '아브라함 전승'과 상호 보완적이라고 알려진다. 부시 전 대통령이 말했듯 세 종교는 보편성을 공유한다. 아브라함 전승 역사를 통해 우리는 유일하신 하나님의 성품 중 가장 중요한 속성을 하나 볼 수 있는데, 바로 관계성이다.

이슬람교도 히브리 성경 속 아브라함에 대한 역사를 인정한다. 하지만 유대교나 기독교가 아브라함 전승 역사의 내러티브에 가장 가깝다.

---

5) Moussly, "Bush Denies He is an 'Enemy of Islam.'"

아브람(나중에는 하나님이 친히 아브라함으로 이름을 바꾸신다.)이 성경에 등장하는 시기는 인류 문명이 노아의 홍수로 말미암아 타락한 이후이다. 노아의 홍수 이후 역사적으로 가장 상징적인 사건은, 인간 교만의 극치를 드러내는 바벨탑 사건이다. 바벨탑 사건으로 인해 하나님은 인류의 언어를 혼잡하게 하셨다. 민족 또한 여러 갈래로 나뉘어 온 땅에 흩어졌다. 그 결과 인류 문명은 다양하게 발전했지만, 동시에 민족 간의 적대감이 생겼고, 미개한 문화가 생겼으며, 이교도적인 문명도 나타났다. 온 세상은 다신론적 우상 숭배에 빠졌고 아브람은 바로 그 중심에서 자기 먹고 살기에 급급했다. 그때 하나님이 나타나신 것이다.

"여호와께서 아브람에게 이르시되 너는 너의 고향과 친척과 아버지의 집을 떠나 내가 네게 보여 줄 땅으로 가라 내가 너로 큰 민족을 이루고 네게 복을 주어 네 이름을 창대하게 하리니 너는 복이 될지라 너를 축복하는 자에게는 내가 복을 내리고 너를 저주하는 자에게는 내가 저주하리니 땅의 모든 족속이 너로 말미암아 복을 얻을 것이라 하신지라"(창 12:1-3).

이 구절에서 우리는 하나님과 아브라함 사이의 언약과, 또 매우 개인적이고 영원한 새로운 관계가 시작되는 것을 볼 수 있다. 이 언약은 세상 문화가 숭배하던 그 어떤 신과 인간의 관계 속에서도 결코 찾아볼 수 없는 것이었다.

즉 하나님이 먼저 시작하신 아브라함과의 이 특별한 관계는 바로 '친구' 사이였다!

"우리 하나님이시여 전에 이 땅 주민을 주의 백성 이스라엘 앞에서 쫓아내시고 그 땅을 주께서 사랑하시는 아브라함의 자손에게 영원히 주지 아니하셨나이까"(대하 20:7).

"그러나 나의 종 너 이스라엘아 내가 택한 야곱아 나의 벗 아브라함의 자손아"(사 41:8).

"이에 성경에 이른 바 아브라함이 하나님을 믿으니 이것을 의로 여기셨다는 말씀이 이루어졌고 그는 하나님의 벗이라 칭함을 받았나니"(약 2:23).

이 관계에 담긴 깊은 의미를 제대로 알려면 당시 사람들의 제사 방식을 알아야 한다. 아브람은 그냥 단순히 우상 숭배가 만연했던 문화 속에서 살았던 것이 아니다. 그는 아주 악한 우상 숭배 문화 속에 살았다. 그는 갈대아 우르에 있는 아버지 데라의 집에서 형제들과 함께 살았다. 아브람의 아내 사래를 포함한 모든 가족의 이름에서 알 수 있듯이 그 부족은 달을 숭배하던 부족이었다. 고고학자들과 역사학자들에 의하면 아브람이 살았던 우르 지역에서 자행되던 달 숭배 의식 중에는 끔찍한 잔혹 행위들이 많다고 한다. 성적인 음란 행위뿐 아니라 인간을 제물로 바치기까지 했다. 그러한 행위들은 그 문화에서 지극히 일상이었다. 아브람은 그 모든 것을 보며 살았을 것이다.

그러니까 아브라함은 다신교를 믿는 사람이었으며, 영적으로 악한 이교도에 불과했다. 그는 매일 지붕 위에 앉아 『지저스 콜링』(*Jesus calling*)같은 묵상집을 읽으며, '여호와는 나의 목자'라고 새겨진 컵에 커피를 마시던 사람이 아니었다. 하나님을 알지 못했으며, 하나님을 알고 싶어 하지도 않았고, 하나님을 찾던 사람도 아니었다. 하지만 하나님이 그를 아셨고, 원하셨고, 친히 먼저 찾아가셨다.

하나님은 이교도이며, 우상숭배자이며, 달의 신을 섬기던 아브람을 보고 "이 사람은 소망도 없고, 도대체 앞길도 보이지 않고, 영적인 면이라고는 조금도 찾아볼 수 없다. 그런데 그건 내가 해결할 수 있지."라며 그를 구원하신 것이다. 일방적으로 그리고 은혜로 먼저 인간에게 찾아오시는 바로 이 모습이 성경 속 하나님이 다른 종교의 신들과 결정적으로 구별되는 부분이다.

우리는 아브라함이 하나님께 구원받은 이유가 그의 착함 때문이 아니라는 것을 안다. 왜냐하면 하나님이 아브라함을 부르셨을 때 그는 분명 착한 사람이 아니었기 때문이다. 이것은 성경의 기록을 통해서도 알 수 있다. 창세기 15장 6절은 아브라함의 구원이 그의 행위 때문이 아니라 믿음을 통해 받은 하나님의 은혜였다고 전한다. 이 사실을 우리는 신약에서 사도 바울을 통해 다시 한 번 확인할 수 있다(롬 4:3).

유대교의 경전에도 물론 창세기 15장 6절과 아브라함의 이야기가 포함되어 있다. 하지만 그들이 가진 것은 전체 이야기가 아닌 일부분일 뿐이다. 다시 강조하지만, 유대교와 기독교를 구분 짓는 경계선은 예수 그리스도이다. 이는 단순히 종교적인 관점만 구분 짓지 않는다. 예수님을 기준으로 둘 사이에 완전히 반대되는 주장이 생긴 것이다.

세상 모든 종교는 인간이 먼저 신을 찾아간다. 오직 기독교만 하나님이 먼저 인간을 찾아가신다. 물론 유대교의 신도 분명 인간에게 먼저 찾아온 것이 맞다. 그러나 거기에는 여전히 우리 기독교의 하나님과는 매우 큰 차이가 있다.

구약의 말라기 끝에서 예언의 문이 닫히자 유대교의 신은 말하기를 멈췄다. 하지만 신약이 시작되자 우리의 진실하신 하나님, 이스라엘의 하나님은 다시 말씀하기 시작하셨다.

그런데 우리에게 더 좋은 소식이 있다. 바로 하나님이 이 땅에 내려오셔서 우리의 눈높이에 맞춰 주신 것이다. 하나님과 인간이 얼굴을 맞대고 개인적이고 인격적인 관계를 가질 수 있다는 것, 이것이 구약성경에 깔린 복선이었으며 암시였고, 우리에게 알려 주려는 것이었다.

아브라함의 순종이 아니라 믿음이 그로 의롭다 여김을 받게 했다. 유대교의 경전과 신약성경을 가장 확실하게 구분하는 지점이 바로 아브라함이 그의 겸손한 믿음으로 말미암아 인정받았다는 것이다. 하나님을 기쁘시게 하는 거룩함은 바로 하나님을 믿는 믿음을 통해 얻는다. 바로 그 내용이 적힌 책에서 우리는 다음과 같이 기록된 것을 본다. "믿음은 바라는 것들의 실상이요 보이지 않는 것들의 증거니"(히 11:1).

그렇다면 아브람이 믿을 때 보았던 비전은 무엇인가? 자신이 그동안 알고 사랑하고 확실하다 여기며 의지했던 모든 것을 버리고, 알지도 못하는 곳으로 하나님을 따라나서도록 그를 움직인 것은 과연 무엇일까?(창 12:1)

그는 믿음의 눈으로 그가 볼 수 없는 것을 보았다.

예수님은 아브라함이 보았던 비전이 바로 예수님 자신이었다고 말한다. "너희 조상 아브라함은 나의 때 볼 것을 즐거워하다가 보고 기뻐하였느니라"(요 8:56).

다시 강조하지만, 예수님 때문에 모든 차이가 생긴다.

보다시피 기독교의 하나님은 단순히 인간과 인격적인 관계를 맺기 원하시는 정도가 아니다. 우리와 인격적인 관계를 맺고자 **우리와 같은 인간이 되셔서** 우리 가운데 찾아오신 바로 그 하나님이시다. 이것이 바로 기독교가 예수님 당시뿐 아니라 오늘날 유대교의 주장과도 정면으로 배치는 되는 지점이다. 기독교의 유산과 도덕성 가운데 여전히 인정받고 흠모할 만한 유대교의 주장이 있기는 하지만, 예수님의 급진적이고 파격적인 주장은 궁극적으로 유대교가 받아들일 수 없는 것이다.

기독교의 이 성육신 교리는, 종교라는 모래밭에서 모든 다른 종교들과 기독교를 명확하게 구분 짓는 확실한 경계선이다. 그런 까닭에 예수님이 하나님이라는 사실을 인정하지 않는다면, 그는 우리 기독교와 같은 하나님을 섬기는 것이 아니다.

그런데 유일신 사상의 차이점은 그보다 훨씬 더 분명하다. 하나님에 대한 기독교의 이해가 근본적으로 유대교, 이슬람교와는 완전히 다르기 때문이다. 제이콥 누스너는 "통상적으로 유대교 사상은 자신들 외에는 어떤 종교도 유일신을 믿는다고 생각하지 않는다."라고 말했다.[6] 기독교의 경우 삼위 하나님을 한 분 하나님으로 여기고 예배하기 때문이다.

사실 기독교의 삼위일체 사상은 인간 영혼의 기본적인 아픔에 대한 대답이다. 우리는 심령 깊숙이 정의와 용서를 동시에 갈망한다. 하나님은 삼위일체를 통해 그것을 공급해 주신다.

택시 운전사 오마르에게도 이 사실을 알려 주었으면 참 좋았을 걸 하는 아쉬움이 있다. 오마르가 불가능하다고 여겼던 바로 그 보상이 이루어졌다는 것, 즉 예수님이 죽음으로 대가를 지불하셨기에 우리의 모든 끔찍한 죗값이 다 지불되었고, 하나님 아버지가 우리를 끔찍한 죄로부터 구원하실 수 있음을 말이다. 그리고 성령님이 이 구속의 대가를 아들 예수를 믿는 모든 사람에게 적용하신다고 말이다. 오마르가 이야기한 그 나무 사이에 끼어 있던 어린양이 이삭을 대신했듯이.

---

6) Jacob Neusner, "Do Monotheist Religions Worship the Same God? A Perspective on Classical Judaism," *Do Jews, Christians, and Muslims Worship the Same God?* (Nashville: Abingdon, 2012), 28.

그리고 삼위일체 하나님이라는 개념은, 인간이 하나님을 필요로 하고 또 사람과 사람이 서로를 필요로 한다는 사실을 더욱 확실하게 설명한다고 전했더라면 하는 아쉬움이 남는다.

2

세 분이면서 한 분이라는 걸 믿으라고요?

: 세상 어디에도 하나님처럼 삼위일체로 존재하는 신은 없다.

고등학교 2학년 때 점심시간이면 나는 나와 비슷한 사람들 또는 나와 전혀 다른 사람들과 함께 앉아 식사하고는 했다.

이게 무슨 말인지 설명해 보겠다.

우리 학교의 점심시간은 미국의 다른 여느 학교의 점심시간과 비슷했다. 학생식당의 각 테이블을 보면 비슷한 학생끼리 무리지어 앉았다. 예를 들면, 한 테이블은 운동을 좋아하는 애들끼리 앉았고, 다른 테이블은 스케이트보드를 타는 아이들끼리, 또 한 테이블은 공부벌레들끼리, 다른 테이블은 밴드하는 애들끼리 모여 앉는 식이었다.

휴스톤 지역의 학교는 특히 눈에 띄게 각 인종별로 모여 앉는 특징이 있었다. 흑인 학생끼리, 아시안 학생끼리, 히스패닉 학생끼리 앉았다. 그런데 내가 속한 테이블은 조금 달랐다. 나는 거의 매일 제일 친한 친구인 에릭(히스패닉), 바바(중동계), 탬(베트남), 찰스(아프리칸 미국인) 그리고 마루프(인도)와 한 테이블에서 맛없는 브리또(멕시코 음식)나 눅눅해진 피자를 먹었다.

내 생각에 우리는 인종 간의 화합을 위해 일부러 그렇게 앉아서 점심을 먹었던 것 같다. 실제로 각자 속한 그룹에서 소외감을 느꼈던 사람들을 대표했는지도 모른다. 우리에게 공통점이 있다면, 각자 원래 속한 그룹의 다른 사람과는 공통점이 별로 없었다는 것이다. 우리 중 누구도 운동을 좋아하지 않았다(믿거나 말거나 우리 팀이 농구는 꽤 잘했지만 말이다). 그렇다고 공부벌레도 아니었다. 우리는 인기 있는 편도, 그렇다고 따돌림을 당하는 축도 아니었다. 우리는 그저 그런 애들이었다. 하지만 우리는 모이면 종교에 관한 이야기도 하고(우리의 중 2명만이 기독교인이었다.) 영화, 스포츠에 관한 이야기를 하면서 웃고 떠들었다.

겉으로 보기에는 공통점이 거의 없었다. 하지만 알고 보면 우리는 상당히 비슷했다. 그때 점심시간에 모였던 그 테이블을 떠올리면, 우리가 어떻게 다른 점들을 서로 품었는지 생각이 난다. 물론 우리 안에도 다른 친구보다 좀 더 친한 사이가 있었지만, 어쨌든 우리는 사이좋게 잘 지냈다.

우리의 모임은 각자의 다름을 합친 것보다 훨씬 풍성했다. 내가 장난칠 때마다 찰스는 시큰둥한 반응을 보였고 에릭은 별것도 아닌데 그 모습을 재미있어했다. 바바는 매사에 과하게 반응하는 경향이 있었는데 우리는 그게 재미있어서 더 부추겼다. 종종 우리의 관점을 넓혀 주는 좀 더 깊은 이야기들(특별히 신앙에 관한)을 통해 각자의 종교에 대한 다양한 생각을 나누기도 했다.

우리 모임이 지닌 특징은 C. S. 루이스의 우정에 관한 생각을 다시 묵상하게 한다.

> 내 친구들 안에는 각각 누군가 다른 친구만이 온전히 이끌어내 줄 수 있는 무엇이 있다. 나 혼자는 너무 작아서 상대의 전인을 불러내 활동하게 할 수 없다. 상대의 모든 면을 드러내려면 나 말고도 다른 빛들이 필요하다.[1]

같은 책에서 루이스는, 찰스 윌리엄스가 죽은 후 다른 친구 톨킨을 더 많이 누리게 된 것이 아니라 오히려 이전보다 줄었다고 말했다. 윌리엄스가 죽으면서 그만이 끌어내던 톨킨의 모습도 함께 사라졌기 때문이다. 윌리엄스는 톨킨의 아주 많은 점을 끄집어냈던 친구였다.

기독교인들이 알고 있는 삼위일체는 이것과 매우 비슷하다.

아, 물론 삼위일체의 각 인격이 부족하다는 뜻은 아니다. 일단 삼위일체의 각 인격은 결코 죽지 않는다. 삼위일체의 각 인격은 서로를 더욱 풍성하게 한다. 성경의 표현을 빌리자면 서로를 '영화롭게'

---

[1] C. S. Lewis, *The Four Loves* (Orlando, FL: Harcourt Brace, 1991), 61. (한국어로 출간된 팀 켈러의 『탕부 하나님』에서 인용된 부분을 발췌함. -역자주)

한다. 다시 말해 각 인격의 아름다움과 개성을 서로 더욱 드러내는 것이다. 성부 하나님은 성자 하나님, 성령 하나님과 관계를 맺고, 성령 하나님도 다양하지만 동시에 서로를 더욱 높이는 방법으로 성부 하나님, 성자 하나님과 교제한다. 그렇게 삼위일체의 각 인격은 서로의 하나님 되심을 더욱 영화롭게 한다.

완전하신 삼위가 하나를 이룸

"나는 사람을 지옥에 보내는 하나님을 예배할 수 없어."

한 번쯤은 이런 말을 들어 보았을 것이다. 기독교의 하나님을 거부하는 사람들은 하나님이 비합리적이어서가 아니라 그들에게 하나님이라는 존재가 필요하지 않다거나, 심지어는 혐오스럽다는 이유로 거부한다. 다르게 표현하면 이렇다. "하나님이 내 생각과 가치 기준에 맞다면, 그 하나님은 믿어 볼게."

많은 사람들이 자신이 거부하거나 예배할 하나님에 대한 기준이 분명한 것 같다. 그들은 하나님의 어떤 부분을 이해할 수 없어서 하나님을 믿을 수 없다고 말한다. 어쩌면 하나님에 대한 그들의 거부는 그다지 무의식적이고 본능적인 반응은 아니다.

예를 들어, 하나님이 누군가를 지옥 같은 영원한 고통의 장소에 보내 벌주신다는 개념에 반감을 갖는다면, 그가 생각하는 누군가는 비록 신자는 아니지만 선량한 사람일 수 있다. 그런 선량한 사람을 심판하시는 하나님을 생각하면 하나님은 매우 무서운 '심판자'이시다. 하지만 앞서 언급한 아돌프 히틀러나 제프리 다머 혹은 애덤 랜자 같은 사람들을 생각하면, 그런 악한 자들을 심판하시는 하나님에 대한 거부감이 수그러든다.

왜 그럴까? 그런 사람들은 하나님을 자신의 수준으로 축소해서 생각하기 때문이다. 그들은 매우 구체적이고 개인적인 관점에서 하나님을 보기에 편협해질 수밖에 없다. 사람들 대부분이 바라는 하나님은 인내하시며 열린 마음을 가진 분이어야 하는데, 저런 면은 아주 속 좁은 하나님처럼 비춰지기 때문이다. 그들이 생각하는 하나님의 모습은 사실 자기 모습의 투영이다. 그러나 그들에게 더 많은 정보가 주어진다면, 그래서 그들의 시야가 조금이라도 넓어진다면, 자신이 가진 하나님에 대한 생각을 바꾸고 하나님께 더 맞춰 가려는 모습을 볼 수 있다. 하나님은 우리가 찾아올 수 있도록 항상 기다려 주신다.

하나님에 대한 생각은 거의 항상 이렇다. 태초에 하나님이 자신의 형상대로 사람을 지으셨고, 그 후로 사람은 항상 하나님께로 돌아가고자 노력한다!

우리가 섬기고 싶은 하나님은 우리와 꼭 같은 존재, 우리와 같은 생각을 하고, 우리와 같은 것을 좋아하고, 우리와 같은 것을 선호하는 존재이기를 바란다. 그러다 성경을 통해 그리고 그 성경의 가르침을 통해 진짜 하나님을 만나면 우리의 지성이 넓어진다. 그렇게 되면 하나님을 거부할 또 다른 이유를 찾거나, 반대로 하나님을 향한 우리의 거부감을 내려놓게 된다.

나는 삼위일체 교리에 대한 기독교의 가르침은 이런 것이라 생각한다. 우리에게는 이를 수학적으로 설명할 지적 능력이 없다. 평범한 덧셈이 성립되지 않는다. 1+1+1=1이라니? 도대체 말이 되는가? 삼위일체 교리를 비판하는 사람들은 이렇게 말한다. "세 존재가 한 존재를 이룬다는 개념을 믿으라니 그런 하나님은 도저히 믿을 수 없다."

삼위일체 하나님은 우리의 이성과 논리적인 감각으로는 허용되지 않는다. 삼위일체 하나님은 말도 안 되게 터무니없는 분 같다. '온전한 개체 셋이 하나를 이룬다.'는 터무니없는 영적 산수를 포기한다면, 기독교가 얼마나 매력적으로 보일까! 어떻게 그러한 비합리성을 극복한다 해도, 삼위일체의 궁극적인 비현실성이 여전히 남아 있다. 삼위일체가 도대체 세상에 어떤 영향을 미칠 수 있나? 내적으로나 외적으로나 삼위일체를 고집할 이유가 없어 보인다.

그러나 그것은 더 큰 그림을 보지 못하기 때문이다! 좀 더 넓은 관점에서 이해하면, 삼위일체 교리는 논리적일 뿐 아니라 기독교 교리에서 결코 없어서는 안 될 진리이다. 삼위일체 교리는 사실 인간 내면의 가장 깊숙한 소망을 잘 설명해 준다.

기독교가 다른 어떤 종교와도 구별된다는 사실을 '요약'해 보면, 하나님의 속성에 있어 기독교 신앙이 다른 종교보다 얼마나 탁월한지 금세 알 수 있다. 기독교는 다른 주요 유일신 종교와 마찬가지로 하나님은 한 분밖에 없다는 사실을 믿는다. 다른 신은 모두 가짜이다. 생명 없는 우상들부터 악한 영의 세력까지 모두 가짜이다.

기독교의 유일신 사상은 여전히 자극적이다. 왜냐하면 성경은 하나님이 각각 다른 세 인격을 지닌 한 하나님이라고 가르치기 때문이다. 유대교는 기독교의 구약이기도 한 그들의 경전에서 하나님에 대한 속성을 끌어내지만, 이에 대해서는 같은 입장이 아니다. 이슬람교도 마찬가지이다. 하나님이 한 분이심은 인정하지만, 하나님에게 아들이 있다는(기독교의 예수님처럼 영원부터 아버지와 함께 존재하는 아들이건, 육신의 아들이건 상관없이) 사실은 부정한다.

몰몬교와 여호와의 증인은 하나님이 한 분이신 것과 예수님의 신성에 대해서는 기독교와 비슷하지만, 그들 나름의 종교적인 '계산 방법'으로 인해 근본적으로 다신론이 밑에 깔리게 되었다. 예를 들면, 몰몬교도들은 예수님이 하나님의 여러 아들 중 한 분이시며, 아버지 하나님께 순종함으로써 신성을 얻게 되었고, 우리도 자신의 신실함을 통해 신성을 얻을 수 있다고 믿는다. 여호와의 증인에 의하면, 예수님은 우리의 역사적인 신앙고백이 증거하는 온전한 신성을 지닌 하나님의 아들이 아니라, 단지 여러 신적인 존재들 중 한 분이다. 여호와의 증인은 요한복음 1장 1절을 잘못 해석하기로 유명하다. 그들은 이 구절을 "시초에 말씀이 계셨다 말씀이 하느님과 함께 (더불어) 계셨으며, 말씀은 **한 신**(a God)이셨다"로 번역한다.[2] (정확한 번

---

2) The New World Translation (Watchtower). 강조 추가. 보다 자세한 내용은 http://carm.org/religous-movements/jehovahs-witnesses/john-11-wrod-was-god.을 보라. (한글성경에는 하나님이라는 단어에 관사가 아예 없다. 하지만 영어성경에서는 처음에 나오는 하나님에는 정관사가 붙고, 뒤에 나오는 하나님에는 관사가 없다. 앞에 나오는 하나님은 성부, 뒤에 나오는 하나님은 성자 예수님을 의미하기 때문이다. 이는 하나님과 예수님이 각각 다른 위로 존재하심을 뜻한다. 하지만 여호와의 증인의 성경에는 앞부분에 나오는 하나님에 'the'라는 정관사를, 뒷부분에 나오는 하나님에 'a'라는 관사를 붙여, 마치 예수

역은 "태초에 말씀이 계시니라 이 말씀이 하나님과 함께 계셨으니 이 말씀은 곧 하나님이시니라"가 맞다.)

이는 비기독교인들이 나름의 성경연구를 통해 자신들의 논리를 (적어도 부분적으로) 주장하는 대표적인 두 가지이다. 그들은 하나님의 '유일성'을 강조하면서 '삼위성'을 거부하거나, 삼위성을 인정하는 듯 보이면서도 이상한 조작을 통해 하나님의 유일성을 얼버무린다. 좀 완곡하게 표현하자면, 그들은 삼위일체 교리가 논리적으로 맞지 않는다고 주장하면서 삼위일체 교리를 부정하는 유일신 사상을 따르거나, 유사 삼위일체론을 주장하면서 다신론에 빠진다. 이런 면에서 그들은 그냥 여타 종교들의 무리와 같다고 보면 된다. 기독교의 하나님의 속성에 관한 이해는 그들과 분리된다.

오직 기독교만이 온전한 삼위일체 교리를 가르친다. 오직 기독교만이 하나님은 한 분이며 각각의 인격으로 존재하신다고 가르친다. 하나님은 세 분이 아니라 한 분이시다. 그 한 분의 하나님이 교대로 세 가지 다른 모습으로 나타나는 것이 아니다. 각각의 세 인격은 개별적으로 하나님이시며 (성부, 성자 그리고 성령) 각각의 인격은 홀로 온전하고 동일하며 영원히 하나님이시다. 세 분은 각각 본질적으로 동일하시고, 즉 같은 성질이시고, 다른 분들과 본질적으로 동일하지만 동시에 명확하게 세 인격으로 존재하신다. 그럼에도 불구하고 세 분은 함께 한 하나님이시다.

님이 하나님보다 낮은 단계의 또 다른 신으로 여기도록 해석한다. 이는 성경이 계시하는 삼위일체를 부정하기 위한 의도적인 오역이다. - 역자주

여기서 잠깐, 하나님이 세 분의 신적인 '인격'으로 영원히 존재하신다는 말은, 하나님이 인간과 같은 '피조물'이라는 뜻이 아니다. **인격**(person)은 '각각의'(individuals) 혹은 '격'(figures)을 표현하는 말이다. 신학자들이 '인격'이라는 표현을 사용하는 까닭은 삼위일체 하나님은 세 분이 동일한 본질을 지니신 한 하나님이심에도 불구하고 각각의 구별되는 독특한 인격을 가지신다는 것을 설명하기 위해서다.

삼위일체의 성경적 실제

"다 좋은데, 삼위일체가 무엇인지가 아니라, 왜 삼위일체인지 설명하겠다고 하지 않았는가."라고 할지 모르겠다. 그렇다. 맞다. 내 설명이 여러분이 동의할 만큼 명확할 것이라고 장담할 수는 없지만, 기독교의 삼위일체 교리가 왜 반드시 필요한 교리이며, 동시에 매력적인 교리인지 충분히 설명할 수 있기를 바란다.

첫째로, 기독교인에게 삼위일체 교리가 필요한 이유는 성경이 그렇게 증거하기 때문이다. 신명기 6장 4설에 보면, 쉐마라고 불리는 전형적인 히브리 선언이 나온다. 하나님의 신실한 자녀들은 "우리 하나님 여호와는 오직 유일한 여호와이시니"라는 말씀을 믿는다. 과거에도 그랬고 현재에도 하나님은 오직 한 분이시다.

신실한 유대인과 마찬가지로 신실한 기독교인도 이 중요한 부분에 있어 뜻을 같이한다. 그런데 우리는 이미 창세기 1장 26절에서 한 분 하나님의 다수성에 대한 증거를 찾아볼 수 있다. 그 성경 구절을 보면 하나님은 스스로에게 말씀하시며 일인칭 복수형을 사용하셨다. "**우리**의 형상을 따라 **우리**의 모양대로 **우리**가 사람을 만들고"(강조 추가).

성부 하나님의 신성에 대한 증거는 구약과 신약 전반에 걸쳐 나타난다. 그런데 신약에서 보면 '주님'이라는 동일한 단어가 예수님을 지칭할 때도 사용된다(예를 들면, 요 20:28). 요한복음 1장 1절은 예수님이 태초에 창조 사역에 동참하셨다고 기록하며, 예수님이 하나님과 '함께' 계셨을 뿐 아니라, 예수님이 곧 '하나님'이시라고 표현했다. 마찬가지로 요한복음 1장 18절은 예수님을 하나님 품에 있는 독생하신 하나님이라고 기록한다. 어떻게 하나님이시면서 하나님과 함께 계실 수 있단 말인가? 신약성경에서 삼위일체 교리가 빛나는 구절이다.

마찬가지로 예수님의 대적들(신학적으로 결코 급이 낮지 않은 사람들)도 예수님이 자신은 하나님과 동등함을 가르치신다고 이해했다(요 5:18, 10:33). 사도 바울도 명백하게 예수님을 "만물 위에 계신 하나님"(롬 9:5 참조) 또는 "크신 하나님 구주 예수 그리스도"(딛 2:13)라고 표현했다. 빌립보서 2장 6절은 예수님이 하나님과 동등하시다고 했고, 골로새서 2장 9절은 예수님 안에 "신성의 모든 충만이 육체로 거하신다"고 했다. 요한복음 1장 1절로 우리를 가르친 사도 요한은 나중에 예수님이 참 하나님이시라고 기록했다(요일 5:20). 사도 베드로도 예수님을 하나님이라고 불렀다(벧후 1:1). 히브리서의 저자도 마찬가지이다(히 1:3, 8).

예수님의 신성에 대한 기독교의 주장은 이 책의 5장에서 좀 더 자세히 살펴보도록 하겠다. 여기서 우리가 알 수 있는 것은, 성경이 예수님을 단순히 하나님을 대신하는 인간으로서의 대사 또는 특별히 기름부음을 받은 한 선지자라고 가르치지 않는다는 것이다. 예수님의 최측근이었던 사람들은 예수님을 인간의 몸을 입은 하나님으로 믿었다.

마찬가지로 성경은 성령님도 이 세상에 함께하시는 하나님으로 언급한다. 성령님은 성부, 성자와 구분되시지만, 성경 곳곳에서 '하나님의 영'과 '그리스도의 영'으로 표현되신다. 성령님은 때로 삼위일체의 '조용한' 인격으로 불리신다. 성령님의 역할은 주로 그리스도를 빛나게 하는 성부의 뜻을 이루는 일인데, 그 일을 수행함에 있어 독특하게 위로자로, 확신을 주는 자로 그리고 보혜사로 수행하시기 때문이다. 성령님은 성부와 성자만큼 성경에 자주 등장하지는 않지만 분명히 꽤 자주 언급되고 있다. 성령님도 역시 온전하게 그리고 동일하신 하나님이시다.

마태복음 28장 19절을 보면 예수님은 제자들에게 아버지와 아들과 성령의 이름으로(단수) 세례를 주라고 말씀하시며 삼위일체 교리를 자신의 가르침에 포함시키셨다. 사도 베드로는 베드로전서 1장 1-2절에서 용서, 구속 그리고 구원을 이해하는 데 삼위일체 하나님이 필수적임을 보여 준다. 성부 하나님은 죄인들을 구원하는 사역을 계획하시고, 성자 하나님은 구원 사역을 완성하시며, 성령 하나님은 그것을 적용하신다.

이 모두가 성경 전체에서 가르치는, 유대교나 이슬람교보다 훨씬 더 다양한 측면의 유일신 하나님에 대한 일반적인 요지이다. 그리고 기독교인은 성경을 매우 진지히게 받아들이며 성경의 기록이 그들의 직관과 반대되거나 아무리 지키기 어렵다 할지라도 믿기로 헌신한 사람이기에 삼위일체를 믿는다. 물론 기독교인만 삼위일체 교리를 믿는다.

삼위일체와 논리적 문제로 씨름하며 기독교를 비판하는 사람들, 특히 다른 종교를 믿는 사람들은 일반적으로 기독교인은 세 분 하나님을 예배한다고 생각한다.

물론 삼위일체는 수학적으로 맞지 않다. 그러나 우리는 지금 하나님에 대해 이야기하고 있다. 우리의 유한한 지성으로 무한한 논리를 이해할 수 있으리라 기대하면 안 된다. 그리고 바로 이 사실이 기독교의 삼위일체 교리가 왜 필요하며 왜 주목할 수밖에 없는지 그 이유를 밝힌다. 비단 성경이 그렇게 가르치기 때문에 필요한 것만은 아니다(물론 가장 중요한 이유인 것은 맞다.) 삼위일체는 **인간의 이해 범주를 뛰어넘는 하나님**을 알게 하기에 필요하다.

두 명의 신학자는 이렇게 기록했다.

삼위일체라는 하나님의 본질에 대해 "이것은 논리적으로 맞지 않다."라고 말할 때 그들은 실제로 논리의 모순을 느껴 그렇게 말하는 것이 아니다. 다른 무언가가 있다. 곧 교리의 이질감이다. 하나님에 대한 이 가르침은 인간 경험의 어떤 것과도 '유사점'이 없다. 어떤 존재가 세 인격으로 구성된다는 점이 낯설다. 그 개념은 근본적으로 비논리적일 것은 없지만, 인간 경험의 어떤 영역에서도 들어본 적이 없고, 그래서 이상하다는 것이다. 우리가 소위 '논리적'이라고 부르는 질문들은 사실 논리적이라기보다 '유추' 질문인 경우가 많다.[3]

물론 우리는 하나님을 알 수 있지만, 온전히 이해할 수는 없다. 내 말은 우리의 이성으로는 하나님을 온전히 이해할 수 없다는 것이다. 하나님이 존재한다면 그는 무한히 창조적이며, 영원히 거대하며, 영광스럽게 큰 분이어야 한다. 만일 신이 존재한다면, 그분은 하나님이셔야 한다! 그러므로 하나님은 완전히 이해할 수 있는 분이 아니다. 만일 우리의 보잘것없는 이성으로 그 속성이 온전히 이해된다면, 그분은 하나님이 아니다. 삼위일체를 수학적으로 계산하려는 시도가 논리적으로, 합리적으로 실패할 수밖에 없다는 사실은 하나님 안에 얼마나 많은 하나님 되심(Godness)이 담겨 있는지 보여 준다. 제한된 우리의 이성으로 무한하신 하나님을 측정하는 기준을 만들려 한다면 실패할 수밖에 없음을 알아야 한다.

혹시 아직도 완벽하게 이해할 수 없는 하나님은 예배할 수 없다고 말하는가? 어쩌면 당신은 하나님이 아닌 자기 자신을 예배하는 데에만 관심이 있는지 모른다. 나는 나의 작은 이해 영역에 깔끔하게 맞아떨어지는 하나님을 예배하기가 불가능하다. 삼위일체 하나님은

---

3) Phillip Ryken and Michael LeFebvre, *Our Triue God: Living in the Love of the Three-in-One* (Wheaton, IL: Crossway, 2011), 41.

나를 신나게 한다. 그래서 기독교의 특별한 무언가가 여기에 있다고 생각한다.

이것이 바로 삼위일체가 필수적이리고 생각하는 이유이다. 성경이 분명하게 그것을 가르치기 때문만이 아니라, 내 기대와 이해의 영역으로는 설명할 수 없는 유일한 하나님의 속성이기 때문이다.

그러나 보다 강력한 삼위일체의 필요성을 제시하고자 또 다른 반론을 찾아낼 필요가 있다. 삼위일체에 대한 가장 잦은 비판은 터무니없이 비현실적인 개념이라는 것이다. 그래, 기독교인으로서 한 분의 하나님이 세 분의 인격으로 존재한다는 사실을 믿는다고 하자. 그런데 그게 도대체 어쨌다는 건가?

삼위일체는 인간의 관계성을 설명한다

어둡고 (영적으로) 폭풍우가 몰아치는 밤이었다. 예수님은 가장 가까운 제자들과 함께 겟세마네 동산에 계셨다. 아니, 제자들은 예수님만 놔두고 자꾸 존 탓에 예수님은 홀로 계신 거나 다름없었다. 예수님은 자신이 곧 배신당하고 붙잡혀 엄청난 수난과 십자가의 고통을 당할 것을 이미 아셨기에 상당히 괴로운 시간을 보내고 계셨다. 누가복음은 땀이 피로 변했다는 말로 끔찍한 일을 겪어야 할 예수님의 심적 고통을 표현했다(눅 22:44).

예수님은 제자들의 삶에 몇 년을 바치셨다. 거의 매일 그들과 함께 지내셨다. 제자들과 동행하시고, 그들을 가르치시며, 함께 먹고 울고, 모든 일에 **함께하셨다**. 그들을 깊이 사랑하셔서 결국 그들을 위해 생명까지 바칠 참이었다. 이 심각한 고난의 순간에 제자들은 코를 골며 잤지만, 주님은 홀로 그들을 위해 기도하셨다. 하지만 주님은 혼자가 아니셨다. 그때 예수님은 '대제사장의 기도'라 불리는 기도를 하셨는데, 그 기도는 주님과 하나님 아버지와의 특별한 관계가 하나님과 사람과의 관계에 어떻게 영향을 미치는지 잘 설명한다. 주님은 하나님 아버지께 이렇게 기도하셨다.

> "지금 내가 아버지께로 가오니 내가 세상에서 이 말을 하옵는 것은 그들로 내 기쁨을 그들 안에 충만히 가지게 하려 함이니이다 내가 아버지의 말씀을 그들에게 주었사오매 세상이 그들을 미워하였사오니 이는 내가 세상에 속하지 아니함 같이 그들도 세상에 속하지 아니함으로 인함이니이다 내가 비옵는 것은 그들을 세상에서 데려가시기를 위함이 아니요 다만 악에 빠지지 않게 보전하시기를 위함이니이다 내가 세상에 속하지 아니함 같이 그들도 세상에 속하지 아니하였사옵나이다 그들을 진리로 거룩하게 하옵소서 아버지의 말씀은 진리니이다 아버지께서 나를 세상에 보내신 것 같이 나도 그들을 세상에 보내었고 또 그들을 위하여 내가 나를 거룩하게 하오니 이는 그들도 진리로 거룩함을 얻게 하려 함이니이다 내가 비옵는 것은 이 사람들만 위함이 아니요 또 그들의 말로 말미암아 나를 믿는 사람들도 위함이니 아버지여, 아버지께서 내 안에, 내가 아버지 안에 있는 것 같이 그들도 다 하나가 되어 우리 안에 있게 하사 세상으로 아버지께서 나

를 보내신 것을 믿게 하옵소서 내게 주신 영광을 내가 그들에게 주었사오니 이는 우리가 하나가 된 것 같이 그들도 하나가 되게 하려 함이니이다 곧 내가 그들 안에 있고 아버지께서 내 안에 계시어 그들로 온전함을 이루어 하나가 되게 하려 함은 아버지께서 나를 보내신 것과 또 나를 사랑하심 같이 그들도 사랑하신 것을 세상으로 알게 하려 함이로소이다 아버지여 내게 주신 자도 나 있는 곳에 나와 함께 있어 아버지께서 창세 전부터 나를 사랑하시므로 내게 주신 나의 영광을 그들로 보게 하시기를 원하옵나이다"(요 17:13-24).

아주 긴 본문이지만, 이 기도의 한 구절 한 구절에 담긴 각 단계를 주의 깊게 살펴볼 필요가 있다. 인간에게 필요한 모든 것과 그것을 채우시는 하나님의 공급에 대한 모든 것이 아주 잘 담겨 있기 때문이다. 우리가 날 때부터 갈급했던 모든 것을 예수님은 이 기도로 대답하고 계시다.

예수님은 이 기도를 제자들의 기쁨을 위한 기도로 시작하셨다. 자신의 기쁨이 제자들에게 '전달되어' 영원한 기쁨에 대한 제자들의 열망이 채워지기를 기도하신 것이다. 예수님은 이 기쁨을 그들에게 주어진 하나님의 말씀과 연결하셨다. 곧 500여 년의 침묵 끝에 메시아이신 예수님이 오셨다는 그 중요한 사실과 말이다. 또한 다윗의 첫 번째 시편에서 언급되었듯 예배하는 자들에게는 하나님의 말씀이 기쁨이 된다. 그리고 예수님이 바로 그 권위 있는 하나님의 말씀이시다.

예수님은 아름답고 놀라운 기도를 하신다. "내가 비옵는 것은 이 사람들만 위함이 아니요 또 그들의 말로 말미암아 나를 믿는 사람들도 위함이니 아버지여, 아버지께서 내 안에, 내가 아버지 안에 있는 것 같이 그들도 다 하나가 되어 우리 안에 있게 하사 세상으로 아버지께서 나를 보내신 것을 믿게 하옵소서"(20-21절).

예수님은 자기 자신과 교회를 위해 기도하실 뿐 아니라 '미래 교회'를 위해, 세상의 외로운 사람들이 하나님과의 관계성에 대한 기쁜 소식을 듣게 되기를 기도하셨다. 예수님은 하나님이 허락하신 관계의 필요성과, 죄에서 비롯된 회복의 필요성을 호소하셨다. 회복된 사람이 된다는 것은 삼위일체 안에서 완전한 연합을 이루는 것을 반영하기 때문이다("아버지께서 내 안에, 내가 아버지 안에 있는 것 같이"). 예수님은 하나님과 사람이 화목케 되는 소망을 각지에서 전파하는 교회의 대사명과 그렇게 함으로써 교회 안의 사람들이 서로 화목케 되는 것을 위해 기도하셨다.

깨진 인간관계는 타락이 빚어낸 최악의 부산물이다. 우리가 '관계를 맺는 일'에 어려움을 겪고, 인간관계 속에서 지기중심적인 이익 추구와 갈등으로 어려움을 겪는 이유는 우리가 근본적으로 그리고 관계적으로 깨진 존재이기 때문이다. 우리는 인간관계가 필요함을 알지만 인간관계를 제대로 유지하기가 어렵다. 그러므로 우리가 회복되려면 모든 관계를 창시하신 분의 개입이 필요하다. 또한 삼위일체는 우리가 친밀한 관계를 갈망하는 이유이기도 하다.

삼위일체는 공동체를 향한 우리의 열망을 설명한다

하루는 유명한 카페에 앉아 글을 쓰고 있었다. 글이 잘 써지지 않아 점점 멍해지기 시작했다. 나는 글이 막히면 보통 인터넷에 접속해서 사이트 이곳저곳을 돌아보며 시간을 때운다. 그러나 공공장소에 있을 때는 사람들을 유심히 지켜보게 된다. 그날 카페를 둘러보니 사람들은 각자 자기가 좋아하는 일을 즐기고 있었다. 함께 식사하는 사람들, 이야기하는 사람들, 듣는 사람들…….

그날은 마침 카페가 꽉 차 있었다. 전체를 쭉 훑어보니 어떤 사람은 속삭이듯 조용히, 어떤 사람은 큰 소리로 말했다. 어떤 사람은 이야기를 하고, 어떤 사람은 열심히 상대방의 이야기에 귀를 기울였다. 어떤 여자는 꽤 큰 소리로 웃으며 옆에 있는 친구의 팔을 장난삼아 때리기도 했다.

손님이 혼자 있는 테이블도 있었는데 그 모습은 꽤 지루했다. 소리도 없고 웃음도 없고 움직임도 별로 없었다. 확실히 고독해 보였다. 고독은 물론 우리 모두에게 필요한 훈련이다. 하지만 우리는 홀로 있도록 만들어지지 않았다. 성경이 그렇게 말하고 있다. 나 역시 테이블 한쪽에 책을 수북이 쌓아 놓고 노트북 컴퓨터 앞에 홀로 앉아 있었지만, 확실히 두 명 이상 모인 테이블이 '생기'(life)가 있었다. 활기가 넘쳤고 다양함이 있었다. 거기에는 각양각색의 사람들과 다양한 연령층과 다양한 인종 그리고 다양한 사회 계층의 사람들이 모여 있었다. 활기 넘치는 각 테이블과 카페의 전체 분위기(다양한 인간관계와 다양한 역할과 성격들)는 관계성에 대해 더 풍성한 아이디어를 제공했다.

바로 그때 이런 생각이 들었다. **삼위일체는 관계성을 정말 잘 설명하지 않는가!**

삼위일체 하나님의 각 인격은 동일하시면서 각각 온전한 하나님이시다. 우리는 각각의 인격이 각각의 역할을 어떻게 지키시는지 알 수 있다. 성경에 따르면 성부, 성자, 성령은 각각 온전한 신성을 지니신다. 어떤 분도 다른 두 분보다 신성이 **부족하지 않다**. 세 분의 인격은 본질적으로 온전하게 그리고 동일하게 하나님이시다. 하지만 삼위일체로 각각의 인격은 삼위의 영광과 세상의 행복을 위해 각 인격에게 맡겨진 구별된 역할을 기꺼이 수행하신다.

예를 들어, 성자 하나님은 성부 하나님과 본질적으로 동등함에도 불구하고 아버지의 뜻에 복종하신다. 요한복음 17장에 나온 예수님의 기도에서 볼 수 있듯이 성자 하나님은 성부 하나님께 영광을 돌리는 데 주력하신다. 예수님은 자신이 성부 하나님에 의해 보내졌고, 아버지의 뜻을 이루신다고 자주 말씀하셨다. 마찬가지로 예수님은 부활하셨을 때 성령 하나님을 보내겠다고 약속하셨다. 주님이 승천하신 후 성령님이 내려오셔서 성자 하나님의 사역을 영화롭게 하는 일을 시작하셨다.

삼위일체의 각 인격은 삼위일체 하나님의 연합된 임무를 달성하는 구별된 역할을 감당하신다. 성자는 성부의 비전을 성취하기 위해 일하신다. 성령은 성자를 연결하는 사역을 감당하신다. 삼위의 각 인격은 서로를 영화롭게 하신다. 어떤 사람은 이것을 하나님의 춤이라 불렀다. 서로 다른 역할을 가진 세 인격은 같은 하나님의 본질을 공유하고, 통일되고 조화로운 하나님을 이루신다.

그러나 우리는 이 그림을 통해 단지 삼위일체의 관계성(삼위께서 서로 연결되어 계시다.)뿐 아니라 삼위일체의 공동체성(삼위께서 서로 협력하신다.)도 본다. 우리는 이 협력관계를 구원 사역에서 볼 수 있다(벧전 1:2). 공동체로 존재하는 하나님은 우리를 공동체로 부르신다. 브루스 웨어 교수는 다음과 같이 기록했다.

> 하나님은 속성상 단수이시다. 그런데 동시에 하나님이 복수이시며 공동체적으로 존재하신다는 사실은, 인간이 다른 사람과 가까이 교제하기 위해 지음받았으며, 고립된 개인이 아닌 공동체 안에서 서로 연결되고 상호의존하기 위해 존재한다는 사실을 일깨워준다.[4]

이와 동일하게, 예수 그리스도를 믿는 수십억의 사람들은 각각 다양하고 뚜렷한 구별된 역할을 지니지만, 하나님의 형상을 지녔다는 공통의 본질을 공유하며 연합되고 조화로운 그리스도의 몸을 이룬다. 복수의 인격(삼위)이 한 분 하나님을 이루듯, 수많은 사람들(역사를 통틀어 수십억 명)이 하나의 교회를 이룬다. 사도 바울은 이렇게 표현했다.

---

4) Bruce A. Ware, *Father, Son, and Holy Spirit: Relationships, Roles, and Relevance*(Wheaton, IL:Crossway, 2005), 134.

"그러나 이제 하나님이 그 원하시는 대로 지체를 각각 몸에 두셨으니 만일 다 한 지체뿐이면 몸은 어디냐 이제 지체는 많으나 몸은 하나라"(고전 12:18-20).

예수님의 사명은 단지 우리 개인들을 하나님과 화해시킬 뿐 아니라, 개인과 개인을 서로 화해시키는 일이기도 하다. 예수님의 사명은 공동체를 형성하는 것이다.

그렇게 함으로써 하나님은 인간이 타락한 이래 어떻게 할 바를 모르는 바로 그 공동체라는 개념을 회복시키신다. 그동안 인간은 다양한 정부와 철학과 프로그램으로 이를 회복해 보고자 노력했다. 국경을 강화하기도 하고 느슨하게 풀기도 했다. 하지만 이 땅에서 하나님의 나라를 이룩할 수는 없었다. 유토피아라는 단어를 현실 세계가 아닌 소설에서 가져온 이유가 있다. 공동체를 형성하려는 우리의 노력은 개인의 이익을 추구하는 우리의 태도를 사라지게 하지 못한다. 노예제도에서 인종차별까지 이 세상에 넓게 퍼진 불평등은 공동체를 이루려다 실패한 결과이다. 죄는 우리 영혼을 망가뜨린다. 죄는 우리 사회를 망가뜨린다.

이것이 인종차별과 계층차별 또는 성차별이 하나님의 영에 위배되는 이유이며, 예수 그리스도의 복음의 정신에 어긋나는 이유이다. 그런데 이런 일이 교회 안에서조차 일어난다!

비슷한 사람끼리만 모이는 것, 다르다는 이유로 균열되는 것은 인간이 타락한 결과이다. 서로 다른 사람들이 하나님의 은혜를 중심으로 연합하는 것, 이것이 바로 하나님이 이 세상에서 역사하고 계시다는 증거이다.

우리는 누구나 상호존중의 정신으로 공동의 목표를 향해 다양함 속에서 일치를 추구하며 자기 은사와 재능에 따라 맡겨진 역할을 감당하는 공동체에서 함께 살아가기를 좋아한다. 이것이 바로 삼위일체가 계시하는 이상적인 공동체의 모습이다.

복음이 만드는 공동체, 즉 교회도 죄의 결과로 인해 세상의 다른 공동체들만큼이나 문제투성이이다. 그러나 남자와 여자, 젊은이와 노인, 흑인과 백인, 어떤 계층 어떤 위치에 있건 모두 하나님이 필요하다는 사실과 또 모두 하나님께 받아들여졌다는 사실에 주목할 때 다른 어떤 공동체도 흉내 낼 수 없는 삼위일체의 모습이 드러난다.

성경은 모든 사람이 죄를 범했기에 하나님의 영광에 이르지 못한다고 기록한다. 그러므로 누구도 도덕적 우위를 주장할 수 없다. 성경은 우리의 구원은 행위가 아닌 오직 하나님의 은혜로 인한다고 가르친다. 그러므로 누구도 교만하게 자랑할 권리가 없다. 복음은 우리가 죄를 생각할 때 갖게 되는 겸손과 예수님의 사랑으로 인한 용서를 통해 공동체를 이룬다. 미로슬라브 볼프의 말처럼 "교회 속 사람 간의 관계는 삼위일체 속 각 인격이 서로를 '사랑'하는 모습을 반영"해야 한다.[5]

---

5) Miroslav Volf, *After Our Likeness: The Church as the Image of the Trinity* (Grand Rapids: Eerdmans, 1998), 195.

삼위일체는 사랑이 무엇인지 보여준다

래리 노먼은 "비틀스는 사랑이면 충분하다고 말했다. 그리고 그들은 헤어졌다."라고 노래했다.

우리는 모두 사랑이 필요하다는 걸 안다. 제대로 사랑하려고 그토록 애쓰는 것이다. 우리는 "사랑하고 있다." 혹은 "사랑에 빠졌다."라는 식으로 말하며 사랑을 주로 감정으로 이해한다. 하지만 감정은 순간일 뿐이다. 그런 사랑은 우리가 필요로 하는 모든 것이 될 수 없다. 그런 사랑을 유지하기란 정말 어렵다!

지금까지 들은 사랑에 관한 최고의 조언이 있다. 결혼식 직전 우리 아버지는 나를 불러 격려하며 기도해 주셨다. 나는 농담처럼 아버지에게 여쭈었다. "아버지, 만일 사랑의 감정이 식으면 어쩌죠?" 아버지는 이렇게 받아치셨다. "다시 사랑에 빠지면 되지!"

아버지는 진정한 사랑은 빠지는 것도 아니고 식는 것도 아님을 정확히 알고 계셨다. 사랑은 의도하는 것이다. 사랑은 움직이는 것이다. 결혼식에 참석할 때마다 고린도전서 13장을 주례의 본문으로 하는 것을 본다. 정말 많은 부부가 이 위대한 '사랑장'을 고른다. 전체가 사랑에 관한 말씀이기 때문이다. 하지만 실제로 고린도전서 13장이 무엇을 말하는지 주의 깊게 생각하지는 않는 것 같다. 왜냐하면 상황이 어려워지거나 갈등이 생겼을 때 (사실 모든 친밀한 관계에서는 갈등이 불가피하다.) 모든 잘못을 잊고 모든 것을 바라고 모든 것을 견딘다는 의미가 무엇인지 잘 모르기 때문이다.

진정한 사랑, 성경이 가르치는 사랑, 바보 같은 가요의 가사나 연애소설이나 로맨틱 영화보다 높고 깊고 강한 사랑은 인간의 감정과 욕망에서 절대 만들어질 수 없다.

그렇다면 그런 사랑을 어떻게 누릴 수 있을까?

종교적인 사람이라면 그런 사랑은 오직 신에게서 온다고 말할 것이다. 그런데 기독교는 하나님이 사랑이시라고 한다(요일 4:8, 16).

사랑 그 자체가 하나님은 아니다. 하지만 하나님은 사랑이시다. 과연 하나님이 사랑이시라는 말은 무슨 뜻일까?

그것은 단지 하나님은 사랑이 넘치는 분이라는 의미가 아니다. 유대교나 이슬람교나 몰몬교도 사랑이 넘치는 하나님을 가르친다. '하나님이 사랑'이시라는 기독교의 가르침은, 진정한 사랑의 기원과 본질이 하나님 안에 있다는 뜻이다. **그리고 하나님이 삼위일체 하나님이 아니시라면 그것은 진리일 수 없다.**

생각해 보라. 고독한 신은 사랑일 수 없다. 그런 신은 사랑하는 법을 배워야 한다. 그 신은 사랑이 하고 싶을지도 모른다. 그러나 그 자신이 사랑이 될 수는 없다. 왜냐하면 사랑은 대상을 필요로 하기 때문이다.

진정한 사랑은 관계를 필요로 한다. 삼위일체 교리에서 우리는 사랑이 어떻게 창조의 일부를 구성하는지 알 수 있다. 그것은 영원하시며 어떤 부족함도 없는 창조주의 본질이다. 영원 전부터 성부와 성자와 성령은 공동체로 서로와의 관계 속에 존재하셨다. 서로를 사랑하셨다. 그 사랑의 관계는 하나님의 속성에 깊이 자리 잡고 있었다. 만일 하나님이 삼위일체가 아닌 홀로 계신 존재였다면, 그분은 사랑일 수도 없고 하나님일 수도 없다!

따라서 삼위일체 교리는 기독교인들이 어리석게 집착하는 이상한 종교적 망상이 아니다. 그것은 인간의 마음 가장 깊은 곳에 자리 잡은 열망에 대한 답변이다. 삼위일체는 인류 역사상 가장 오래된 인간 욕구에 대해 답을 준다. 질문이 무엇인지도 명확하게 밝힌다. 어떤 느낌이나 여린 감성 혹은 이해할 수 없는 감정 같은 것보다 훨씬 더 깊은 곳으로 우리를 데려간다. 인류가 영원토록 추구해 온 모든 사랑에 대한 단단한 기초를 다진다.

팀 켈러는 이렇게 말했다. "궁극적 실재는 서로를 잘 알고 서로를 사랑하는 사람들의 공동체이다. 그것이 바로 우주, 하나님, 역사 그리고 인생에 관한 모든 것이다."[6]

지금쯤 삼위일체 교리가 왜 그토록 매력적인지 알게 되었기를 바란다. 삼위일체 교리가 왜 필요한지 깨달았기를 바란다. 그리고 그것이 왜 이성적인 확신에서만 그치는 것이 아니라 영적으로나 정서적으로 변화의 힘이 되는지 함께 알았으면 좋겠다.

우리는 모두 사랑을 찾는다. 영혼 저 깊은 곳에서부터 우리가 이해할 수도 없고 인지하지도 못하는 그런 사랑이 필요하다. 그래서 찾고 또 찾는다. 사랑의 한 부분이라도, 사랑의 순간, 사랑의 맛, 사

---

6) Timothy Keller, *The Reason for God: Belief in an Age of Skepticism* (New York: Riverhead Books, 2008), 226.

랑의 좋은 본보기를 찾는다. 우리에게는 순전한 사랑의 경험이 있다. 하지만 그런 경험이 우리의 상처, 자기중심적 욕심 그리고 죄악에서 우리를 건져내지는 못했다. 우리에게는 지고지순한 진정한 사랑이 필요하다.

예수님은 말씀하셨다. "사람이 친구를 위하여 자기 목숨을 버리면 이보다 더 큰 사랑이 없나니"(요 15:13). 궁극적인 사랑은 희생적인 사랑이다.

본질이 사랑인 그분이 자기 자신을 희생하는 것을 상상해 보라. 영원한 사랑의 관계에 있는 공동체의 한 분이 그들의 친구뿐 아니라 원수를 위해서도 죽기 위해 보내지신 것을 생각해 보라! 사랑의 교제 공동체께서 왜 그렇게 하셨을까? 바로 원수를 친구로 삼기 위해서이다.

이것이 바로 하나님이 하신 일이다. 삼위일체의 두 번째 인격이신 성자 하나님이 육신을 입고 이 땅에 오셨다. 바로 본질이 사랑이신 그분께서 진정한 사랑이 무엇인지 보여 주고, 진정한 사랑으로 변화시키고, 그 진정한 사랑을 전하기 위해 죽으셨다. 진정한 사랑이 무엇인지 우리가 알도록 그렇게 하셨다. 프레드 샌더스는 이렇게 선포했다. "삼위일체와 복음은 같은 것이다. 구원의 기쁜 소식은 궁극적으로 하나님이 자신의 삼위일체의 삶을 우리에게 내주신 것이기 때문이다!"[7]

---

[7] Fred Sanders, *The Deep Things of God: How the Trinity Changes Everything* (Wheaton, IL: Crossway, 2010), 98.

이것이 모든 인류의 소망이다. 삼위일체라는 이 '오래된 교리'가 영원 전부터 하나님이 누리시던 그 사랑으로 우리를 삼켜서 **다시 살아나는 것.**

한때 무신론자였던 C. S. 루이스의 말이 맞다. "실제로 이 삼위일체 하나님의 생명 속으로 이끌려 들어가는 일이 중요하다."[8]

그리고 누구든지 예수 그리스도를 믿을 때 그 생명 속으로 이끌려 들어간다.

---

8) C.S. Lewis, *Mere Christianity* (Westwood, NJ: Barbour, 1952), 139.

3

기독교인은 왜 다른 사람을 죄인 취급해요?
: 세상 어디에도 기독교처럼 인간을 신성하게 보는 종교는 없다.

　나는 '뉴욕의 사람들'(www.instagram.com/humansofny)이라는 인스타그램 페이지를 좋아한다. 거기에는 매일 뉴욕의 길거리에서 무작위로 섭외한 사람들의 사진과 그들의 삶이 엿보이는 인터뷰 한두 마디가 함께 올라온다. 내가 그 페이지를 좋아하는 이유는 전혀 낯선 사람들의 인간적인 면을 볼 수 있기 때문이다.

　인스타그램에서 접하는 그들의 이야기는 고정관념이나 선입견을 넘어서게 한다. 길거리에서 만나면 피하고 싶은 모습의 헐렁한 바지와 민소매 옷을 입은 어떤 아이는 법대에 가기 위해 돈을 모으려고 열심히 조경 일을 마치고 집에 가는 길이다. 약간 이상한 냄새를 풍기는 지친 표정의 어떤 여인은 장애가 있는 남편을 수발하기 위해 일주일 내내 패스트푸드점 두 곳에서 일하고 있다. 이러한 소개들은 우리가 좀 더 천천히 판단하고, 좋은 것을 더 빨리 떠올리는 데 도움을 준다.

모든 사람은 나름의 이야기가 있다. 사람들의 이야기를 아는 것은 하나님이 세상에서 일하는 방식과, 하나님이 인류에게 나타내신 보살핌과 관심을 이해하는 데 도움이 된다.

내가 자주 방문하는 페이지가 하나 더 있는데 '뉴욕의 사람들'과는 정반대되는 곳이다. 그곳은 미국에서 두 번째로 큰 도시이자 내가 전에 살았던 버몬트 주 러틀랜드의 최신 범죄 기록을 공유하는 페이스북 페이지이다. 이 페이지의 익명 관리자는 경찰의 무전 채널이나 제보자들의 제보에 의존해 체포, 위반, 재판 판결에 관한 소식을 정기적으로 게시한다.

현재 버몬트 주는 미국에서 가장 진보적인 주로 알려져 있다. 버몬트 주는 처음으로 동성결혼을 합법화한 주 가운데 하나이다. 최근에 버몬트 주로 이주한 사람들은 자신의 관용적인 태도에 대해 꽤나 자부심을 가진다. 원래부터 그곳 출신인 사람들은 '각자 자기 좋은 대로 살자.'라는 사회적 분위기에 빠진 경향이 있다. 버몬트 주는 매우 평화롭고 '멋진' 곳이다. 그런데 러틀랜드 범죄현황 페이지를 보면 전혀 그렇지 않은 것 같다. 연이은 약물관련 체포, 부모와 자녀와 친구들과 주변사람에게 영향을 끼칠 수백 가지 이야기가 꽤나 명확하게 집계되어 게시된다. 최근 업데이트된 게시글에 그 너그럽다는 버몬트 사람들이 남긴 댓글은 이렇다.

"이 인간쓰레기를 싹 죽여야 한다."

"이 마약중독자들을 모조리 죽여라. 그게 우리 지역을 살릴 유일한 방법이다."

"이런 XXX 같으니라구!"

그리 포용력이 많은 사람들처럼 보이지 않는다. 어떤가?

물론 이런 식의 댓글은 인터넷상에서 그리 유별난 경우가 아니다. '댓글을 읽지 마세요'(Don't Read Comments)라는 트위터 계정이 존재하는 이유가 있다. 물론 나도 헤로인이 버몬트 주에(다른 주에도) 끼치는 해악 때문에 화가 나고, 또 회복 프로그램과 범죄 정의 구현을 지지하는 사람이지만, 한 인간이 다른 인간에게 '괴물', '짐승', '쓰레기' 혹은 그 밖의 욕설을 퍼붓는 것은 좀 심하다고 생각한다.

이런 말이 어떻게 들릴지 모르겠지만, 심지어 인간이 동물(그것도 원시적인 끈끈한 물질에서 진화한)에서 진화했다고 믿는 사람도 인간을 짐승 또는 쓰레기로 취급해서는 안 된다는 생각에 동의하리라 믿는다.

그런데 현실은 우리가 그렇게 하고 있다는 사실이다. 만일 인간이 실제로 끈끈한 물질에서 진화했다면 그런 취급은 차라리 논리적이다. 내 말은, 심지어 인간이 미지의 가능성과 천재성, 신비로움과 경이로움으로 가득 찬 특별한 존재라 할지라도, 그저 우연히 생긴, 질서 있는 동물에 불과하다면 다른 사람을 짐승으로 여기는 일은 당연하다. 또 다른 사람을 동물 취급하기가 그리 어려운 일도 아니다.

그러나 인간에 대한 기독교적 관점은 완전히 다르다. 인정하고 싶지 않지만, 솔직히 역사상 너무 많은 기독교인이 이것을 제대로 망쳤다. 그리스도인이 다른 사람을 인간 이하로 취급한 사례가 너무 많다. 잘못된 일이다. 하나님이 이를 심판하실 것이다. 그리스도인이라 주장하면서 다른 사람을 함부로 대한다면, 적어도 그 순간에 그는 성경이 인간에 대해 말하는 것, 즉 인간이 하나님의 형상을 따라 지음받았고 그래서 '신성하다'(sacred)는 사실을 믿지 않는 것이다.

모든 사람은 쓸모를 떠나 아름답다

모든 사람에게는 이야기가 있다. '뉴욕의 사람들'이 좋은 이유는, 길거리에서 피하고픈 사람뿐 아니라 우리가 깨닫지 못했던 영혼에 대한 이야기를 들려주기 때문이다. 우리의 시선을 끌든 못 끌든 우리를 스치는 모든 사람이 놀라울 정도로 흥미롭다.

모든 사람이 흥미롭다는 사실에는 많은 사람들이 동의한다. 그러나 오직 성경적 기독교만이 모든 사람을 '신성하게' 여긴다. 동의하는가? 아니라고 생각할 수 있다. 종교를 떠나 많은 전통이 모든 사람은 중요하며, 이 세상에는 더 많은 사랑이 필요하고, 많은 문화권에서 조직적인 불평등이 행해진다고 고발하기 때문이다. 하지만 좀 더 깊이 파고들면, 그들의 이런 태도가 사실 선별적으로 적용된다는 것을 알 수 있다.

예를 들어 러틀랜드의 범죄 페이지에 댓글을 단 사람들도 자기 가족은 잘 대할 것이다. 일상적으로 만나는 사람에게는 대개 친절하게 대할 것이다. 그러나 약물 중독자들에 대해서는 지나치게 가혹한 것 같다.

그와 비슷하게 정의와 인권을 지지하면서도 동시에 낙태에 대한 여성의 권리를 지지하는 완전히 비합리적인 태도를 본다. 모든 사람이 아닌 어떤 특정한 부분에만 인권이 적용되는 것 같다.

우리는 '실용적 가치'에 따라 누구를 잘 대하고 누구를 동물처럼 취급할지 따진다. 사람은 기본적인 효용성을 가진다. 그것이 유용한지 아닌지를 따져 그에 따라 대우받는다. 낙태할 권리를 지지하는 사람들은 아이의 존재가 불편하다거나 양육이 과도한 부담이 된다는 이유로 그래도 된다고 생각한다. 물론 아이를 키우는 것은 부담스럽고 수고롭다. 끊임없는 돌봄과 양육이 필요하기 때문이다.

또 어떤 사람은 고령자와 장애인에 대해서도 같은 논의를 한다. 미국은 주기적으로 안락사나 의사 원조 자살에 대한 논쟁으로 시끄럽다. 이런 문제는 엄청나게 복잡하지만, 그 기저에는 다음과 같은 기본적인 생각이 깔려 있다. "인생의 가치는 그 용이성과 편의성에 좌우된다."

실용적 가치가 종교계로 넘어오면 차별, 불평등, 광신적 행위, 심지어는 테러리즘을 주장하기도 한다. 어떤 종교집단은 선교 대상이 자신들의 신념을 받아들이지 않을 것 같으면 그들을 없애 버리기도 한다. 중동지역 일부에서 이런 현상이 확실히 두드러진다. 이슬람교의 한 종파는 불신자를 전도하는 게 아니라 죽여 없앰으로써 자기들의 세를 확장시켜 나간다.

복음주의 교회라고 해서 이런 실용적 가치를 찾아볼 수 없는 게 아니다. 아주 다양한 방법으로 드러난다. 많은 사례 가운데 나를 가장 짜증나게 하는 것은 낙태에 관한 논쟁이다. 생명존중주의자들이 하는 이런 말을 들어 보았을 것이다. "당신이 낙태한 아이가 만일 차세대 아인슈타인이나 베토벤, 마틴 루터 킹 주니어 혹은 파스퇴르나 솔크가 될지 모른다고 생각한다면, 당신도 생명존중주의자가 될 것입니다." 다시 말해 낙태는 암이나 에이즈 치료책을 포기하는 일일 수 있다는 뜻이다.

그런 말을 하는 동기는 이해가 된다. 기저에 깔린 추론도 나름 타당성이 있다. 낙태는 가깝게는 태아나 산모에게 위험할 수 있고, 멀게는 가족과 지역사회, 세계에 해를 끼칠 수 있다는 주장이다.

하지만 나는 낙태 반대에 대한 이런 주장이 너무 싫다. 어떤 성취를 따라 인간의 가치를 부여하는 주장이기 때문이다. 이는 실용주의적 논의, 즉 사람의 '실용성'에 따라 본질적인 가치를 부여하는 일이다. 실용주의적 논의는 낙태 반대파 주장보다 낙태 찬성파 주장에 오히려 더 가깝다. 낙태를 지지하는 사람은 실용주의 가치를 채택한다. 예를 들면 이런 생각들이다. "이 아이는 가난한 삶을 살 게 뻔하니까 그런 가난을 체험하지 않도록 미리 막는 것이 최선이야." 혹은 "아이는 내 미래 계획에 방해가 되니까 내가 진짜 준비될 때까지는 아이를 낳지 않겠어."

실제로 이는 예측되는 가치에 기반하는 낙태에 가까운 위험한 생각이다. 예를 들어 미국에서 아프리카계 태아는 위험해 처해 있다. 중국에서는 여자인 태아가 위험하다. 불임 치료법이 발달할수록 부모들은 언젠가 태어날 아기의 머리카락과 눈 색깔까지 '맞춤형'으로 디자인할 수 있을 것이다. 그러면 '문제 있는' 아기들은 어떻게 될까? 쓰레기처럼 버려질지 모른다. 물론 다운증후군이나 그 밖의 질병처럼 예비 부모가 원하지 않는 태아의 낙태는 이미 일반적인 일이 되었다.

기술의 발전으로 태아의 지능이 얼마나 발달할지 미리 알 수 있다면 어떤 일이 벌어질까? 지능이 '그냥 평균'인 태아는 어떻게 될까? 그들이 주장하듯 '게이 유전자'가 발견된다면, 동성애자의 권리를 옹호하면서 낙태 제도를 지지하는 사람들은 계속 낙태를 지지할까? 만일 아기가 동성애자가 될까 두려워 낙태하려는 산모가 있다면?

인간을 실용주의적 관점으로 보는 태도는 기독교 세계관에서 있을 수 없다. 복음주의자들이 낙태를 반대하는 동시에 실용주의 세계관에 강력한 힘을 싣는 일은 절대 있어서는 안 된다.

인간 생명이 신성하다는 성경적 근거는 가족과 사회에 대한 인간의 '유용성'과 무관하다. 성경은 모든 사람이 하나님의 형상으로 지음받았기에, 즉 하나님이 우리 모두를 평등하게 지으셨기에, 어떤 개인이 암을 치료하거나 혹은 유발하거나, 올림픽 메달을 받거나 혹은 장애인 올림픽에서 메달을 받거나, 모차르트처럼 작곡을 하거나 로잔느 바처럼 노래를 하든 상관없이 모든 생명은 소중하며, 그러므로 낙태를 반대해야 한다고 가르친다.

우리가 예비 아인슈타인과 베토벤을 낙태 시술자에게서 구할 수 있다고 하자. 그러나 그것은 예비 무능한 부모, 트럭 수리공 혹은 청소부가 될 인생은 낙태해도 괜찮다는 생각과 같은 비극적이고 죄악

된 생각이다. 알다시피, '평범한 사람'이 소위 특별한 사람보다 훨씬 더 많다.

기독교적 관점은, 예비 테레사 수녀든 아돌프 히틀러든 모든 낙태는 무조건 잘못이라고 주장한다. 또한 기독교인의 생명이 믿지 않는 사람의 생명보다 더 중요하다고 생각하지도 않는다. 사실 성경적인 그리스도인은 오히려 그 반대로 믿지 않는 사람의 생명을 살리기 위해 자신의 생명을 포기하는 편이 더 낫다고 생각한다. 믿지 않는 사람이 하루라도 더 살게 되면 하나님을 알 기회가 생길지도 모르기 때문이다.

그렇다면 그리스도인이 어떤 유용성에 근거해 생명의 신성함을 판단하지 않는다면, 과연 무엇에 기초하는 것일까?

모든 생명은 신성하다

창세기 1장 27절에는 사람이 기대할 수 있는 인간 가치에 대한 최고의 기초가 되는 계시가 담겨 있다. "하나님이 자기 형상 곧 하나님의 형상대로 사람을 창조하시되 남자와 여자를 창조하시고." 인간의 생명이 신성한 까닭은 자연의 실험에서 성공해 살아남았기 때문이 아니다. 인간이 상호 간 혹은 사회에 이익을 주는 유익한 존재여서 신성한 것도 아니다. 인간의 생명은 누가 그를 원하거나 필요로 하거나 혹은 사랑하기 때문에 신성해지는 것이 아니다. 인간의 생명이 신성한 이유는 **하나님이 자신의 형상대로** 지으셨기 때문이다.

우리는 이 말이 정확하게 무엇을 의미하는지는 모른다. 우리가 하나님의 형상대로 지음받았다는 말은, 인간이 몸과 마음과 영으로 이루어진 것과 삼위일체 하나님의 특성이 무슨 연관이 있다는 뜻일까? 혹은 인간에게는 동물과 달리 자기 존재에 대한 인식이 있다는 것과 관계가 있을까? 인간에게는 하나님과 교제할 수 있는 영혼이 있고 동물에게는 없음을 의미할까?

우리가 하나님의 형상대로 지음받았다는 의미의 깊이는 솔직히 다 이해할 수 없다. 그것은 매우 중대하고 심오한 것이기 때문이다. 하지만 그리스도인은 인간이 하나님의 형상을 지닌 존재이기에 모두가 신성하다고 믿는다. 때문에 그 생명을 착취하거나 파괴하는 일은 무서운 일이다.

하나님은 우리가 이런 결론에 이르도록 여러 가지 단서를, 심지어는 우리 몸속에도 허락하셨다. 가끔은 우리 중 가장 연약하고 취약한 부분을 통해 가장 극적인 방법으로 상기시켜 주신다. 혹시 자궁을 절개해 수술 중인 산모의 배 속에서 태아의 손이 나와 의사의 손가락을 붙잡은 사진을 본 적 있는가? 그 사진에는 놀라운 사연이 숨겨져 있다.

줄리와 알렉스 부부는 오랫동안 아이를 갖지 못해 고생했다. 그들은 이미 2번이나 유산을 겪은 터였다. 그러다 어렵게 임신을 했는데 얼마 지나지 않아 문제가 발생했다. 복부에 갑작스런 경련이 일어나 초음파 진료를 받았는데 태아에게 척추갈림증(Spina bifida)이 있다는 진단을 받은 것이다.

의사는 낙태를 권했다. 부부는 거절했지만, 장애 아동을 키워야 한다는 부담은 여전히 큰 두려움이었다. 후에 남편인 알렉스는 그때 가슴이 찢어지는 고통을 느꼈다고 말했다.[1]

부부는 혹시라도 어떤 의학적 도움을 받을 수 있을까 싶어 테네시주 밴더빌트대학교를 찾았다. 그리고 얼마 후 자궁 내에서 태아의 척추를 수술하는 연구 케이스에 선발되었다. 수술이 조기에 이루어지면 척추갈림증에 의한 손상 위험이 많이 줄어들 수 있다고 했다.

수술은 논란의 여지가 있었고, 위험했다. 모든 것이 계획대로 진행된다 해도 21주밖에 안된 태아를 자궁 밖에서 생존하도록 할 방법이 없었다. 게다가 산모인 줄리에게도 위험 부담이 컸다.

드디어 수술 날이 되었다. 브루너 박사가 수술팀에게 조용히 하라고 지시했다. "쉬……. 아기가 깨지 않도록 조심해야 해요."
수술 과정을 지켜본 참관인이자 「USA Today」의 기자인 로버트 데이비드는 아기 사무엘의 손상 부위가 생각보다 아래쪽에 위치해 신경 손상의 가능성을 낮췄다고 보고했다.
이런 수술을 받은 환자 중 사무엘이 최연소였음에도 불구하고 브루너 박사와 소아신경외과 노엘 박사는 수술 중 날씨에 대해 이야기할 만큼 여유로워 보였다.[2]

---

1) "Holding Hands," *Independent* (October 30, 1999), http://www.independent.ie/irish-news/holding-hands-26136931.html.
2) 위의 글.

이야기는 이제부터 시작이다.

수술을 마치고 의사가 자궁을 닫을 때 그 기적이 일어났다. 아직 태어나지 않은 사무엘이 손을 자궁 밖으로 내밀어 외과의사의 손가락을 움켜잡은 것이다. 사진작가인 마이클 클랜시가 이 놀라운 장면을 카메라에 담았다. 그리고 그 짧은 순간 클랜시는 낙태 찬성파에서 낙태 반대파로 바뀌었다. 그는 이렇게 말했다. "수술이 끝난 후에도 두 시간 동안 나는 충격에서 벗어날 수 없었다. …… 나는 이제 낙태는 잘못된 행동임을 확신하게 되었다. 낙태는 절대적으로 잘못된 일이다."[3]

아기 사무엘은 모든 인간의 생명이 신성하다는 사실을 세상에 알리고 싶었을까? 외과의사의 손을 붙잡기 위해 엄마의 자궁 밖으로 손을 내민 행위는 시편 139편 13-16절을 강조하는 듯하다.

"주께서 내 내장을 지으시며
나의 모태에서 나를 만드셨나이다
내가 주께 감사하옴은 나를 지으심이 심히 기묘하심이라
주께서 하시는 일이 기이함을 내 영혼이 잘 아나이다
내가 은밀한 데서 지음을 받고

---

3) John Piper, "God at Work in Every Womb," *Desiring God* (January 21, 2001), http://www.desiringgod.org/messages/god-at-work-in-every-womb에서 인용됨.

> 땅의 깊은 곳에서 기이하게 지음을 받은 때에
> 나의 형체가 주의 앞에 숨겨지지 못하였나이다
> 내 형질이 이루어지기 전에 주의 눈이 보셨으며
> 나를 위하여 정한 날이 하루도 되기 전에
> 주의 책에 다 기록이 되었나이다."

이것이 바로 그리스도인들이 생명의 신성함을 믿는 이유이다. 하나님이 인간을 자신의 형상을 지닌 존재로 지으셨기에, 그 의미가 무엇이건 간에 인간은 '유용성'의 유무와 상관없이, 여전히 아름답다.

인간은 피조물 중에서 유일하게 생각하는 존재이다. 그냥 생각만 하는 게 아니라 사색하는 존재이다. 동물은 달을 바라보며 그곳에 가고 싶다고 생각하지 않는다. 동물은 삶의 의미를 사색하지 못한다. 존재론적 두려움과 공포를 느끼지도 못하고, 아름다운 것을 보며 순수한 기쁨을 경험하지도 못한다. 동물도 물론 아름다운 것을 만들기는 하지만, 항상 아름다움 자체보다는 유용성이 우선이다. 오직 인간만이 예술 작품을 만든다. 유용성의 여부를 떠나 예술을 추구하는 존재는 인간밖에 없다. 순전히 감탄하기 위해 탐구하는 동물은 없다. 주변을 관찰하고 새로운 것을 발견하면 감탄하는 그런 동물은 없다.

인간은 단순히 영광스러운 동물이 아니다. 우리는 하나님을 반영하는 신성한 거울이다. 우리 모두가 그렇다. 기독교의 정의의 개념이 세상에서 가장 논리적인 이유가 바로 이것이다. 인간은 누군가에게 혹은 사회에 쓸모 있어서가 아니라 존재의 중심에 하나님의 형상이 심겨 있기에 신성하다.

우리의 이웃에 사는 사람들

인간 생명은 신성하다는 그리스도인들의 믿음은 우리가 사는 사회에 대한 믿음에도 직접적인 영향을 미친다. 이는 기독교의 선교에 대해 이야기할 때 조금 더 심도 있게 다루기로 하자. 지금 강조하고 싶은 것은 성경적인 관점에서 볼 때 기독교는 개인 차원의 종교가 아니라는 것이다. 그리스도인은 하나님과 개인적인 관계를 맺는다. 하지만 그것이 하나님과의 '사적인' 관계를 의미하지는 않는다.

그리스도인은 예수님이 이 땅에 오셨을 때 이스라엘 백성 외에 모든 방언과 민족과 종족과 나라가 예수님을 통해 하나님과의 관계 속에 들어오게 하는 하나님의 방법이 선포되었다고 믿는다. 이는 우리가 서로를 개인적으로 어떻게 대해야 하는지뿐 아니라, 문화와 여러 나라 사이에서 하나님이 일하시는 방법도 알려준다.

하나님은 자신의 형상을 따라 아담과 하와를 지으신 후, 문화를 세우고 창조하고 성장시키고 돌보고 다스리는 임무를 그들에게 주셨다. 동산에서 출발해 하나님이 영광의 중심으로 서실 나라를 설립하는 임무를 주셨다. 그런데 그들이 하나님께 순종하지 않음으로써 죄가 세상에 들어왔다. (이는 다음 장에서 더 자세히 다루겠다.) 그 결과 그들의 영혼만 망가진 것이 아니라, 그들에게 주어진 임무도 함께 망가졌다. 창세기를 읽으면서 우리는 불평등, 전쟁 그리고 억압의 긴 역사를 볼 수 있다. 하나님이 중심에 계시지 않으면 인간은 조화를 이루며 사는 법을 알 수 없다.

그러나 평화와 정의를 추구하라는 부르심은 여전히 남아 있다. 이것이 우리의 동료들(성경의 표현으로는 우리의 '이웃')을 하나님의 형상으로 창조된 신성한 영혼으로 보아야 한다는 근본적인 근거이다.

성경은 영원의 관점에서 인간의 특질을 보는 하나님의 시각을 보여 준다. "내가 너를 모태에 짓기 전에 너를 알았고 네가 배에서 나오기 전에 너를 성별하였고 너를 여러 나라의 선지자로 세웠노라 하시기로"(렘 1:5). 인간은 생물학적으로 잉태되었을 때가 아닌 거룩한 잉태, 즉 하나님이 우리를 생각하실 때부터 이미 신성한 존재이다.

그리고 이는 구약시대의 정의와 사회적 화합에 큰 영향을 미쳤다. 이방인과 종 그리고 그 밖의 사람들을 어떻게 대해야 하는지 수많은 계명이 주어진 율법서에서 이를 확실히 확인할 수 있다. 또한 역사상 가장 큰 고난을 겪은 욥과 같은 의인을 살펴보면서도 알 수 있다.

"만일 남종이나 여종이 나와 더불어 쟁론할 때에
내가 그의 권리를 저버렸다면
하나님이 일어나실 때에 내가 어떻게 하겠느냐
하나님이 심판하실 때에 내가 무엇이라 대답하겠느냐
나를 태 속에 만드신 이가 그도 만들지 아니하셨느냐
우리를 뱃속에 지으신 이가 한 분이 아니시냐"(욥 31:13-15).

욥이 살았던 시대는 부자들이 자신의 종을 존중하는 태도로 대하던 시대가 아니었다. 종과 노예는 인간 이하의 취급을 받았다. 그럼에도 욥의 의도는 분명하다. 우리는 여기서 인간에 대해 중요한 세 가지를 발견한다.

첫째, 인간 평등의 기초는 배 속에서부터 시작된다. 부자였던 욥은 자신이 종들과 평등한 위치임을 인식했다. 그는 모든 인간은 배 속에서 지으심을 받을 때부터 평등하다고 주장했다. 둘째, 태아의 발달은 하나님의 일이다. 욥은 하나님이 우리를 친히 태 속에 만드시고 배 속에 지으신다고 말했다. 셋째, 욥의 말은 인간을 인간 이하로 취급한다면 하나님이 판단하실 거라는 뜻이다. 심판의 날, 우리가 어떤 편의나 두려움 때문에 살해된 수십억의 태아들을 만난다면 어떻게 할 것인가? 그때 하나님이 인신매매와 성매매, 포르노와 간음 그리고 수많은 성 상품화, 노인과 장애인과 빈곤층을 돌보지 않은 일, 인종주의와 차별에 대한 우리의 상반된 반응을 지적하실 때 우리는 어떻게 대답할 것인가?

이러한 성경적인 사상이, 기독교 정신에 위배되는 기독교 기관들의 불의한 일들(예를 들어 노예제도 같은)에 대항한 지속적인 폐지운동을 가능케 했다. 또한 이런 성경적 사상이 생명존중에 대한 새로운 지지를 이끌어 냈고, 또한 단순한 낙태반대 운동을 넘어 빈곤의 완화 및 미국과 다른 지역에서 입양의 급속한 증가를 가능하게 했다.

욥기 31장 13-15절은 하나님이 모든 사람을 태 속에 만드셨으며 우리가 하나님의 형상대로 지음받았음을 알기에, 엄마의 배 속에 있을 때나 세상에 태어났을 때나 모든 사람은 동등한 권리를 가진다고 가르친다.

욥기에서 발견된 이 관점은, 시편과 예레미야에서도 발견되고 유대 경전에도 나온다. 나는 기독교인과 유대인이 인권 문제에 있어 다른 주장을 한다고 말하는 것이 아니다. 나는 두 가지를 지적하고 싶다. 첫째, 정통 유대교의 소수파를 제외한 유대교 주류의 관점이, 적어도 낙태 문제에 있어서, 낙태 찬성파의 입장과 흐름을 같이한다는 게 이해가 되지 않는다. 둘째, 하나님 나라에 대한 신약성경의 계시에서 시작하고 탄력을 받은 기독교는 구약성경에서부터 암시된 것이다. 다시 말하지만, 기독교가 다른 종교나 철학 사상과 비교 불가한 우위를 갖게 되는 지점은 바로 예수 그리스도이다.

시편 기자들이 노래한 것들, 예레미야 선지자가 선포한 것 그리고 욥이 되새긴 그 의미를 실현하기 위해 예수님이 오셨다. 예수님은 하나님의 이러한 생각들을 친히 완벽한 실천으로 발전시키시고, 자신을 미워하는 자들을 위해 실제로 친히 죽으시고 또 용서하심으로써 우리에게 원수를 사랑하라는 명령에 따르기를 종용하셨다.

예수님은 제자들에게 "네 이웃을 네 몸과 같이 사랑하라"고 말씀하셨다. 사랑은 많은 종교와 심지어는 세속적인 운동에서도 인기 있는 개념이지만, 오직 예수 그리스도만이 실제로 사랑을 의미하며, 실천하셨고, 심지어는 죽음으로 이루셨다.

그렇다면 기독교는 예수님을 단순히 좋은 교사와 현명한 리더로서 인성을 완성시킨 분으로 보아야 할까? 여기서 기독교는 다시 한

번, 예수 그리스도의 유일성으로 인해 다른 종교와 비교할 수 없이 뛰어난 종교라는 사실이 드러난다.

완벽한 거울

사랑이 어디에서 비롯되는지 궁금한 적이 있는가?

무신론자에게 사랑은 우리를 속이는 일종의 화학작용에 불과하다. 단순한 애착이나 길들여짐 혹은 진화된 편의주의에 의해 생성되는 느낌일 뿐이다. 엄마에게 뛰어가 안기며 "사랑해요!"라고 외치는 아이를 생각해 보라. 엄마는 어떤 반응을 보일까? "그래, 나도 조건적 생리반응에서 비롯된 세로토닌이 나오면서 너에게 친근함을 느끼게 되는구나!"라고 말할까? 어떤 친구는 생일축하 메시지를 항상 이런 식으로 남긴다. "너희 어머니가 임신을 끝낸 날을 축하해!" 이런 농담은 생일이라는 멋진 이벤트에서 낭만을 제거한 밋밋한 생리적 현상만을 나타낸다. 그렇지 않은가?

사랑이 어디에서 비롯되는지 가르쳐 주는 것이 종교이다. 사랑은 우리 유전자의 생물학적 기질에 정확하게 발사된 화학적 반응에서 비롯된 것이 아니다. 또한 사회적 애착과 종의 발전에 관한 조작된 반응에서 비롯된 것도 아니다. 사랑은 우리의 내부가 아닌 외부, 바깥세상, 이를테면 천국과 같은 곳에서 비롯되는 것이다. 종교적인 사람들은 대부분 사랑이 인간 외부에서 인간 내부로 들어간다고 믿는다. 유일신을 믿는 종교들은 사랑은 신으로부터 온다고 생각한다.

오직 기독교만이, 본질상 동일한 세 인격이 한 분이신 하나님은 영원히 서로를 향한 사랑이 흘러넘쳐 완벽한 관계를 이루시고, 그 관계성을 그분이 창조하신 세상에 드러내신다고 믿는다. 또한 오직 기독교만이 예수 그리스도가 하나님의 아들이시며, 하나님의 사랑을 입고 육신이 되어 이 땅에 오셨고, 이웃과 성부 하나님을 온전히 사랑하여 죄로 분리된 인간과 하나님 사이를 연결하셨고, 그 결과 인류가 하나님의 사랑을 경험하고 또 하나님 아버지를 사랑하도록 하셨다고 믿는다.

이걸 그냥 쓰기만 하는데도 가슴이 벅차오른다! 이것이 핵심이다. 사랑을 이야기하면서 감격도 없고 가슴이 냉랭한 것은 옳지 않다. 그리스도인은 이렇게 믿는다. 하나님이 우리로 사랑을 알게 하셨고 사랑을 우리 안에 불어넣어 주셨기에 우리가 사랑할 수 있게 되었다. "우리가 사랑함은 그가 먼저 우리를 사랑하셨음이라"(요일 4:19).

우리는 하나님의 형상대로 지음받았다. 그런데 예수님은 완벽한 하나님의 형상이시다(골 1:15). 이 진리는 다른 무엇과도 비교할 수 없는 사실인 동시에 많은 사람을 불편하게 하는 진실이다. 성경적 기독교는 이 진리를 부끄러워하지 않는다. 우리는 우리를 결코 실망시키지 않는 사랑, 영원히 우리를 용서할 수 있는 사랑, 우리를 지탱해 줄 사랑 그리고 고린도전서 13장에 묘사된 우리를 만족시킬 완벽한 사랑은 완벽한 분으로부터 온다는 사실을 알기 때문이다. 그리고 오직 예수 그리스도만이 이 모두와 맞아떨어진다. 왜냐하면 하나님 한 분만이 완벽하시기 때문이다.

이런 희생적 사랑을 해야 한다고 느끼지만 기독교가 주장하는 진리 앞에서 주저되는가? 그렇다면 자신의 철학적 사고와 논리적 추론을 포기하지 말고, 예수 그리스도의 사역과 인성에 한번 초점을 맞추어 보라. 하나님이 예수님을 통해 당신을 부르셨다면, 그 안에서 당신의 거리낌이 해결되리라 믿기 때문이다. 나는 세계적인 과학자이자 한때 무신론자였던 프랜시스 콜린스 박사의 간증이 참 좋다.

나는 믿음을 중요하게 여기지 않는 가정에서 자랐다. 대학에 진학했을 때 사람들이 기숙사에서 늦은 밤까지 하나님이 존재하시는지 논쟁했는데, 그 논쟁은 많은 도전이 되었다. 하지만 나는 그 논쟁에 참여할 필요를 느끼지 못했고, 거기에 끼어들지 않기로 결정했다. 물리와 생물학으로 점철된 이 환원주의적 사고방식에 빠져들수록 자연세계 밖에서 이루어지는 모든 개념을 점점 더 거부하게 되었다. 한번은 내 환자 중 한 분이 내게 무엇을 믿는지 물었다. 나는 "아무것도 믿지 않는다."라고 자신 없게 답했다. 그러면서 나 자신이, 하나님에 대해 확고하고 헌신적인 믿음을 가진 그 사람에 비해 무언가 빈약하게 느껴졌다. 나는 그런 어색한 순간을 두 번 다시 경험하고 싶지 않았다. 그런 논쟁에서 효과적으로 이기려면 믿음이라는 것에 대해 좀 더 연구해야겠다고 생각했다.

집 근처에 사는 감리교 목사를 찾아가 나처럼 믿음에 대한 논쟁을 하는 사람에게 추천해 줄 만한 것이 있는지 물었다. 그 목사는 서재에서 C. S. 루이스의 책 『순전한 기독교』(*Mere Christianity*)를 꺼내 주었다. 루이스는 나처럼 무신론자였으나 자신의 입장이 얼마나 확고한지 증명하려다 오히려 회심하게 된 사람이다. 나는 책을 가지고 집으로 돌아왔다. 처음 몇 페이지만 읽고도 무신론을 지지하는 내 입장이 옥스퍼드 교수의 단순하고 명확한 논리에 산산조각 났다. 나는 깨달았다. "처음부터 다시 시작해야겠어. 애초에 나는 본질부터 결함이 있는 것에 기초해 내 입장을 펼쳤구나."[4]

흥미로운 점은 이 남자가 과학을 포기하지 않았다는 사실이다. 예수를 믿는다는 것이 자신의 이성을 포기하는 일은 아니다. 하지만 그는 과학적 탐구에서 발견한 것들이 자기 마음속 가장 깊은 곳에 답을 주지 않음을 깨달았다. 자신의 환자도 아는 답을 자신은 몰랐던 것이다. 그는 여전히 과학을 버리지 않았고 자신의 논리와 이성도 포기하지 않았지만, 물질주의는 천국에서 오는 그런 지속적인 사랑을 만들 수 없음을 깨달았다.

낸시 피어시는 자신의 회심에 대해 이렇게 간증했다.

라브리 공동체에 있을 때 한 학생에게 왜 기독교로 개종했는지 물은 적이 있다. 남아프리카 억양이 강한 그 창백하고 여윈 청년은 "그들이 내 주장을 모두 거꾸러뜨렸기 때문이지."라고 간단히 답했다.

---

[4] David Ian Miller, "Finding My Religion: Leader of the Human Genome Project Argues in a New Book That Science and Religion Can Coexist Happily," *San Francisco Gate* (August 7, 2006), http://www.sfgate.com/news/article/FINDING-MY-RELIGION-Leader-of-the-Human-Genome-3299361.php.

나는 무엇인가 미심쩍은 눈초리로 그를 계속 응시하면서 좀 더 극적인 대답이 나오기를 기대했다. "글쎄, 언제나 굉장한 감정적 체험이 따르는 것은 아니야." 그는 자기 입장을 변호하듯 미소를 지으며 말했다. "내가 처음 여기에 올 때 가졌던 다른 어떤 사상보다 기독교가 더 나은 논점을 가진 것을 알게 되었어." 그는 내가 만난 사람 가운데 순전히 지적인 차원에 의거해 회심한 최초의 인물이었고, 당시만 해도 나는 내가 그와 비슷한 경로를 밟을 줄 예상하지 못했다.

미국에 돌아온 나는 대학 강단에서 쉐퍼의 사상을 시험하는 동시에 C. S. 루이스, G. K. 체스터튼, 오스 기니스, 제임스 사이어 등 여러 변증가의 저서를 읽었다. 그러는 한편 내면에는 실재를 향한 굶주림이 있었다. 어느 날 데이빗 윌커슨의 『십자가와 칼』(*The Cross and the Switchblade*)이라는 책을 읽게 되었다. 거기에는 극적인 것을 맛보고 싶은 욕구를 만족시킬 만한 흥미진진한 이야기가 들어 있었다. 용감하게 슬럼가를 누빈 그리스도인의 간증인데, 기적적으로 마약 중독에서 치유받은 사람들의 이야기였다. 그날 밤 나는 하나님이 내 삶에서도 그런 굉장한 일을 하실지 모른다는 희망에 가슴이 뜨거워져서, 하나님이 정말 살아 계시다면 내게 어떤 초자연적인 기적을 베풀어 달라고, 그렇게 하신다면 당신을 믿겠노라고 빌었다. 이런 일은 더욱 공격적으로 접근해야 효과가 있을 것이라 생각하고, 내게 표적을 보이시기 전에는 한숨도 자지 않겠다고 다짐했다.

자정이 지나고, 시계는 새벽 1시, 2시를 넘어 4시를 가리켰다. 의지로 버티려 했지만 눈이 계속 감기기 시작했다. 그러나 기다리던 굉장한 표적은 나타나지 않았다. 마침내 그런 연극적인 행동에 빠져든 것이 분하게 느껴져서 멈추기로 했다. 그러자 갑자기 하나님의 임재가 강하게 느껴지면서 내 심령 깊은 곳에서 하나님께 단순히 직접 말하고 있는 나 자신을 발견했다. 내게는 외적인 표적과 기사가 필요 없음을 (다소 애처롭게) 인정하게 되었는데, 마음 가장 깊은 데서부터 기독교가 진리임을 이미 확신할 수밖에 없었기 때문이다. 라브리에서 나눈 토론과, 변증에 관한 서적을 통해 내가 깨달은 것은 도덕적 상대주의와 물리적 결정론과 인식론적 주관주의 그리고 그 밖에 내 머릿속을 한동안 맴돌던 다른 여러 이념들을 충분히 반박할 만한 논점이 기독교에 확실히 있다는 사실이었다. 그 남아프리카 친구의 표현처럼 내 생각이 모조리 거꾸러지고 말았다. 이제 다음 단계는 내가 완전히 설득당했음을 시인하고 내 생애를 진리의 주님께 드리는 일이었다.

그날 새벽 4시 30분경 나는 하나님이 논쟁의 승리자임을 조용히 시인했다.[5]

하나님이 이 논쟁에서 승리하셨다. 하나님은 지성을 포함한 모든 방법을 사용하신다. 왜냐하면 하나님이 그것을 창조하셨기 때문이다! 하나님은 지성을 통해 영혼을 구하기도 하신다. 하지만 그러한 방법을 통해 믿음을 갖게 된 사람도 결국에는 단순히 지적인 만족을

---

5) Nancy Pearcey, *Total Truth* (Wheaton, IL: Crossway, 2004), 54-55. Reprinted by permission.

뛰어넘는 그 무엇을 발견한다. 자신의 영혼이 경험하는 만족을 깨닫는다.

하나님은 당신을 부르고 계신다. 당신에게 예수님을 믿지 못할 그럴 듯한 이유가 있을지 모르지만, 주님이 원하신다면 이런 논쟁에 대한 답변을 당신에게 주실 것이다. 그분의 사랑이 우리를 부른다. 정직하게 그분을 대면한다면, 누구도 예수 그리스도처럼 살 수 없음을 깨달을 것이다. 그분의 말씀과 행하신 일을 생각해 보라. 주님은 우리와 논쟁에서 이기려고 오신 것이 아니다. 우리를 구원하기 위해 오셨다.

주변을 보면 예수님처럼 몸소 진리를 실천하는 그리스도인을 찾아보기 어렵다. 간디도 유명한 말을 남겼다. "나는 당신들의 그리스도가 아주 좋습니다. 하지만 그리스도는 당신들 그리스도인과 아주 다릅니다."

나는 그 말이 틀렸다고 생각한다. 하지만 간디가 핵심은 짚었다.

알겠지만, 기독교가 자신의 독특한 진리를 설명하는 최고의 방법은 그 진리가 주장하는 내용에 모두 담겨 있다.

4

교회 다니면서도 죄 짓는 사람 많던데요?

: 세상 어디에도 기독교처럼 인간을 직시하는 종교는 없다.

건물을 관리하는 일을 한 적이 있다. 나와 함께 일했던 사람은 전혀 그럴 만한 이유가 없었는데 나에게 정말 잘해 주었다. 그는 사실상 내게 직장 상사였지만 나를 같은 급의 동료로 대해 주었다. 나야 목회자가 되는 훈련을 받으며 신학교에서 공부하는 동안 조금이라도 돈을 벌기 위해 임시로 일했던 것이었지만, 그는 건축과 보수 관리에 관련된 일을 오랫동안 전문적으로 하던 사람이었다. 그런데 자신이 하는 일에 소망도 없고 포부도 없어 보였다.

그가 보기에 나는 그저 블루칼라 일자리를 경험 삼아 기웃거리는 화이트칼라에 지나지 않았다. 하지만 그렇다고 나를 함부로 대하거나 멸시하지 않았다. 내게 신학적인 질문도 하고 관계에 대한 조언도 구하며, 내가 좋은 상담을 할 수 있다는 믿음을 주었다.

이 사람은 내게 엄청나게 친절했다. 충분한 휴식 시간을 보장했으며, 사소한 일에 간섭하거나 관리하려 하지도 않았고, 내가 하는 일을 단정 지어 생각하지도 않았다. 나처럼 손재주 없고 일 눈치 없는 사람이 건물 관리를 한다는 게 우습기도 할 만한데 절대 비웃지 않았다. 오히려 항상 내가 제대로 처리하지 못한 일들을 뒤치다꺼리하느라 바빴다.

그런데 이 남자가 이혼한 전처에게 하는 걸 보면 얼마나 무책임한지 깜짝 놀랄 정도였다. 전처에게 배우자 재정 지원을 제때 이행하지 않아서 자주 법적인 문제에 빠졌다. 재정적인 문제가 있는 것 같지는 않았다. 왜냐하면 최근 구입한 해변의 별장을 수리해야 한다고 자랑하거나, 새로운 픽업트럭을 업그레이드한다고 항상 자랑했기 때문이다. 그는 또한 약물 관련 범죄, 음주운전, 무면허운전, 좀도둑질 등 여러 이유로 구치소를 제집 드나들 듯 들락거렸다.

내가 그를 변명할 이유는 없다. 그의 전처와의 관계나 세상을 살아가는 방법은 모두 엄청나게 잘못된 것이 틀림없다. 하지만 그는 지금까지 내가 겪은 상사 중 최고였다. 어떻게 그럴 수 있을까?

내 친구 레이 오트런드(Ray Ortlund)는 이렇게 말했다. "사람은 완벽할 수 없다."

예수님이 100퍼센트 하나님이신 동시에 100퍼센트 인간이셨음을 믿는 사람에게, 인간이 완벽하게 신성한 존재인 동시에 완벽하게 타락한 존재라는 사실은 그리 놀라운 일이 아니다. 이 두 가지 명제는 서로 어울리지 않는 것 같다. 그리스도인들은 남자와 여자가 모두 하나님의 형상대로 지어졌다는 성경의 가르침을 믿는다. 그런데 동시에 인간은 근본적으로 악하다는 성경의 가르침도 믿는다. 우리는 세상을 바라보는 관점에 있어서 놀라울 정도의 낙관적인 관점과 엄청나게 비관적인 관점을 동시에 갖는다.

실제로 스스로를 그리스도인이라 여기는 사람이 잘못된 태도로 다른 사람을 대하는 이유는, 이 두 가지 진리 사이의 긴장을 어떻게 적용해야 하는지 잘 모르기 때문이다. 인간은 궁극적으로 악한 존재라는 사실만 알고 동시에 인간은 하나님의 형상대로 지음받은 신성한 존재임을 인식하지 못하면, 사람을 상품화하거나 정죄하거나 혐오주의에 빠질 경향이 있다. 나는 웨스트보로 침례교회(Westboro Baptist Church)라는 집단을 진정한 그리스도인의 모임이라 여기지 않는다. 그들은 성경이 죄라고 부르는 것에 민감하게 반응하며 열심을 내지만, 사랑에 대한 성경의 가르침은 전혀 인정하지 않는 극단적인 종교집단의 한 예이다. 그들은 자신의 적들을 하나님의 형상을 지닌 사람으로 대하지 않는다.

반대로, 소위 진보주의 진영(한때 '이머징' 처치라고 불렸던 주류 교단 속의 특정한 비주류 집단)은 인간이 하나님의 형상대로 지음받았기에 신성한 존재라는 부분은 강조하지만, 동시에 인간의 죄성에 대해서는 애매한 태도를 취한다. 그러한 태도는 종종 성경이 정죄하는 행동들을 지지하고 성경이 부정하는 신앙을 긍정하게 한다.

내 생각에는 이제야 복음주의권이 이 긴장을 이해하기 시작한 것 같다. 역사를 살펴보면, 우리(복음주의권)가 그다지 좋은 역할을 하지 못했다. 모든 사람처럼 우리는 과잉반응을 보이고 아주 극단적인 믿음의 양상을 보인다. 어떤 때는 죄성까지도 부정할 정도로 인간의 신성을 옹호하고, 또 어떤 때는 그 반대이다. 나는 우리가 이를 완벽하게 이해할 수는 없을 것이라 생각한다. 하지만 조금씩 나아지고 있다고 확신한다. 그러한 인식 개선에 있어 많은 부분은 미국 남침례교단 윤리와종교자유위원회(ERLC) 위원장인 러셀 무어와 같은 사람의 도움이 컸다.

물론, 말도 안 된다고 생각하는 사람이 있을 줄 안다. 대부분의 사람들은 남침례교단에게 인도주의적 관점을 기대하지 않는다. 하물며 1980~90년대의 도덕적 다수파와 우파 문화 간 충돌에서 떨어져 나온 오늘날의 문화와는 전혀 어울리지 않는 '종교의 자유'라는 이름의 조직이 절대 그럴 리가 없다고 생각할 것이다. 하지만 현대사회에서 가장 민감한 특정 이슈에 대해 무어 박사가 어떻게 말하는지 귀를 기울일 필요가 있다.

궁극적으로 트랜스젠더 문제는 단지 성정체성의 문제로 그치지 않는다. 그것은 인간이란 무엇인가에 대한 문제이다.
보수적인 기독교인으로서 우리는 트랜스젠더를 조롱하고 멸시받을 '환자'라 취급하지 않는다. 이 세상에는 남자도 아니고 여자도 아닌, 자신의 정체성을 찾지 못해 소외감을 느끼는 사람이 있음을 우리는 잘 안다. 물론 이 타락한 우주에서 우리는 모두 하나님이 만드신 바로 그 모습에서 멀리 떨어져 나온 소외된 사람들이다.

창조된 정체성으로부터 분리되어 소외감을 느끼는 모든 사람을 우리는 사랑하고 오래 참을 것이다. 우리는 교회 안에서도 하나님이 우리를 지으신 그대로, 남자와 여자로 살아가는 것이 무엇인지 배우는 데 오랜 시간이 걸릴지 모른다는 사실을 인정해야 한다. 길고 지루한 여정, 때로 고통스러운 순종은 어쩌면 모든 신자를 향해 예수님이 하신 자기 십자가를 지라는 말씀의 의미이다. 자기 십자가를 지는 것은 우리의 노력 때문이 아니라, 하나님이 친히 예수님의 생명과 죽음과 부활을 통해 우리를 하나님과 화목하게 하셨기에 하나님이 우리를 받아주신다는 사실을 상기시킨다.

우리가 할 수 있는 일은 우리가 그리스도인으로서 무엇을 믿는지 말하는 것뿐이다. 우리는 모두 죄인이다. 그러나 모두 죄인이라고 해서 우리가 서로를 조롱하고 멸시해도 된다는 것은 아니다. 우리는 모두 회개해야만 한다. 회개에는 하나님이 창조하신 성정체성을 받아들이는 것(비록 쉽지 않다 할지라도)이 포함된다. 우리는 하나님이 모든 사람을 사랑하신다는 사실, 복음은 회개하는 모든 남자와 여자를 위한 기쁜 소식이라는 사실을 인정해야 한다.[1]

관점에 따라 어떤 사람은 무어 박사가 트랜스젠더를 성적인 타락의 일부로 본다는 사실에 실망할 수 있고, 또 어떤 사람은 무어 박사

---

1) Russell D. Moore, "Conservative Christianity and the Transgender Question," Moore to the Point (August 12, 2013), http://www.russellmoore.com/2013/08/12/conservative-christianity-and-the-transgender-question/.

가 이 사안에 지나치게 소극적인 태도를 취하는 것 같아 실망할 수 있다. 하지만 종교적인 사람이나 비종교적인 사람 양쪽 모두에게 무어 박사는 자신의 자리를 걸고 발언한 것이다. 내 생각에는 무어 박사에게 어떤 특별한 의도가 있지 않았나 싶다.

나는 무어 박사의 발언에서 "타락한 우주 속에서 우리는 모두 소외된 존재이다.", "고통스러운 순종은 모든 믿는 이들에게 예수님이 말씀하신 진리이다.", "우리는 모두 죄인이다.", "우리 모두 회개해야 한다." 그리고 "하나님은 모든 사람을 사랑하신다."라는 표현에 주목하게 된다.

어떤 사람은 트렌스젠더에 대한 무어 박사의 태도를 개탄스럽게 여길 수 있다. 그런데 무어 박사는 우리 모두를 '성적으로 결함이 있는' 부류에 포함시킨 것이다. 인류의 역사 가운데 예수님을 제외하고는 누구도 성적으로 깨끗하고 정상적인 사람이 없었다. 어떤 면에서 보면 우리는 **모두** 성적인 죄와 결함으로 고통받는 사람들이다. 이 사실을 인정한다 해서 그리스도인이 '동성애에 부드러운 태도'를 취해야 한다거나 '죄의 문제에' 관대해져야 한다는 뜻은 아니다. 이 사실은 단지 그들을 인간적으로 더 잘 이해하도록 돕는다.

무어 박사는 그 어려운 긴장과 인간에 대한 기독교적 관점은 불가분의 관계임을 잘 설명하고 있다. 우리는 아름답고 경이롭고 신성한 피조물이다. 동시에 우리는 죄로 가득하고 깨어진 불순종하는 죄인들이다.

인간 최대의 적

집회 인도 차 플로리다 주에 있는 올랜도에 도착했다. 내가 워낙 촌스러운 사람인지라 렌터카에 있는 라디오를 보고는 엄청 놀랐다. 공항에서 집회 장소까지는 꽤 긴 거리였는데, 덕분에 생애 두 번째 아니면 세 번째로 위성 라디오의 놀라운 기술을 누리게 되어 기분이 아주 좋았다.

이런 경험을 해본 적 있는가?

물론 있을 것이다. 당시 나는 버몬트 주에 6년째 살고 있었는데, 내가 목회하던 교회의 몇몇 사람은 집에 아예 컴퓨터가 없었고, 교회 사무실은 물론 우리 집에서도 휴대전화 수신조차 잘 되지 않았다. 그렇게 첨단기술의 도움 없이 사는 것에 꽤 익숙해진 참이었는데(사실 난 그게 좋았다.) 그런 내게 위성 라디오라니, 그건 기적에 가까운 새로운 경험이었다. 마치 시트콤 "비벌리 힐빌리즈"(The Beverly Hillbillies)에 나오는 촌놈 제드 클램팻이 처음으로 실내 화장실을 경험한 것 같은 기분이었다.

자, 이제 위성 라디오로 무엇을 들을까? 위성 라디오의 채널은 거의 무한대였다. 채널을 바꿀 때마다 깨끗한 음질의 방송을 들을 수 있었다. 나는 특히 1950~60년대 음악을 좋아했는데, 위성 라디오에는 추억의 옛 음악만 틀어 주는 전용 채널이 여러 개 있었다. 음악, 스포츠, 코미디, 토크쇼 등 여러 채널을 검색하다가 결국 무얼 듣기로 했는지 알겠는가?

내가 생각해도 나는 좀 이상한 사람이다. 물론 나는 (하나님의 형상을 지닌) 선하고 아름다운 사람이지만, 동시에 아주 사악한 면도 있다. 그래서인지 짓궂게도 내가 선택한 채널은 조엘 오스틴(Joel Osteen)의 설교 방송이었다.

나는 조엘 오스틴 목사의 설교를 자주 듣는 편이다. 고속도로를 달리다가 지저분한 곳에서 그나마 좀 깨끗한 화장실을 찾으려고 속도를 줄이는 것 같은, 뭐 그런 기분으로 오스틴 목사의 설교를 듣고는 한다. 대개 성경적인 그리스도인은 그런 종류의 도덕적이고 자기계발 중심의 설교 같지 않은 강연을 들으면, 치명적인 신학적 결함들을 발견하게 된다.

솔직히 그날 들은 설교는 그리 나쁘지 않았다. 성경 본문을 바탕으로 한 설교였는데, 그것은 흔치 않은 일이었다. 설교의 핵심은 간단명료했고 아주 기초적인 주해 수준이었지만, 뭐 그렇다고 완전히 엉망은 아니었다. 오스틴 목사가 결론적으로 제시한 적용은 이렇다. "우리는 살아가면서 폭풍을 만난다. 하지만 폭풍을 잠잠케 하신 예수님의 동일한 능력이 우리 안에 있다는 사실을 알아야 한다."

옳은 말이다. 앞에서도 언급했듯 완전히 틀린 말은 아니다. 오스틴 목사의 신학 세계에서 사람들이 직면하는 최악의 문제는 그들 바깥에 존재한다. 그들에게 벌어지는 사건들, 번영 복음의 영적인 경제 원리 혹은 그들에게 벌어지지 않는 모든 일은 그들의 내면이 아닌 바깥세상에 존재한다는 것이다. 그의 설교를 자주 듣는 입장에서 (나는 벌 받아 마땅한 사람이다.) 그러한 것들이 우리가 부를 형성하거나 건강을 유지하는 데 해가 된다는 사실에 충격을 받았다. 그러나 인간에 대한 성경의 가르침은 그것보다 훨씬 더 깊다. 적어도 내 경험에서는 그렇다. 내가 경험한 인생 최악의 폭풍은 나의 외면이 아닌 내면에서 발견되었다.

그리고 성경은 일관되게 그 사실을 가르친다고 생각한다. 예수님이 하신 다음 말씀은 한편 흥미롭기도 하고, 어떤 의미에서는 충격적이다. "몸은 죽여도 영혼은 능히 죽이지 못하는 자들을 두려워하지 말고 오직 몸과 영혼을 능히 지옥에 멸하실 수 있는 이를 두려워하라"(마 10:28). 다시 말해 우리에게 벌어질 수 있는 최악의 사건은 죽음이 아니라는 말씀이다. 우리 몸의 죽음보다 더한 최악의 사태가 있다는 것이다. 주님이 말씀하시려는 것이 무얼까?

주님의 말씀은 심판의 날, 육신의 죽음 다음에 있을 영혼의 죽음이 더 위험하다는 의미이다.

예수님의 이 말씀을 믿지 못하겠는가? 그러나 예수님을 제대로 이해하려면 반드시 이것을 먼저 이해해야 한다. 예수님을 제대로 이해하지 못하면서 그분을 거부하지 말아 달라. 예수님은 지금 인간의 최대의 적은 자기 자신이라고 말씀하신다. 심지어 죽음도 우리의 최대의 적이 아니다. 우리는 결국 언젠가 다 죽게 되기 때문이다. 누구도 죽음을 피할 수 없다. 하지만 주님은 우리가 자기 죄를 회개하고 주님을 믿으면, 주님의 나라에서 영원한 기쁨을 누릴 것이라 약속하셨다. 만일 우리가 회개하지 않고 그분을 믿지 않으면, 자기 죄가 뿌린 씨앗의 열매를 거두게 되리라고 말씀하셨다.

내가 직면하는 가장 깊고 가장 심각한 악은 나의 내면에 있다.

믿기 어려워도 이 점을 심각하게 생각해 보기를 권하고 싶다. 이것이 기독교의 가르침이다. 오직 기독교에서만 인간 존재의 잠재력 안에 있는 아름다움과 악의 긴장 관계를 발견한다. 그리고 오직 기독교에서만 우리 죄로 인한 당연한 결과와, 그리스도 안에서 우리가 얻게 되는 것의 아름다운 긴장 관계를 볼 수 있다.

생각보다 더 죄인, 아는 것보다 더 사랑받는 존재

우리는 우리 자신이 생각하는 것보다 더 악하다.

이 책을 읽는 독자들은 나보다는 나은 존재이리라 생각한다. 어떤 사람은 생각보다 자신이 더 악한 존재라고 인식할 수 있고, 혹은 생각만큼 스스로가 악한 존재라 생각하지 않을 수도 있다.

나는 자기 성찰 지수가 꽤나 높은 편이다. 나는 불안감도 높고, 사실 엉망진창인 사람이다. 행여 다른 사람에게 상처를 주지 않을까, 기분 나쁘게 하지 않을까 늘 걱정하며 산다. 그리고 나는 내 걱정거리들이 충분히 근거가 있다고 생각한다. 또 나는 많은 잘못을 저지른다. 물론 나 같은 목회자가 잘못을 하면 얼마나 큰 잘못을 하겠냐마는, 그래도 내가 저지른 잘못을 목록으로 적어 내려가다 보면 상당히 주눅이 들고는 한다. 나는 오늘 하루만 해도 아래와 같은 잘못을 저질렀다.

- 계획보다 훨씬 늦게 기상했다. 그래서 눈뜨자마자 말씀을 읽으며 하루를 시작하지 못했다. 그리고 솔직히 거기에 대한 죄의식을 느끼지 못했다. 지금 이 순간까지도.
- 원래 비행기에서 이 책의 원고를 좀 더 쓰려 했는데, 바로 옆자리에 덩치 큰 승객이 앉아서 왼손을 전혀 쓸 수 없었다. 그래서 타이핑도 할 수 없었고, 작업 시간 90분을 날려 버렸다. 그 승객 때문에 불편하고 답답했다. 무엇보다 내 태도가 아주 나빴다. 나는 속으로 '자기 관리 좀 하지.'라고 생각하며 그 사람을 비난했다. 그의 배려 없음과 생각 없음을 속으로 비난한 나야말로 그때 얼마나 배려심이 없었던가. 물론 그는 내가 속으로 어떻게 생각하는지 몰랐겠지만, 그 또한 하나님의 형상대로 지음받았다는 사실을 망각하고 신성함을 무시한 채 이웃을 사랑하라는 하나님의 명령에 불순종했다.
- 나를 마중 나올 사람 중에 별로 말 섞고 싶지 않은 사람이 있어서 그는 안 나왔으면 하고 생각했다.
- 이번 집회에서 사람들의 칭찬을 너무 당연하게 여겼다.
- 좋아하지 않는 사람에 대한 험담을 많이 했다.
- 집에 가기 위해 공항에서 대기하며, 피곤하고 지루하다는 핑계로 욕망과의 싸움에 소홀했다.

나는 집으로 돌아가는 비행기 안에서 이 목록을 적고 있다. 지금 내가 짓는 죄가 또 있다면, 독자들이 이 글을 읽으며 나를 어떻게 생각할까 염려한다는 것이다. 나의 잘못에 대해 더 쓸 수 있지만, 출판사가 정해준 분량이 있으니 여기까지만 써야겠다.

독자들이 오늘 내가 저지른 잘못들을 읽으면서 나를 아주 나쁜 사람으로 생각할지 모르겠다. 그러나 내가 정말 얼마나 형편없는 사람인지 아직 절반도 모른다. 나 자신이 생각해도 그렇다. 스스로 꽤나 자기 성찰이 깊은 사람이라 생각하지만, 매일 저지르는 잘못과 죄의 절반도 깨닫지 못한다. 특히 속으로 지은 죄, 옹졸한 생각들 그리고 거슬리는 반응들을 나 자신도 인지하지 못할 때가 많다. 나는 오늘도 내가 생각하지 못한 죄들, 여러 날 생각해도 모자랄 만큼의 많은 죄를 지었다. 내 행동의 동기들이 복잡하게 얽혀 있다. 나의 모든 '착한 행실'조차 사실은 그 동기가 이기심으로 가득하다.

사도 바울도 그런 문제들과 씨름했다고 로마서 7장에 기록했다. "내 속 곧 내 육신에 선한 것이 거하지 아니하는 줄을 아노니 원함은 내게 있으나 선을 행하는 것은 없노라 내가 원하는 바 선은 행하지 아니하고 도리어 원하지 아니하는 바 악을 행하는도다"(18-19절). 바울은 지금 매우 인간적인 곤경에 처했다. 선한 일을 해야 한다는 것은 안다. 하지만 그 선을 행할 능력이 없다. 악을 행하면 안 된다는 것도 알지만, 거듭해서 그런 악한 일을 행하는 자신을 발견한다. 항상 '착한 사람'이 되려는 노력은 우리를 피곤하게 한다. 왜냐하면 불가능하기 때문이다.

삶의 어떤 영역에서는 어리석을 정도로 친절한 반면 다른 영역에서는 어처구니없을 정도로 인색한 사람을 만날 때마다 놀라고는 한다. 자선모금 행사를 섬기면서 열심히 남을 욕하는 사람이나, 자녀에게는 따뜻하면서 정작 배우자에게는 차갑고 냉담한 사람을 종종 본다. 교회 밖에서는 낙태 반대 문제에 대해 소심하게 주장하면서 교회 안에서는 가장 악의적이고 신랄한 비판을 하는 사람도 있다.

이해가 안 된다. 자신의 모순을 발견하지 못하는 걸까? 어떻게 그 이중성의 무게를 못 느끼는 것일까?

우리는 우리가 생각하는 것보다 더 악하다.

종교적이지 않은 세계관은 대부분 인간이 선천적으로 선하게 태어난다는 성선설을 지지한다. 여러 가지 기인하는 요소가 있겠지만, 일반적으로 사람들은 인간이란 잠재적으로 선하다는 낙관적인 경향을 취한다. 사실, 이러한 세계관이 많은 종교를 나쁘게 말한다.

대부분의 종교적인 세계관 또한 같은 정서를 공유한다. 기독교를 제외한 대부분의 종교 제도는 어떤 특정한 행위, 규율 혹은 단계들로 사람 내면에 잠재된 선천적 선함을 자극해 그것을 지킴으로써 각 나름의 구원, 해탈, 성취, 천국 등을 이룰 수 있다고 가르친다.

그런데 기독교가 나타나서 우리 스스로는 하나님이 제정하신 규율을 지키지 못할 뿐 아니라 결코 지킬 능력도 없다고 주장하는 것이다.

말도 안 되는 이야기처럼 들린다. 한편으로는 낙심된다. 그러나 또 다른 한편으로는 놀랍게도 기분 좋은 사실이다. 왜냐하면 생각하면 생각할수록, 인간에 대한 그런 비관적인 관점이 사실 더 말이 되기 때문이다.

우리는 선하고 아름다운 일과 인내를 감내할 놀라운 능력이 있다. 하지만 이 세상에는 끔찍한 일이 계속 벌어진다. 도대체 왜 벌어지는지 이해조차 할 수 없는 일들이다. 그 일들은 우리가 기대하는 세상과 어울리지 않아 보인다(실제로도 어울리지 않다). 하지만 우리는 어지러운 세상의 질서를 바로 잡을 능력도 없고, 그것을 막을 수도 없다.

그래서 우리는 모든 종류의 사회적 실험을 시도한다. 공동체와 공산주의, 자유시장과 자유연애, 국교 제도와 무종교, 더 적은 법률적 제약과 더 많은 법 제도……. 우리는 인간의 보편적 악의 문제로부터 벗어나려고 여러 가지 사회적인 노력을 시도하지만, 인간은 결코 스스로 그것을 이룰 수 없다.

우리는 우리가 생각하는 것보다 훨씬 더 악하다.

그렇다면 우리는 성경이 우리를 공정하게 처리한 것에 감사해야 한다. 왜냐하면 성경은 인간이 죄를 짓는 존재라고 규정하는 데서 그치지 않기 때문이다. 우리가 죄인이라는 사실을 알려 주는 것에 그친다면 의미가 없다. 그 사실은 굳이 누가 말해 주지 않아도 다 안다. 성경은 한 걸음 더 나아가 우리 내면에 죄성이 있고, 그 죄성이 우리가 생각하고 말하고 행동하는 모든 것을 타락시킨다고 말한다. 사실은 그보다 더 심각하다. 바울은 이렇게 기록했다.

"그는 허물과 죄로 죽었던 너희를 살리셨도다 그 때에 너희는 그 가운데서 행하여 이 세상 풍조를 따르고 공중의 권세 잡은 자를 따랐으니 곧 지금 불순종의 아들들 가운데서 역사하는 영이라 전에는 우리도 다 그 가운데서 우리 육체의 욕심을 따라 지내며 육체와 마음의 원하는 것을 하여 다른 이들과 같이 본질상 진노의 자녀이었더니"
(엡 2:1-3).

상황이 그다지 좋아 보이지 않는다.

에베소서 2장은 성경에서도 하나님의 크고 위대하심, 그분의 위엄과 절대주권을 잘 보여주는 본문 중 하나이다. 인간의 타락상과 하나님의 거룩하심을 대조적으로 비교하는데, 오직 하나님의 위대한 빛만이 이처럼 거대한 그림자를 만들 수 있다.

사회학자 크리스천 스미스(Christian Smith)는 명목상의 기독교인과 대중적 종교를 가리켜 "도덕적 치료주의 이신론"(Moralistic Therapeutic Deism)이라 진단했다. 이 피상적 영성의 요지는, 인간은 단순히 영적 장애를 지닌 존재들로 영적인 '보조 장치'가 필요하다는 것이다. 하지만 에베소서 2장이 보여 주는 그림은 전혀 다르다. 바울은 단호하게 다음과 같이 말한다. 예수 그리스도가 없는 사람은 (이미) 죽었고, 마귀를 따르며, 육체의 욕심을 따르고, 본질상 진노의 자녀이다.

물론 이 중 몇 가지에는 동의하지 않을 수 있다. 그렇지만 바울이 주장하는 바가 무엇인지 하나씩 차근차근 접근해 보자.

그리스도를 떠난 우리는 죽었다는 바울의 말은, 우리가 우리의 의지를 행사하지 않는다거나, 의식이 없다거나, 우리 선택이 전혀 의미가 없다는 뜻이 아니다. 영적인 면에서 설명하자면, 우리가 하나님을 열망하지 않는 이유는 우리가 하나님에 대해 죽었기 때문이다.

어떤 사람은 하나님의 존재를 아예 믿지 않을지도 모른다. 하지만 핵심은 같다. 예수님을 열망하지 않는 이유는, 그러한 열망이 우리 안에 없기 때문이다. 아주 단순한 논리이다. 그리스도를 아름답게 여기지 않고, 주님의 말씀을 듣는 것에 만족함을 느끼지 못하고, 우리 마음에 주님의 임재를 구하지 않는 이유는, 우리의 내면이 죽었기 때문이다.

이것이 하나님을 떠난 죄인을 보여 주는 성경의 그림이다. 우리는 약간의 도움이 필요한, 단순히 약간의 종교적 장애가 있는 사람이 아니다. 살려 달라고 소리치는 물에 빠진 사람도 아니다. 우리는 물 위에 둥둥 뜬 시체이다. 우리에게는 지금 구명조끼가 아니라 생명이 필요하다.

바울은 우리가 공중의 권세 잡은 자, 즉 사탄을 따르고 있다고 말한다. 이는 예수님을 따르지 않으면 이단이나 점성술 또는 사탄교에 빠진 사람이라는 뜻이 아니다. 바울은 지금 죄로 인해 세상이 사탄의 지배하로 들어간 그 시초를 말하고 있다. 아담과 하와는 하나님의 형상대로 지음을 받았다. 인간은 모든 삶의 영역에서 하나님 중심의 문화를 만들어 가라는 사명을 받았다. 그런데 사탄이 다가와 그들의 귀에 달콤한 거짓말을 속삭이기 시작했다.

창세기 3장을 보면, 뱀이 하와를 유혹해 선악을 알게 하는 나무의 열매를 먹게 한다. 그리고 아담에게까지 마수를 뻗친다. 선악과는 과실나무 중 하나님이 먹지 말라고 명하신 유일한 나무이다. 뱀이 두 사람을 유혹하기를, 하나님이 둘에게 숨기시는 게 있다고 말한다. 사탄은 금단의 열매를 먹기만 하면 하나님이 줄 수 없는 만족과 하나님께 찾아볼 수 없는 지혜 그리고 하나님께 발견할 수 없는 아름다움을 경험할 것이라고 유혹한다.

오늘날 하나님을 거부하는 많은 사람은 적극적이건 소극적이건 아담과 하와가 범했던 그 똑같은 선택을 한다. 그들은 하나님이 아닌 다른 일 혹은 사람에게서 만족과 깨달음을 찾고, 하나님이 아닌 것들에 마음을 빼앗긴다. 기독교 세계관에 따르면, 이것은 뱀의 거짓말에 속아 넘어가는 것이다. 우리가 자기중심적으로, 우리의 선함으로 하나님을 대적하도록 그리고 오히려 그것들이 하나님 노릇을 하도록 내버려 두는 것이다. 이것이 바울이 그리스도를 따르지 않는 죄인은 사탄을 따르는 사람이라고 말한 까닭이다.

여기까지는 동의하지 않을 수 있다. 그러나 인간론에 대한 다음의 주장은 부정하기 힘들 것이다. 바울은 우리가 욕망에 민감하다고 말한다. 구체적으로 우리는 '육신의 정욕대로 살고, 육신과 마음이 원하는 대로 산다.'라고 말한다. 많은 사람이 이것을 인지하고 여기에 환호한다. 가판대에 진열된 잡지 표지들은 더욱 우리 육신과 마음의 욕망을 자극한다. 우리 문화가 매일 '육신의 정욕'의 매력 속에서 허우적거린다는 사실을 부정할 사람이 어디 있겠는가?

그러나 바울의 주장은, 우리가 성적인 자유나 육적인 기쁨을 누린다는 것이 아니라, 그 종노릇을 한다는 것이다. 우리는 짐승처럼 쓰레기 더미를 뒤지며 육체적 쾌락의 조각들을 찾는다. 우리는 우리의 욕정을 통제하지 못하는 발정한 개와 같다. 우리는 육신의 정욕에 사로잡혔다. 이는 러틀랜드의 마약중독자들이 약을 끊지 못하는 이유를 잘 설명한다. 내가 왜 힘든 하루를 보내고 나면 갑자기 지방이 잔뜩 든 밀크셰이크가 당기는지 이제 알 것 같다. 물론 마약과 밀크셰이크가 부르는 결과는 다르지만, 두 가지 모두 육신의 정욕을 따른다는 공통점이 있다.

마지막으로, 바울은 우리에 대해 설명하기를 멈추고, 우리를 분류하기 시작한다. 그리스도를 떠난 우리는 죽었고, 마귀를 따르는 자이며, 육신의 소욕을 따르는, **진노의 자녀**이다. 하나님은 영원히 거룩하시며 온전히 공의로우시기에 우리가 불순종함으로써 하나님의 영광에 이르지 못한다면, 우리는 정죄함을 면할 수 없다.

우리가 교만과 욕망을 따른 결과, 우리 안에 새겨진 하나님의 형상이 추하게 파괴되었다. 물론 우리는 신성한 거울이다. 하지만 그 거울이 깨졌다. 한때 하나님의 영광의 광채에 힘입어 하나님의 영광을 완벽하게 반영했던 우리가 어두워지고, 깨지고, 빛을 잃었다. 하나님의 영광을 부정하는 선택을 함으로써 그분의 심판을 선택한 것이다.

그런데 이야기는 여기서 끝이 아니다. 기독교는 나쁜 소식을 전하는 종교는 아니지만, 그 나쁜 소식이 없으면 안 된다. 그 나쁜 소식을 인정해야만 우리의 상태를 공정하게 처리해 줄 분이 필요함을 깨닫기 때문이다. 오직 하나님만이 우리의 상태를 솔직하게 알려 주실 수 있기에 우리는 하나님을 신뢰할 수 있다. 이제 우리는 자신의 상태에 대해 정직해질 필요가 있다.

나쁜 소식은 언제 어디서나 들을 수 있지만, 기쁜 소식은 참 듣기 힘들다. 그래서 바울이 인간을 전적으로 타락한 존재로서 악하고 절망적인 상태라고 묘사한 다음 반전을 제시한 것이 참으로 놀랍다. "[그러나] 긍휼이 풍성하신 하나님이 우리를 사랑하신 그 큰 사랑을 인하여 허물로 죽은 우리를 그리스도와 함께 살리셨고 (너희는 은혜로 구원을 받은 것이라)"(엡 2:4-5).

에베소서 2장은 가히 충격적이다. 더는 나빠지려야 나빠질 수 없는 최악의 상황이다. 우리는 이미 죽었다. 우리는 마귀를 숭배하는 자들이다. 우리는 육신의 정욕대로 사는 존재이다. 진노의 자식들이다.

그러나 하나님은!

그러나 하나님은!

그러나 하나님은!

문이 열렸다. 빛이 비추기 시작한다. 우리는 절망적이고 무력했다. 잃은바 되고 홀로 어둠 속에 버려진 영혼이었다. 그리고 지옥불 앞에 놓인 처지였다. 우리가 받아 마땅한 영원한 징벌에서 구원받기 위해 우리 스스로 할 수 있는 일이 아무것도 없었고, 지금도 없다.

그러나 하나님은!

제임스 몽고메리 보이스(James Montgomery Boice)는 이렇게 말했다. "이 두 단어 '그러나 하나님은!'을 이해한다면, 우리는 구원을 받을 것이다."[2]

---

2) Casey Lute, *But God: The Two Words at the Hearts of the Gospel* (Hudson, OH: Cruciform Press, 2010), 5에서 인용됨.

달콤한 이 두 단어가 운명을 뒤집기 시작한다. 바다를 가르고 어둠을 몰아낸다. 이 짧은 두 단어가 스랍의 날개처럼 빛나는 광선으로 우리의 무덤을 뚫고, 영적인 힘으로 우리를 일으킨다. 에베소서 2장 6절 말씀처럼 우리를 일으켜 "그리스도 예수 안에서 함께 하늘에 앉힌다."

하늘과 땅의 크고 위대하신 하나님은 공의로우실 뿐 아니라 거룩하시고, 그분을 믿는 모든 사람을 자비로 의롭게 하시는 분이다. 우리는 가만히 놔 두면 지옥에 갈 운명이었다. 왜냐하면 하나님은 온전히 거룩하신 분이기 때문이다. 하지만 이제 우리는 천국에 갈 수 있다. 하나님의 자비가 넘치기 때문이다.

우리는 우리의 생각보다 훨씬 더 악한 존재이다. 하지만 우리가 아는 것보다 훨씬 더 많은 사랑을 받은 존재이다.

이것이 오직 기독교에서만 찾아볼 수 있는 긴장이다. 이런 까닭에 그리스도인은 그리스도 안에서 발견한 자유에 대한 확신이 대단하게 큰 동시에 엄청나게 겸손하다. 그들은 자신이 깊이 깨어진 존재이며, 동시에 많은 사랑을 받는 존재라는 사실을 뼛속 깊이 안다. 우리는 이런 생각에 큰 영향을 받아야 한다.

그리스도인은 은혜의 가치를 떨어뜨리는 행위들과 모든 역기능을 묵인해서는 안 된다. 마치 그런 일은 회개할 필요가 없다는 듯 방종한 쾌락주의자처럼 날뛰어서도 안 된다. 그리스도인은 그렇게 살기에는 하나님의 사랑에 너무도 강력하게 사로잡힌 존재이다.

악마의 얼굴과 사랑의 얼굴

악한 사람의 얼굴은 어떻게 생겼을까?

2013년 보스턴 마라톤 테러사건 이후, 기대하지 못한 일은 아니었으나, 소셜 미디어에서 가해자들의 신상 털기가 시작되었다. 그 중 레딧(www.reddit.com) 같은 사이트의 구독자들은 마라톤 경기장 주변을 찍은 공개된 모든 사진을 일일이 열어 보며 의심스러워 보이는 사람을 찾아냈다. '의심스럽다'라는 표현의 구체적인 의미는 백인이 아닌 유색 인종, 더 구체적으로는 중동지역 사람으로 추정되는 사람이 배낭을 멘 것을 뜻한다. 물론 어떤 사람은 주류건 비주류건 용의자는 미국에서 자란 백인 테러분자일지 모른다고 주장했다. 두 경우 모두 범인은 악한 인상을 가졌을 것이라고 추정했다.

그러다 연방수사국(FBI)이 범인의 사진을 공개했다. 가해자들의 용모는 사람들의 분분했던 의견과 비슷하게 드러났다. 타메를란 차르나예프와 조하르 차르나예프 형제는 미국 태생은 아니었지만, 어린 시절에 미국으로 이민 와 미국에서 자란 것은 맞았다. 둘은 물론 무슬림이었지만, 중동지역 출신 무슬림은 아니었다. 러시아의 캅카스(Caucasus) 출신으로, 이 지역의 이름에서 바로 백인을 뜻하는 코카시안(Caucasian)이라는 단어가 유래되었다.

타메를란은 누가 보아도 한눈에 알 만한 그런 모습이었다. 둘 중 형이었던 그의 전투적인 성향은 그가 공유한 유튜브 동영상이나 그와 같은 모스크에 다녔던 사람과 심지어는 가족의 증언, 모스크바 테러에 관심을 가졌던 점, 사고를 내기 전 1년 동안 빈번하게 러시아 지역을 여행한 일 등 많은 것들이 뒷받침하고 있다.

하지만 조하르는 어떠한가? 나의 아내 말로는 "그냥 애처럼 생겼다." 다른 많은 사람도 그 말에 공감했다. 조하르는 젊고, 사슴 눈망울 같이 맑은 눈에 덥수룩한 머리 모양이 여느 동네에서 마주칠 법한 '어수룩한' 십 대 소년의 모습이었다.

둘의 신분이 알려진 순간부터 호사가들은 두 사람의 생김새와 출생 순서만을 가지고, 형이 동생을 강압적으로 협박해 순진한 동생이 어쩔 수 없이 범행에 가담한 것으로 결론지었다. 어떤 사람은 동생은 정부에 이용당한 것이라고 주장했다.

미디어의 인터뷰에 의하면, 조하르를 가르친 학교 선생님과 같은 반 학생들, 친구들은 이구동성으로 조하르가 절대 그런 일을 저지를 사람이 아니라고 했다. 조하르는 '느긋한 성격'으로 알려졌다. "멋쟁이였죠. 랩을 듣고 맥주도 마시고 (심지어는 탁구도 즐겼고!!) 마리화나를 피우고, 여자아이들한테 추근거리기도 했어요. 다시 말하면, 조하르는 급진적 무슬림이 아니었어요. 악당이 아니었다고요!"

그렇다면 도대체 악인은 어떻게 생겼을까?

전형적인 대학생의 모습은 확실히 아닐 것이다. 하지만 이 평범해 보였던 대학생이 아이들을 살해하기 위해 폭탄이 든 배낭을 그들 가까이에 감춰 두고 무엇을 했는지 추적할 필요가 있다. 그는 스포츠 센터에 가서 태연하게 운동을 했다. 파티에도 갔다(친구들은 전혀 이상한 점을 눈치채지 못했다고 한다). 트위터에 글도 올렸다.

만일 어떤 사람이 속았다거나, 강압적으로 협박을 당했다거나, 세 명이나 되는 무고한 사람을 살해하라는 강요를 받았다면(며칠 뒤에 한 명을 더 죽였다.) 그렇게 태연할 수는 없을 것이다. 자신의 악행에도 불구하고 아무 일 없다는 듯 태연할 수 있는 것이 바로 악의 얼굴이다.

평범한 대학생이 살인을 저지를 리 없다는 생각 자체가 무지이다. 이는 수많은 신문의 헤드라인을 통해서도 알 수 있지만, 우리 스스로를 들여다보는 것만으로도 알 수 있다. 몇 년 전 목회 상담을 통해 '평범한' 사람도 얼마든지 끔찍한 일을 저지를 수 있음을 새삼 확인하게 되었다. 아주 잠시라도 자신의 내면을 성찰해 보라. 내가 그리고 당신이 살인 충동을 아무렇지 않게 느끼는 사람인지 확인할 수 있다. 그것도 최소한 그렇다는 말이다.

자, 그럼 악은 어떤 모습을 하고 있는가?

당신과 나처럼 평범한 모습을 하고 있다고 생각한다.

하지만 누구도 소망 없는 사람은 없다. 구제불능인 사람은 없다. 하나님의 복음이 해결하지 못할 만큼 큰 죄는 없다. 다시 한 번 분명히 말하지만, 하나님은 거룩하고 공의로우시다. 조하르의 형이 이미 영원한 형벌을 받기 시작했다는 말은 결코 지나친 말이 아니다. 하지만 조하르에게도 다른 선택이 없다고 말하는 것은 하나님의 은혜를 모르는 소리이다. 기독교를 전하다 순교한 사도 바울도 전에는 기독교를 가장 많이 핍박하고 반대하던 사람들의 우두머리였다. 바울이 예수를 떠나서 우리는 죽은 상태이며 예수 안에서만 생명이 있다고 말했을 때 그는 자신이 하는 말의 의미를 잘 알았다.

조하르는 아직 회개하고 믿을 기회가 있다. "하나님이 죄를 알지도 못하신 이를 우리를 대신하여 죄로 삼으신 것은 우리로 하여금 그 안에서 하나님의 의가 되게 하려 하심"이기 때문이다(고후 5:21).

만일 이 사실에 화가 난다면, 어쩌면 악의 진짜 얼굴이 어떻게 생겼는지 잘 모르는 것일 수 있다. 혹은 사랑의 얼굴이 어떻게 생겼는지 잘 모르는 것일 수 있다.

우리가 용기를 내서 자신으로부터 시선을 떼고, 이 세상 문화 속 더럽고 추한 것에서 만족을 찾아 헤매던 인생을 멈추고, 우리의 얼굴을 천국으로 향하고, 예수님께 시선을 돌리면 놀라운 일이 생긴다. 햇빛을 느낀다. 우리 영혼의 깨어진 거울이 빛나는 영광을 비추기 시작한다.

그러면 우리는 무엇을 보게 되는가?

고린도후서 3장 18절을 보라. 선한 것과 악한 것 사이에 끼어 갇힌 것 같다고 고백했던 바울이, 하나님을 떠난 인생은 마귀를 숭배하는 음욕으로 가득한 개와 같은 인생이라고 고백했던 그 바울이, 우리가 우리의 얼굴을 예수님께로 향하면 우리가 변화할 것이라고 말한다. 곧 우리가 예수님의 영광을 집중해서 바라보면, 우리는 변화되어 점점 더 예수님을 닮아가리라는 말이다.

예수님은 보이지 않는 하나님의 형상이시다. 주님은 완벽한 인간의 모범이시다. 죄가 없는 분이시다. 주님의 영혼은 결코 부족함이 없으시다. 성적인 부분이건 어떤 영역에서건 주님은 흠이 없으시다. 주님은 우리와 같지 않은 분이시다.

하지만 이 땅에 계신 동안 주님은 우리와 같은 모습으로 계셨다. 주님은 사람의 모습으로 계셨다. 주무시기도 하고, 울기도 하고, 피도 흘리셨다. 우리처럼 먹고 마시고 웃기도 하셨다. 사랑도 하시고 미워도 하셨다. 그리고 우리처럼 모든 면에서 유혹을 받으셨다.

주님은 신성이라는 낙하산을 펼치지 않으셨다. 빌립보서 2장 6절을 보면, 주님은 근본 하나님의 본체시나 하나님과 동등됨을 취하지 않으셨다고 기록한다. 예수님은 온전한 하나님의 본질이셨음에도, 사람의 형상으로 궁극적 인간의 경험 속으로 자신을 바치셨다. 곧 죽음으로 말이다.

완벽하게 하나님을 나타내는 거울이신 예수님이 기꺼이 스스로 깨지겠다고 합의하셨다. 그렇게 하심으로써 각기 제 갈 길로 가던 존재들이 그 걸음을 멈추고 자신의 깨어짐이 회복되기를 바랄 수 있게 하셨다.

그렇다면 인간의 목표는, 한편으로는 환상적이나 한편으로는 형편없이 망가진 존재에서 단순히 기능성이 회복된 인간이 되는 것까지가 아니다. 인간의 목표는 예수님을 닮아 가는 것이다. 우리는 예수님을 닮아 갈수록 점점 더 우리 자신이 되어 간다. 참으로 놀랍고 영광스러운 사실이다.

5

예수님은 그저 좋은 선생인 것 아닌가요?

: 세상 어디에도 예수님처럼 단호하게 구원을 제시한 신은 없다.

　작은 트레일러하우스 안에는 음식 썩은 냄새와 지린내가 진동했다. 앉을 데도 없었다. 나는 낡아빠진 의자에 쌓인 눅눅한 신문더미를 옆으로 밀고 앉아 전화로 심방을 요청하신 어르신과 마주했다. 할머니의 목소리는 다급했고 말투는 고집스러웠다. 나를 당장 만나야겠다고 했다.

　그때 나는 작은 시골 마을에서 목회하고 있었는데, 위기에 처한 낯선 사람의 집에 불려가는 일이 점점 익숙해질 무렵이었다. 어쩌면 이런 일은 작은 도시에서 목회하는 목사가 당연히 해야 할 일인지 모른다. 일종의 그 도시의 담당 목사가 되는 것이다. 할머니는 사위가 걱정된다는 것 말고는 특별한 이유를 말하지 않았는데, 정작 사위에 대한 이야기는 별로 하지 않아 이상했다.

장 볼 때 쓰려고 모아둔 봉투들, 수북이 쌓인 잡지, 더러운 식기가 여기저기 나뒹구는, 한마디로 잡동사니로 가득한 그 트레일러하우스에 도착했을 때 할머니는 자신의 인생과 예수님에 대해 이야기하고 싶다고 했다.

우중충한 잠옷 차림에 실내화를 신은, 온통 헝클어진 모습의 할머니는 일흔 남짓해 보였다. 젊었을 때 잘나가는 부동산 회사의 금융담당 변호사의 비서였다는 이야기, 한때 부동산이 많았는데 다 팔아치웠다는 이야기, 십 대 때는 모델이었다는 이야기를 들어야만 했다. 할머니는 자신의 드라마 같은 인생을 이야기하는 내내 연극에서나 볼 법한 과장된 손짓을 했다. 그래서인지 나중에 할머니가 젊은 시절 배우였다는 사실을 알았을 때 별로 놀랍지 않았다.

하지만 이제는 버몬트 주의 이 초라하고 작은 트레일러하우스에 살면서 문득 말동무가 간절하게 필요했던 모양이다.

영적인 세계에 민감한 나로서는 할머니가 사는 곳이 영적으로 상당히 무겁게 눌려 있음을 느꼈다. 그 할머니의 냄새나는 삶의 궤적뿐 아니라 거실이나 부엌 주변에 여기저기 놓인 영적인 물건들 때문에 그런 느낌이 더 강했다. 벽에는 미국 원주민들의 드림캐처(dream catcher)가 걸려 있었고, 선반에는 힌두교 풍요의 신 가네쉬(ganesh)와 불상과 같은 작은 우상들이 여기저기 있었다. 벽면에는 온통 예수님의 초상화가 걸려 있었는데, 무언가 '달라' 보였다. 거의 모든 초상화 속에 있는 예수님의 이마에 인도와 아시아 문화권에서나 볼 수 있는 '점'이 찍혀 있었다.

나의 호기심을 눈치 챈 할머니는 벽에 걸린 예수님의 초상화에 대해 이야기하기 시작했다.

할머니가 말했다. "목사님이시니까 당연히 성경은 많이 읽으셨겠지요. 하지만 성경의 모든 것을 안다고 생각하지는 마세요."

"물론입니다." 내가 대답했다.

"목사님은 예수님이 중간에 뭘 하셨는지 모르실걸요."

"예수님의 청소년 시절 말씀이신가요?"

"맞아요. 성경은 예수님이 태어나셨을 때랑 유년기에 대해 잠깐 한 번 언급하고, 바로 성인기로 넘어가지요. 성경에 기록되지 않은 그 시절에 예수님이 무얼 하셨는지 아시나요?"

"성장하셨겠죠. 아버지가 하시는 일도 배우셨을 테고."

"잘못 알고 계시네요." 할머니가 대답했다. "예수님은 그 시절 인도의 아시람(ashram, 힌두교도들이 수행하며 거주하는 곳-역자주)에 거하시며 힌두교 지도자 밑에서 공부하셨답니다."

그 순간 할머니에게 뭐라고 대답했는지 전혀 생각이 나지 않는다. 그냥 멍하게 할머니를 쳐다본 것 같다. "정말요?"라고 되물은 것도 같다. 하지만 정말 궁금해서가 아니라 황당해서 그렇게 말한 것이다.

할머니는 아주 오랫동안 그 이야기를 이어갔고, 나는 점점 신학적으로 공격받는 느낌이었다. 그리고 점점 더 영적인 눌림이 심하게 느껴졌다. 할머니는 예수님의 '제3의 눈'에 대한 이야기와, 예수님이 인도의 무속인에게 기적을 행하는 법을 배운 이야기, 주님이 경험하셨다는 정화 의식에 관한 것들을 이야기했다. 이야기가 자세해질수록 할머니는 더욱 흥분이 고조되는 듯했다. 그러더니 갑자기 내 손금을 보고 싶다고 했다.

다 연관 지을 수는 없지만, 할머니의 말도 안 되는 신앙관과 엉망진창인 그 집은 분명 그동안 수없이 만나 본 기독교 이단과는 또 다른 종류임을 느낄 수 있었다. 이 할머니는 분명 정상이 아니었다. 그러나 나는 잠시 대화를 더 하며 예수님은 아시아의 신비주의 영성가가 아니라 1세기 팔레스타인 지역에 살던 유대인이었고, 따라서 그 기간 그 지역의 다른 젊은 남성들과 별다르지 않은 젊은 시절을, 즉 주어진 일을 열심히 묵묵히 수행하며 보내셨을 거라고 말씀드렸다.

그러나 할머니에게는 지루한 이야기였던 듯싶다. 진짜 예수님에 대한 이야기는 그다지 드라마틱하지 않았다. 자극적이지도 않았다. 그래서 할머니는 자신만의 예수님 이야기를 만들어 낸 것이다. 언제 어떤 방법으로든지, 우리는 항상 우리가 원하는 예수님의 모습을 만들어 낸다. 하지만 그런 예수님은 불완전할 뿐 아니라 우리를 구원할 힘도 없는 무능력한 신에 불과하다.

이 할머니는 세계의 다양한 종교 교리를 조금씩 선별해서, 자기가 만든 '예수'라는 우상에 적당히 적용하고, 그것이 하나님의 아들이라며 또 하나의 영적인 구루(guru)로 삼았다. 하지만 그렇게 만든 '안전한 예수'보다 더 영적으로 위험한 것은 없다.

사실 우리도 모두 마음 깊은 곳에서 이런 예수를 원한다. 우리가 원하는 것을 인정해 주는 예수, 우리의 불순종을 적당히 눈감아 주는 예수, 우리가 하기 싫은 것들을 해야 한다고 도전하지 않는 그런 예수 말이다. 우리가 싫어하는 사람을 싫어하고, 우리가 좋아하는 것을 좋아하는 그런 예수를 바란다. 우리에게 무엇도 요구하지 않으며, 좋은 것만 약속하는 그런 예수를 원한다.

우리는 '딱 그 자리를 지키는' 예수를 원한다.

하지만 신약성경이 말하는 예수는 우리가 원하는 그런 예수에 대한 환상을 깨뜨린다. 진짜 예수님은 자신이 계셔야 할 곳을 정확히 아신다. 바로 모든 만물의 중심 말이다.

성경에서 우리는 예수님이 실제로 하신 말씀과 행하신 일들을 읽는다. 성경은 우리가 찾는 대중적인 예수, 모든 것을 용납하는 성자 같은 예수, 도덕적 '선문답'들을 기계적으로 해결해 주는 예수, 히피 철학자 같은 상상 속 예수를 부정한다. 성경에서는 그런 '착한 선생님' 같은 모습의 예수님을 찾을 수 없다. 우리의 기대와는 상당히 다른 예수님의 모습을 발견한다.

귀찮게 하는 선생

예수님은 분명 매우 좋은 선생님이다. 예수님보다 뛰어난 교사는 한 명도 없다. 주님은 역사 가운데 살았던 그 누구보다도 현명한 분이셨다. 하지만 지적으로만 똑똑한 게 아니라 실제 삶에서 인생의 문제를 해결하는 현명함도 갖춘 분이셨다. 역사상 주님만큼 인간 존재와 역사의 모든 사실과 감정에 직접 개입할 수 있는 분은 없다.

당시 종교 지도자들도 주님의 신학적인 접근 때문에 끊임없이 혼란스러워했다. 그들은 주님이 '권위 있는 새 교훈'을 가르치셨다고 말했다. 이는 그들이 단순히 주님을 좋은 설교자로 인정했다는 뜻이 아니다. 주님을 성경에 통달한 분으로 인정했다는 의미이다. 그들이 보기에 주님은 마치 성경 저자처럼 말씀을 아셨다. 심지어는 주님의 종교적인 라이벌들도 그 점을 인정했다.

예수님은 말씀하실 때와 침묵하실 때를 아셨다. 또한 엄하게 말씀해야 할 사람과 다정하게 말씀해야 할 사람을 아셨다. 주님은 직접적으로 대답해야 할 질문과 더 많은 질문으로 반응해야 할 질문을 아셨다. 자신의 입장을 고수할 때와 물러설 때를 아셨다. 기적을 베푸실 때와 그것을 거절하실 때를 아셨다. 주님은 마귀도 쫓아내실 수 있었지만, 로마 병사들이 자신을 고문하고 해치는 것을 그냥 두실 수도 있었다.

예수님은 보통 사람들이 생각하는 그저 '선한 선생님'이 아니시다. 하지만 여러 이유에서, 특히 보통의 선한 선생이라 여겨졌던 사람들에 대한 통념을 끊임없이 깨드리셨기에, 그는 역사상 존재했던 사람 중 최고의 선생이셨다.

우리가 스스로를 정직하게 그리고 예수님이 가르치신 사실들과 명확하게 마주하면, 사실 주님이 상당히 성가신 선생님이라는 사실을 알 수 있다. 예를 들어, 예수님이 자주 가르치신 비유를 생각해 보자. 오늘날 많은 사람이 이 소박한 이야기들을 예수님의 신학적인 관점을 더 잘 설명하기 위한 "설교 예화" 정도로 여기기 쉽다. 하지만 주님이 하신 이야기 대부분은 사람들의 기대와는 전혀 다른 방향으로 흘러간 것 같다. 왜냐하면 제자들이 종종 혼란스러워하며 예수님께 그 비유를 풀어 달라고 구했기 때문이다. 물론 나는 지상 최고의 선생은 아니다. 하지만 설교에 사용한 예화를 사람들이 이해하지 못해 따로 설명해야 할 정도라면, 그건 잘못된 예화를 고른 것이라고 생각한다!

그 부분에 대해 예수님은 이렇게 말씀하셨다. "다른 사람에게는 비유로 하나니 이는 그들로 보아도 보지 못하고 들어도 깨닫지 못하게 하려 함이라"(눅 8:10).

글쎄, 좀 이상하다. 사실 짜증도 좀 난다. 세상에 도대체 누가 사람들이 이해하지 못하게 하려고 예화를 사용한단 말인가?

예수님이 그런 분이시다. 그렇다면 우리는 예수님이 그닥 선한 선생이 아니라고 결론을 내리든지, 아니면 사람들이 이해하지 못할 예화를 사용하는 특별한 이유가 있을 거라 결론 내릴 수밖에 없다.

또한 예수님은 질문에 대한 답변을 또 다른 질문으로 하셔서 질문한 사람을 완전히 당황스럽게 하셨다. 예를 들면 다음과 같은 상황이다.

"그들이 다시 예루살렘에 들어가니라 예수께서 성전에서 거니실 때에 대제사장들과 서기관들과 장로들이 나아와 이르되 무슨 권위로 이런 일을 하느냐 누가 이런 일 할 권위를 주었느냐 예수께서 이르시되 나도 한 말을 너희에게 물으리니 대답하라 그리하면 나도 무슨 권위로 이런 일을 하는지 이르리라 요한의 세례가 하늘로부터냐 사람으로부터냐 내게 대답하라 그들이 서로 의논하여 이르되 만일 하늘로부터라 하면 어찌하여 그를 믿지 아니하였느냐 할 것이니 그러면 사람으로부터라 할까 하였으나 모든 사람이 요한을 참 선지자로 여기므로 그들이 백성을 두려워하는지라 이에 예수께 대답하여 이르되 우리가 알지 못하노라 하니 예수께서 이르시되 나도 무슨 권위로 이런 일을 하는지 너희에게 이르지 아니하리라 하시니라"(막 11:27-33).

진짜 멋지지 않은가! 얼마나 멋지냐면, "제이슨 본"(Jason Bourne)과 "매트릭스"(Matrix)를 합친 수준의 액션 영화만큼 어마어마하게 멋지다. 애들 말마따나 예수님이 보기 좋게 그들을 한 방 먹이신 거다.

예수님은 무얼 하신 걸까? 그냥 농담하신 걸까? 아니면 재미로 그 종교 지도자들에게 창피를 주고 싶으셨던 걸까? 나는 그렇게 생각하지 않는다. 예수님은 그들의 질문을 피하신 것도 아니다. 내 생각에는 주님이 그들의 구체적인 질문을 자신의 구체적인 질문으로 반응하심으로써 그들의 잘못된 가설을 되받아쳐 자신이 아주 탁월한 선생이라는 사실을 입증하신 것이다. 그렇게 그들의 속마음을 드러내신 것이다. "그대들이 진심으로 나를 걱정한다면 나도 솔직하게 대답하겠다. 하지만 나를 곤란에 빠뜨릴 교활한 목적으로 접근한다면 나도 그대들을 당황스럽게 할 것이다."라는 말씀이다. 비록 조금 짜증스럽기는 해도, 그게 바로 선한 선생이다.

예수님은 한번은 자신을 선한 선생으로 여기는 것이 무엇인지 그 핵심을 파고 드셨다.

"예수께서 길에 나가실새 한 사람이 달려와서 꿇어 앉아 묻자오되 선한 선생님이여 내가 무엇을 하여야 영생을 얻으리이까 예수께서 이르시되 네가 어찌하여 나를 선하다 일컫느냐 하나님 한 분 외에는 선한 이가 없느니라"(막 10:17-18).

이 사람은 자신이 예수님께 찬사를 바치고 있다고 생각했다. 하지만 예수님은 그의 찬사를 들으려 하지 않으셨다. 예수님은 그 부자 청년의 심중을 훤히 아셨다. "네가 나를 '선하다' 불렀다. 왜 나를 선하다고 부른 것이냐? 오직 하나님 한 분만이 선하시다."

예수님은 자신이 선하지 않다고 말씀하신 것인가? 아니다. 그러나 모든 말에는 의미가 담겨 있다. 주님은 이 젊은이가 자신이 하는 말을 깊이 생각해 보기를 원하셨다. 오직 하나님 한 분만이 선하시다면, 그리고 동시에 예수님을 선하다고 여긴다면, 그렇다면 혹시 예수님이 사실은? 에이, 그럴 리가……. 설마 그 청년이 예수님이 하나님이신 것을 알았다는 말인가?

예수님의 이 말씀은 다른 어디서도 직접 말씀하신 적 없는 한 의미를 절묘하게 표현하고 있다 생각한다. "나는 그냥 단순히 '선한' 선생이 아니다. 나는 하나님이다."

주님은 우리가 이것을 생각해 보기를 원하신다. 주님은 우리가 편리하고 익숙한 대로 그분을 이해하기를 허락하지 않으신다. 주님은 그런 면에서 상당히 성가신 분이시다. 하지만 주님은 아주 선한 분이시다.

진지하게 생각해 보기 바란다. 모두 예수님이 직접 하신 말씀이다. 우리는 주님을 그저 단순히 선한 선생으로 여겨서는 안 된다. 그 근거는 어디서 얻는가? 물론 신약성경이다. 신약성경 속 사람들은 '선한 선생'이신 예수님을 발견했다. 그런데 선한 선생으로 여겼던 그 예수님이 온갖 어렵고 당황스럽고 자극적이고 다소 언짢은 말씀들로 가르치신다. 우리는 그러한 가르침을 받아들일 수도 거부할 수도 있다. 하지만 어떤 안전한 종교적 포장지로도 그것을 감출 수는 없다. 트레일러하우스에 사는 그 할머니도 그렇게 해 보려 했지만, 사실 그것은 모든 시도 가운데 가장 위험한 시도였다.

요구사항이 상당히 많은 선생

예수님에 대한 사람들의 또 다른 일반적인 생각은, 모든 사람이 친절함과 종교적 관용을 가지고 행복하게 잘살게 하도록 주님이 오셨다는 것이다. 기독교인을 포함한 많은 사람이, 예수님이 오시면서 구약성경에 있는 모든 종류의 규범과 한계를 느슨하게 풀어 주셨다고 생각한다.

나름 일리 있는 말처럼 들리지만 사실 영적으로 매우 위험하고 잘못된 생각이다. 다시 강조하지만, 이런 생각은 우리의 취향과 소원에 예수님을 맞추려는 것이다.

계명에 관해 말하자면, 예수님은 오히려 더 어렵게 만드셨다. 못 믿겠다고? 그럼 직접 한번 확인해 보라.

"내가 율법이나 선지자를 폐하러 온 줄로 생각하지 말라 폐하러 온 것이 아니요 완전하게 하려 함이라 진실로 너희에게 이르노니 천지가 없어지기 전에는 율법의 일점 일획도 결코 없어지지 아니하고 다 이루리라 그러므로 누구든지 이 계명 중의 지극히 작은 것 하나라도 버리고 또 그같이 사람을 가르치는 자는 천국에서 지극히 작다 일컬음을 받을 것이요 누구든지 이를 행하며 가르치는 자는 천국에서 크다 일컬음을 받으리라 내가 너희에게 이르노니 너희 의가 서기관과 바리새인보다 더 낫지 못하면 결코 천국에 들어가지 못하리라"(마 5:18-20).

많은 비신자들은 예수님이 평화, 사랑 그리고 좋은 느낌에 대해서만 가르치셨다는 주장의 확실한 증거로 산상수훈을 든다. 그러나 기본적으로 예수님이 이 산상 설교에서 하시려는 말씀은 구약의 율법을 느슨하게 여기는 사람은 심각한 문제에 봉착한다는 사실이다. 말씀의 요지는, 완벽하지 않은 사람은 천국에 들어갈 수 없다는 것이다. 그 점을 증명하기 위해 주님은 오랜 율법을 들어 오히려 그것들을 더욱 엄격하게 만드셨다.

"옛 사람에게 말한 바 살인하지 말라 누구든지 살인하면 심판을 받게 되리라 하였다는 것을 너희가 들었으나 나는 너희에게 이르노니 형제에게 노하는 자마다 심판을 받게 되고 형제를 대하여 라가라 하는 자는 공회에 잡히게 되고 미련한 놈이라 하는 자는 지옥 불에 들어

가게 되리라 …… 또 간음하지 말라 하였다는 것을 너희가 들었으나 나는 너희에게 이르노니 음욕을 품고 여자를 보는 자마다 마음에 이미 간음하였느니라 만일 네 오른 눈이 너로 실족하게 하거든 빼어 내 버리라 네 백체 중 하나가 없어지고 온 몸이 지옥에 던져지지 않는 것이 유익하며 …… 또 일렀으되 누구든지 아내를 버리려거든 이혼 증서를 줄 것이라 하였으나 나는 너희에게 이르노니 누구든지 음행한 이유 없이 아내를 버리면 이는 그로 간음하게 함이요 또 누구든지 버림받은 여자에게 장가드는 자도 간음함이니라"(21-22, 27-29, 31-32절).

이 선한 선생님이 무슨 일을 하신 건지 이해가 되는가? 주님은 율법의 기준을 무한히 더 어렵게 하셨다. 구약의 율법은 살인하지 말라고만 했는데, 주님은 분내거나 남을 모욕하지 말라고 하셨다. 구약은 간음하지 말라고 했는데, 예수님은 음욕도 품지 말라 하셨다. 구약은 이혼에 대한 거의 대부분의 이유를 허락하지만, 예수님은 모든 이혼이 성적인 부도덕이라고 제한의 기준을 훨씬 좁히셨다. 모든 것을 더 쉽게 만드는 선한 선생님의 모습을 볼 수 없다.

다른 사람들은 어떠한지 모르겠지만, 적어도 나는 화내지 않는 것보다 살인하지 않는 것이 훨씬 더 쉽다. 살면서 단 한 번도 육체적인 간음을 저지른 적은 없지만, 주님은 내가 마음속으로 다른 여자에 대한 음욕을 품는다면 간음을 저지른 것과 똑같다고 말씀하셨다.

사실 예수님은 상당히 엄격한 선생님이시다. 주님은 우리가 영적인 고리에서 벗어나지 못하게 하신다.

기독교적 관점에 동의하지 않는 사람들이 주님이 하신 말씀을 정직하게 곰곰이 생각해 본다면, 자신의 유일한 구원의 원천으로서 예수님을 믿기로 결단하거나, 아니면 완전히 거부하는 두 가지 결정밖에 없다. 오직 그 두 가지만이 정직한 반응이다. 예수님은 우리에게 다른 어떤 선택권을 허락하지 않으시기 때문이다.

그분은 절대 스스로를 종교적인 구루나 '선한 선생'이라고 주장하지 않으셨다. 인간에 대해, 하나님에 대해 그리고 자기 자신에 대해 과격하고, 대담하고, 충격적인 주장을 하셨다. 주님은 "내 살을 먹지 않고 내 피를 마시지 않는 자는 영생을 얻지 못할 것이다." 또 "내가 곧 길이요 진리요 생명이니 나로 말미암지 않고는 아버지께로 올 자가 없느니라."라고 주장하셨다. 심지어는 "나는 부활이요 생명이니 나를 믿는 자는 죽어도 산다."라고 말씀하셨다.

'선한 선생'은 그런 말을 하지 않는다. 그러나 하나님이시며 선생이신 분은 그럴 수 있다.

예수님은 신약성경을 통틀어 자신을 인간 존재의 중심에 두신다. 이는 세계 주요 어떤 종교에서도 찾아볼 수 없는 지도자의 모습이다. 예수님이 자신을 두고 하신 말씀의 일부를 현대 이단 종교의 지도자들을 통해 가끔 들을 수 있다. 우리 대부분은 그런 사람들을 돌팔이나 사기꾼으로 간주한다. 하지만 예수님에 대해 그렇게 생각하는 사람은 거의 없다. 주님이 잘못 생각하셨다거나 어쩌면 너무 순진해서 그러셨다고 생각할 수 있지만, 거짓말쟁이는 아니라고 생각한다.

그런데 예수님이 실제로 하신 말씀을 보면 그분이 지나치게 순진하셨다거나 잘못 생각하셨다고 판단할 수 없다. C. S. 루이스가 했던 유명한 말처럼, 주님이 거짓말쟁이 혹은 정신 이상자가 아니시라면, 확실히 예수님은 자신이 주장하는 그분이 맞다.

알다시피 초창기의 기독교는 폭발적으로 성장하지 않았다. 사람들이 예수님 안에서 발견하는 종교적 지침들이 전혀 낯설었기 때문이다. 그들이 발견한 것은, 예수님은 완벽을 요구하시지만 주님을 의지하는 사람이 완벽에 이르도록 **공급하고 채우신다**는 사실이었다. 그들은 예수님이 약속을 반드시 지키신다는 사실을 발견했다.

그리고 오늘날에도 그 능력이 동일하게 작용하는 것을 발견한다. 만일 예수님을 우리 기호에 맞춰 수정하고 어떤 안전한 종교적 제품 정도로 여긴다면, 우리는 그분의 말씀이나 사역이 가진 능력을 잃을 것이다. 근본적으로 예수님을 잃은 것이기 때문이다.

극단적인 선생

예수님은 자석처럼 끌어들이는 동시에 밀치는 힘이시다. 이런 양극단의 모습은 만일 주님이 현대인의 기대처럼 그저 선하고 도덕적인 선생이기만 하시다면 불가능한 일이다. 하물며 예수님은 시공간의 제한도 받지 않으시는 분이 아닌가.

이를 더 깊이 이해해 보고자 이 책의 1장에서 살펴보았던 요한복음의 일부를 다시 살펴보겠다.

"예루살렘에 수전절이 이르니 때는 겨울이라 예수께서 성전 안 솔로몬 행각에서 거니시니 유대인들이 에워싸고 이르되 당신이 언제까지나 우리 마음을 의혹하게 하려 하나이까 그리스도이면 밝히 말씀하소서 하니 예수께서 대답하시되 내가 너희에게 말하였으되 믿지 아니하는도다 내가 내 아버지의 이름으로 행하는 일들이 나를 증거하는 것이거늘 너희가 내 양이 아니므로 믿지 아니하는도다 내 양은 내 음성을 들으며 나는 그들을 알며 그들은 나를 따르느니라 내가 그들에게 영생을 주노니 영원히 멸망하지 아니할 것이요 또 그들을 내 손에서 빼앗을 자가 없느니라 그들을 주신 내 아버지는 만물보다 크시매 아무도 아버지 손에서 빼앗을 수 없느니라 나와 아버지는 하나이니라 하신대"(요 10:22-30).

이 단락에서 예수님은 지나치게 도발적인 말씀을 하고 계시다. 그 중에서도 아버지와 나는 '하나'라는 주장은, 주님이 하나님과 '같은 뜻'을 품었다는 뜻이 아니라, 주님 자신이 하나님과 '같은 수준', 좀 더 신학적인 표현을 빌리면 주님이 하나님 아버지와 '본질상 동일'하다고 주장하신 것이다. 그런데 주님은 이 주장을 더욱 파격적인 방법으로 적용하신다. 주님을 믿지 않으면 주님이 허락하신 구원을 받지 못한다고 말씀하신 것이다. 과거나 현재나 이 주장은 모두 보편주의와 포용주의 사상과 정면으로 부딪힌다.

예수 그리스도는 결코 누군가의 부가물이 될 수 없다. 주님은 오직 모든 만물의 중심이시다.

그리고 이러한 도발적인 주님중심주의는, 많은 자기중심적인 사람을 밀어내는 한편 많은 사람을 성경적인 하나님께로 끌어들인다. 「타임」의 메리 에버스탯은 이렇게 썼다.

정확한 숫자를 항상 얻을 수는 없지만, 큰 경향은 분명하다. 전통주의자와 개혁주의자 간의 수적인 차이는 전 세계적으로 관찰된다. 일반적으로 보수적인 기독교 교회에 강하고 활기 있는 신자들이 더 많이 모인다. 적어도 딘 M. 켈리(Dean M. Kelley)가 1996년에 저술한 『왜 보수적인 교회들이 성장하는가』(Why Conservative Churches Are Growing)라는 책에 기록된 이래로 그렇다.

예를 들면, 개혁 성향의 영국 교회들이 1980년 이래로 1,000개가 문을 닫았고 나중에는 디스코텍, 스파, 모스크로 건물의 용도가 바뀌었다. 반대로, 남반구 지역의 전통적인 성공회 교회들은 성도로 가득 찼고 지금도 빠르게 성장 중이다. 마찬가지로 천주교 교회 안에서도 가장 활력 넘치는 갱신 운동은 역시 가장 보수적인 교회들에서 일어난다. 다른 한편에서는, 아프리카의 개신교나 천주교 교회들이 선교사를 서구 사회로 파송하고 있다. 사실상 아프리카 대륙에 십자가를 가지고 갔던 사람들을 재전도하게 된 셈이다.

다른 많은 이슈 중에서도 동성 결혼에 대한 견해가 바뀌면서 세속화가 진행되고 있다. 적어도 지금 전통주의자들은 역사적 부동산을 잃었으며, 섹스에 대한 그들의 견해 때문에 공적인 지위까지 빼앗기는 듯 보인다. 그러나 장래에는 전혀 다른 중요한 무엇, 곧 교회의 성장을 기대할 수 있을 것이다. 교회 성장이 없다면 결국 모든 교회 건물들은 숙박시설로 전락할 것이다.[1]

에버스탯은 이 주제로 『서구사회는 어떻게 하나님을 잃었는가』(How the West Really Lost God)라는 제목의 책을 썼다. 거기서 저자는 '엄격한 교회'라고 불리는 교회들의 성장 요인을 언급한다. 특별히 주목할 것은, 어느 종교나 그렇겠지만 (심지어는 신무신론[new atheism]조차) 열정적인 신앙을 가질수록 선교에 더 열정적이고, 보수적인 종교인일수록 더 많은 자녀를 낳는다는 것이다. 그래서 이론적으로, 종교인의 숫자가 비종교인보다 훨씬 더 많아지고 있다고 한다.

하지만 형편이 어려운 선교지에서 실제로 벌어지는 상황을 자세히 들여다보면(멀게는 중국이나 아프리카 일부 지역, 가깝게는 미국에서 교회가 가장 적다고 알려진 태평양 북서쪽에서 교회가 증가하는 추세를 보면), 보수주의의 배타성과 기독교의 정통성이 더 많은 사람을 교회로 끌어들인다는 사실을 알 수 있다.

왜 예수님이 전하신 메시지의 배타성이 더욱 강력한 힘을 얻을까? 나는 요한복음 10장에서 몇 가지 단서를 찾을 수 있다고 생각한다.

첫 번째 이유는 바로 이것이다. 우리는 예수님이 주장하신 진리에 반드시 반응하게 되어 있다. 자신이 생명의 중심이요 하나님이라는 주장에 누구도 찬성과 동시에 반대할 수 없다. 그래서 예수님이 "나

---

1) Mary Eberstadt, "In Battle Over Christianity, Orthodoxy Is Winning," *Time* (April 29, 2013), http://ideas.time.com/2013/04/29/viewpoint-in-the-war-over-christianity-orthodoxy-is-winning/.

와 아버지는 하나이다."라고 말씀하셨을 때 사람들이 주님을 돌로 치려 했던 것이다.

이는 복음서에서 예수님께 거듭해 일어난 일이다. 주님은 사역 초기부터 회당에서 선포하셨다. 한동안은 사람들이 예수님을 좋아하는 듯 보였다. 하지만 주님이 거룩한 선지자 이사야의 예언은 자신을 가리킨다 말하고, 히브리 성경은 모두 자신에 관한 기록이라 말하자, 사람들은 주님을 낭떠러지로 밀어 떨어뜨리려 했다.

우리가 원치 않는 제한을 둘 때 주변으로부터 어떤 반응을 얻게 된다. 그 반응이 항상 긍정적인 것은 아니다. 어떤 사람은 그 메시지를 거부할 것이다. 대개 적대감을 가지고 거부한다. 하지만 어떤 사람은 그것을 의지하려 한다.

인간은 배타적인 기독교를 대하고는 절대 무관심할 수 없다. 예수님은 분명한 결정을 종용하신다. 나는 바로 이것이 미국에서 교회가 가장 적은 뉴잉글랜드 지역에서 벌어지는 부흥에 기여하는 요소라 생각한다.[2]

1970년 이래로 보스턴의 인구는 감소했지만 교회의 수는 거의 두 배로 증가했고, 교회에 출석하는 사람의 숫자도 같은 기간 세 배 이상 증가했다. 뉴잉글랜드 전역에 걸쳐 남침례교회의 숫자는

---

2) Ruth Graham, "Re-evangelizing New England," *Slate* (November 27, 2012), http://www.slate.com/articles/life/faithbased/2012/11/re_evangelizing_new_england_how_church_planting_and_music_festivals_are.html. 또한 Rob Moll, "Boston's Quiet Revival," *Christianity Today*(January 25, 2006), http://www.christianitytoday.com/ct/2006/januaryweb-only/104-32.0.html를 보라.

지난 10년간 20퍼센트 이상의 증가를 보였다. 하나님의성회(The Assemblies of God)도 거의 같은 비율로 성장했다.

하지만 같은 기간 그리스도연합교회(the United Churches of Christ)나 연합감리교회(the United Methodist Church) 그리고 미국성공회(the Episcopal Church)는 지속적으로 감소하고 있다. 그러나 반대로 영국성공회(the Anglican Church)는 성장을 경험하고 있다.

그렇다면 뉴잉글랜드 지역에 있는 그리스도연합교회나, 연합감리교회 그리고 미국성공회는 어떤 공통점이 있는 걸까? 대답은 이렇다. 그들은 정통 기독교가 필사적으로 지키려는 것들을 경시하고, 끊임없는 문화의 바람에 적응하려고 노력하는 '진보신학'과 지나치게 포용적인 신앙 태도를 지닌다.

반대로, 뉴잉글랜드 지역 남침례교회나 하나님의성회, 영국성공회가 갖는 공통점은 무엇일까? 표현은 다르겠지만, 이 교회들은 성경의 권위와, 그리스도 안에서만 찾을 수 있는 죄의 용서와, 지옥으로부터의 구원 그리고 낙태와 동성 결혼과 같은 문화적 이슈에 대한 성경적 입장을 고수하는 복음주의 신학이라는 공통분모를 가진다.

내가 버몬트 주에서 목회하던 교회의 교인 중에 뉴잉글랜드 영국성공회 주교의 딸이 있었다. 나는 그 주교와 교제하며 뉴잉글랜드 지역에서 교회개척운동을 벌이려 한다는 비전을 듣게 되었다. 영국성공회가 교회를 개척하다니, 나는 깜짝 놀랐다. 그럴 줄 누가 알았겠는가? 미국에서 가장 교회가 적다고 알려진 북서 지역에, 내가 속한 남침례교단의 북미선교 본부가, 독립교회 연합인 Acts29네트워

크와 협력해 교회를 개척하기로 한 것은 정말 인상 깊었다. 결과는 어땠을까? 뉴잉글랜드 지역의 자유주의 교회는 지속적으로 쇠퇴하고 있지만, 복음주의 교회는 교인 숫자가 늘고 성장하고 있다. 느리지만 개혁이 일어나고 있는 것이다.

왜 그럴까? 어떻게 보수신학을 가진 복음주의 교회들이 이 오래된 옛이야기를 가지고 미국 북동지역 사람들의 메마른 마음 밭에 믿음의 씨앗을 뿌릴 수 있는 걸까? 다소 이상하게 들리겠지만, 사람들이 아무리 불편하게 여길지라도 우리가 더욱 확실하고 견고한 복음을 전할 때 사람들은 감동한다.

진보 성향의 논리에 따르면, 우리가 예수님을 더욱 포용적인 분으로 포장할수록 더 많은 세상 사람에게 매력적으로 다가갈 수 있다고 한다. 주님을 거부하면 영원한 형벌에 처하는 식으로, 산 자와 죽은 자를 심판하며 오직 주님께만 순종할 것을 요구하는 예수님은 너무 편협하고 지나치게 배타적이어서, 기독교를 모르는 사람에게 전도하기가 어렵다는 것이다. 사람들은 원을 좀 더 크게 그리자고 말한다. 믿음의 영역도 더 크게 그려야 한다고 말한다. 왜냐하면 '전통 교회'가 가르치는 예수님보다 사랑의 주님이시며 누구도 미워하지 않으시고 결국 모든 사람을 천국에 들어가게 하시는 예수님이 훨씬 더 매력적이기 때문이다.

하지만 역사는 우리에게 그 반대라고 말해 준다. 주요 교단에게 물어보라. '지옥은 없다'라고 말하며 사랑만 전하는 방식이 과연 맞는지. 아이러니하게도 이 '큰' 예수를 따르는 무리가 더 적다. 내 생각에 이유는 이렇다. 모든 것을 포용하고, 구원을 위해 우리에게 어떤 요구도 하지 않으며, 어떤 경우에도 정죄함이 없다고 말하는 예수는, 사람들에게 주님께 나올 필요 없이 그냥 그 자리를 지켜도 된다고 권한다. 그런 예수는 사람들을 복음으로 초대하지 않는다. 주님께 나올 필요가 없다고 말할 것이다. 예수님을 믿지 않아도 구원받을 것이라 믿는 사람은 결코 예수님을 믿어야 할 필요를 느끼지 못한다. 그들은 믿음 없이 확신만 받는다.

그런 만인을 구원하는 예수는 복음서에서 찾아볼 수 없다. 복음서에서 우리가 발견하는 예수님은 모든 만물의 중심에 자신을 두고자 분주한 분이시다. 만인을 구원하는 예수는 안전하고, 안전하게 무시당한다. 하지만 성경이 가르치는 강력한 예수님은 사람들에게 묵살당하기를 거부하는 분이시다.

여기에 중요한 것이 또 하나 있다. 이 책의 3장에 나온 낸시 피어시와 프란시스 콜린스의 이야기에서 찾아볼 수 있는 "논쟁에서 승리하신 하나님"이다. 복음은 단순히 예수님이 좌정하신 가운데 우리가 예수님 편에 설지 반대편에 설지 선택하고 그치는 문제가 아니다. 예수님과 함께하는 자신을 발견한 사람은, 자신과 함께하시는 예수님을 발견하게 된다. 그들은 예수님이 단지 지성과 철학적으로만 깊은 질문에 대답하시는 것이 아니라, 영과 혼 그리고 감정과 의문을 통해서도 말씀하는 분이심을 발견한다. 예수님은 완고한 마음 문의 빗장을 여시고 만족과 구원과 그리고 모든 죄인과 부서진 영혼이 그토록 갈망했던 안전을 공급하신다.

오직 배타적인 예수님만이 그러한 안전을 우리에게 주실 수 있다.

종교적 확신은 항상 안전을 약속한다. 거의 모든 종교적인 사람은 자신의 모든 문제에 대한 해답을 그들의 종교에서 찾았다고 믿는다. 하지만 기독교는 단순히 인간의 의지나 지성적인 확신만을 제공하지 않는다. 기독교는 '신적인' 의지에 대한 확신과 구세주의 속죄에 대한 확신을 준다.

기독교의 배타적인 복음이 제공하는 안전은 본질적으로 "이런 저런 테두리만 통과하면 구원받을 수 있다."라고 말하는 여타 종교의 안전과 다르다. 그들의 말은 안전하게 들리지만 거기에는 너무 많은 변수가 있다.

기독교는 이렇게 말한다. "다른 방법은 없다. 오직 예수님뿐이다."

기독교가 제공하는 안전은 이렇게 말한다. "하나님이 당신을 덜 사랑하시게 할 수 있는 방법은 아무것도 없다."

이는 하나님에 대한 대부분의 사람들의 인식과 위배된다. 이 책의 1장에서 언급한 이슬람교 택시 운전사처럼 대부분은 (만일 하나님이 존재한다면) 어떤 일은 용서하지 못하시는 하나님이 여전히 거룩을 요구하신다고 믿는다.

우리 하나님은 살인을 눈감는 분이 아니시다. 주님은 모든 살인에 대한 대가를 치르게 하신다. 모든 죄에 대한 형벌을 받게 하신다. 다만 자신의 죄를 회개하고 예수 그리스도를 믿는 사람에게는 그 형벌이 십자가 위에서 그리스도께 전가되는 것이다. 이러한 배타성(은혜는 기독교에만 존재하고 그 은혜는 그리스도를 믿는 사람에게만 주어진다.)은 최고의 안전을 제공한다. 왜냐하면 하나님의 진노를 피하는 길은 오직 하나님 안에서만 찾을 수 있기 때문이다.

예수님은 요한복음 10장 28절에서 이렇게 말씀하셨다. "내가 그들에게 영생을 주노니 영원히 멸망하지 아니할 것이요 또 그들을 내 손에서 빼앗을 자가 없느니라."

이보다 더 큰 안전은 없다! 결코 움직이지 않고, 누구도 빼앗을 수 없는, 그리스도의 손에서 찾는 안전. 얼마나 위대한 선물인가!

내가 그리스도의 손안에 있으면 나는 그리스도와 연합한 것이다. 내가 그리스도와 연합하면, 누구도 결코 그리스도에게서 나를 빼앗을 수 없다. 그리고 나는 그리스도만큼 안전하다. 이 사실에서 비롯된 자유는 무엇과도 비교할 수 없이 강력하다. 자신이 영원토록 안전하다는 사실을 알고 싶지 않은 사람이 어디 있겠는가?

바로 이 길, 예수 그리스도의 길, 홀로 길이신 예수 그리스도로 인해 기독교는 최고가 된다.

6

예수님이 정말 신이라면 죽을 수 없지 않나요?
: 세상 어디에도 예수님처럼 인간을 대신해 죽은 신은 없다.

  그 청년은 아직 어렸지만, 버몬트 주에서 태어나 숲속에서 자란 덕에 사냥과 농사 그리고 벌목으로 다져진 '터프 가이'였다. 그런 청년이 내 목양실의 책상 앞에 앉아 울고 있었다. 아마도 목사인 내게 도움을 청하러 올만큼 힘든 시기를 지나는 게 분명했다.

  그 청년은 신앙이 없었지만 여자 친구는 신앙이 있었다. 그런데 여자 친구가 헤어지자고 한 것이다. 그래서 청년은 용기를 내서 목사인 내게 관계에 대한 조언을 구하러 찾아왔다.

  "어떻게 하면 좋을까요?" 청년이 내게 물었다.

  "흠…… 알다시피……." 나는 평범하게, 위로하고 격려하는 어투로 말했다. "시간이 해결해 주리라 생각해."

  "아니요, 제 말은 어떻게 하면 여자 친구가 다시 돌아올까요?"

"아."

"그 애는 지금까지 내 생애 최고의 축복이었거든요."

"그래."

"진짜 사랑해요. 어떻게 하면 좋을까요?"

그는 헤어진 여자 친구의 마음을 단번에 돌려 다시 교제할 엄청나게 로맨틱한 방법을 구하는 눈치였다. 사실 난 두 사람이 다시 사귀기를 원치 않았다. 그 여자의 부모님을 포함해 주변 사람들도 그걸 원치 않았다.

그 청년은 진짜 좋은 사람이었다. 개인적으로는 아무런 유감도 없었다. 다만 그 청년은 그리스도인이 아니었다. 여자 친구는 자신이 그리스도인이라고 했다. 그녀를 아끼는 많은 주변 사람들은 신앙이 없는 사람과 사귀는 것이 좋은 생각 같지 않다고 조언했다. 나는 더욱이 신앙이 없는 사람과 결혼까지 생각하면서 교제하는 것은 사실 믿음 없음의 반증이라고 말해 주었다.

결국 두 사람은 헤어졌지만, 헤어진 이유가 그녀의 신앙관 때문인지 잘 모르겠다. 나는 그녀가 그냥 남자 친구가 지겨워져서 헤어진 것이라 생각했다. 하지만 이 청년은 자신이 그리스도인이 아니어서 여자 친구가 헤어지자고 한 것이라고 생각했다. 그래서 내 사무실에 찾아와 앞으로 어떻게 해야 하는지 묻는 것이었다.

"성경을 더 읽어야겠죠?"

"음, 물론이지."

"기도도 더 하구요."

"물론이지, 기도는 중요하지."

"그동안 여자 친구와 매주 교회에 나오고 있었지만, 설령 같이 앉지 못해도 계속 교회는 나오려고요."

"그래, 나도 네가 교회에 안 나오는 걸 원치 않는단다."

"목사님이 저를 위해 그 친구에게 말 좀 해 주실래요?"

"뭐라고 말이니?"

"그냥, 제가 노력하고 있다고요. 너무 보고 싶다고요. 지금까지 그 애만큼 사랑했던 사람이 없었다고요."

그녀는 그 청년의 첫사랑이었다. 나도 그 아픔을 잘 안다. 나도 늘 짝사랑 때문에 아파했기 때문이다. 나는 항상 모든 부모님이 자기 딸과 사귀기를 바라는 그런 남자였다. 사실 그런 남자란, 여자들이 싫어하는 남자이기도 하다. 그래서 나는 그 청년의 아픔을 잘 알았다. 나는 그에게 더는 상처를 주고 싶지 않았다. 그러나 그럴 수는 없었다.

"잘 생각해 봐." 내가 말했다. "성경을 읽고 기도하고 교회에 나오는 건 다 좋아. 나도 자네가 그러길 바라. 하지만 알아야 할 게 있어. 여자 친구가 다시 돌아오기를 바라는 마음으로 그 일들을 한다면 소용없을 거야. 그녀가 다시 자네에게 돌아오게 하는 방법은 나도 몰라. 솔직히 나는 두 사람이 다시 만나는 게 옳은지 모르겠어. 한 가지 확실한 건, 자네가 종교적인 일들을 하려고 한다면 그건 자네가 진짜로 예수님을 사랑해서 하는 거여야 해."

그는 고개를 숙인 채 여전히 괴로운 표정으로 나를 바라보았다.

내가 다시 말했다. "예수님이 그 누구보다 소중하다는 것을 알아야 하기 때문이야. 자신이 원하는 것을 얻기 위해 기독교를 이용한다면, 자네는 그리 오랫동안 기독교인으로 남을 수 없을 거야. 설령 자기가 원하는 것을 얻는다 해도 결국은 만족하지 못할 테고. 만일 기독교적인 일을 할 거라면, 자네가 예수님을 사랑하기 때문에 하는 거여야 하네."

거기서 우리 대화는 끝이 났다. 청년은 고개를 끄덕이고 눈물을 훔치고는 고맙다는 인사를 하고 돌아갔다. 그는 그 뒤로 몇 번 더 교회에 나오기는 했지만 얼마 가지 않아 보이지 않았다.

나는 솔직히 그 청년이 좋았다. 그리고 진심으로 안타까웠다. 나는 여자를 사랑하는 것보다 훨씬 더 큰 사랑이 무엇인지 가르쳐 주고 싶었다. 하지만 그는 그것을 원하지 않았고, 결국 실망하며 떠났다.

어떤 의미에서 그 상황은 예수님과 젊은 부자 관원의 만남을 생각나게 했다. 그 부자 청년은 자신의 의와 선행을 확인받기 원했다. 자신의 착한 행실과 선한 동기 그리고 자신이 이미 기꺼이 하던 모든 일에 대해 영적인 승인을 받기 원했다.

하지만 예수님은 그 청년의 우상이 무엇인지 가차 없이 드러내셨다. 예수님이 그에게 가진 재산을 모두 팔아 가난한 사람들에게 나누어 주라고 말씀하시자 그는 심히 근심하며 돌아갔다. 왜냐하면 자신의 진짜 예배 대상을 예수님으로 바꾸라는 요구였기 때문이다.

나도 나를 찾아온 그 청년에게 똑같은 요구를 했다. 그 청년은 일련의 종교적인 행동을 통해 여자 친구를 '예배'하고 있었고, 여자 친구와 다시 관계를 회복하는 '구원'을 얻으려 했다. 그런데 나는 여자 친구를 포기하라고 말하며 그 청년에게 상처만 더한 것이다.

이러한 역학이 성경 속에서 거듭 발견된다. 사람들은 주님이 줄 수도, 주지 않을 수도 있는 자신의 꿈과 소망을 품고 하나님을 찾는다. 그리고 그것이 주어지지 않는 편이 그들에게 더 유익할지 모른다는 말을 듣고는 실망하고 떠난다.

예를 들어, 성경은 부(富)를 죄로 여기지는 않지만, 대단히 위험한 것으로 여긴다. 부는 하나님이 우리에게 맡겨 주신 것이다. 우리는 하나님의 청지기이다. 예수님은 부에 대해 많은 경고를 하셨다. 예수님은 돈이나 재물이 우리에게 우상이 될 수 있음을 아셨다.

실제로 모든 것이 우리에게 우상이 될 수 있다. 좋은 것도 포함해서 말이다. 인간은 특출한 예배자이다. 누구도 무언가를 예배하지 않을 수 없다. 무엇이든 우리가 최고의 만족을 얻는 것, 성취감과 기쁨의 원천으로 삼는 것, 자신의 정체성과 가치와 의미의 뿌리로 여기는 것, 그것이 모두 우리의 신이다. 무신론자조차도 그들 나름의 신이 있다.

우리를 하나님에게서 분리시키는 죄의 뿌리들이 우상이라고 성경은 거듭해서 지적한다. 그리고 거듭해서 우리에게 우상을 죽이라고 종용한다. 우리에게 진정한 생명과 최고의 만족 그리고 최상의 기쁨을 주는 진정한 하나님을 경험하려면, 우리의 우상들을 희생 제단 위에 기꺼이 내려놓아야 한다.

아무도 예상하지 못한 완벽하게 예측된 결과

　M. 나이트 샤말란이 감독하고 멜 깁슨과 호아킨 피닉스가 출연한 영화 "싸인"(Signs)을 본 적 있는가? 언뜻 외계인 침입에 관한 내용 같지만, 사실은 믿음에 대해 상당한 통찰력을 보여 준다. 멜 깁슨은 교통사고로 아내를 잃고 어린 두 자녀와 남동생 메릴을 돌보며 살아가는 시골 목사 그레이험 역을 맡았다. 아내를 잃은 슬픔으로 하나님과의 관계에 금이 갔고, 그래서 그레이험은 믿음에 대해 회의하게 된다.

　그러던 어느 날, 농장에 이상한 원형 표식이 나타나고, 이 미스터리는 영화 내내 지속된다. 그레이험은 동생에게 이렇게 말한다. "생각해 봐. 너 자신에게 물어야 할 질문은 '나는 어떤 사람인가?' 하는 거야. 나는 기적과 표적을 믿는 사람인가, 아니면 모든 것이 운이라고 생각하는 사람인가? 질문을 이렇게 바꿔 볼 수도 있지. 정말 우연이 없을 수 있을까?"

　'우연은 없다.'라는 믿음이 이 영화의 전체 주제이다. 아내의 유언을 떠올리는 장면("메릴에게 후려치라고 말해요.")이나 어린 딸의 기이한 버릇(물맛이 이상하다며 항상 마시다 만 물컵을 집 안 곳곳에 두는)까지 모든 것이 필연이다. 외계인이 결국 집에 침입하는 영화의 클라이맥스에서 메릴은 물컵이 여기저기 놓인 방 안에서 야구 방망이를 쥔 채 외계인과 마주한다. 우연히도 물은 외계인에게 치명적인 독이다. 메릴은 물컵들을 '후려쳐서' 박살내고 외계에서 온 적에게 물을 흩어 뿌린다.

그렇다, 영화 줄거리는 좀 황당하다. 하지만 믿음의 각도에서 보면 나름 기발하고 인상적이다. 사소한 것들과 이런저런 표적이 모여 영화의 절정을 이룬다. 물컵을 아무 데나 놓는 어린아이의 성가신 습관까지도 나름의 의미가 있다! (14살짜리 내 딸도 항상 물을 반 정도만 마시고 컵을 아무 데나 둔다. 내가 잔소리를 하면 외계인 침입에 대비하는 거라나……) 그 모든 물컵들은 의미 있게 쓰임받기까지 그냥 거기 있는 거다.

누가복음을 보면 부활하신 예수님이 엠마오로 가는 두 제자와 만나는 장면이 나온다. 거기서 주님은 두 제자에게 구약성경에 나오는 자신의 이야기를 풀어 주시며 자신의 정체를 드러내신다. 예수님은 이 신실한 두 유대인에게 창세기부터 선지서까지 풀어 설명하시며, 어지럽게 놓인 물컵의 의미를 드러내신 것이다.

이것은 매우 의미 있는 사건이다. 얼마나 영광스러운 동행이며 대화였겠는가? 복음서를 보면, 예수님이 선지자들의 예언과 메시아의 조건을 조목조목 설명해도 어리석은 청중들은 알아듣지 못하는 장면들이 나온다. 이는 **우리가 믿으려고 하지 않는다면** 우리 눈이 가려져 아무것도 볼 수 없음을 시사한다.

예수님 시대에는 메시아에 대한 기대가 크고 떠들썩했다. 유대인들은 자신을 구원할 구세주를 갈망했다. 로마 제국의 점령과 억압 아래 살던 그들은 하나님의 기름부음 받은 존재를 기대하며, 말을 타고 칼을 휘두르며 나타나는 전사 같은 이미지를 떠올렸다. 그러나 예수님은 예루살렘에 입성하실 때 푸른 종려나무 가지들이 깔린 그 길을 나귀 새끼를 타고 지나셨다. 그날 수많은 사람이 환호하며 예수님을 경배했지만, 바로 그 주말에 주님을 버렸다. 왜 그랬을까? 그들이 스가랴 9장 9절의 예언을 몰랐던 것도 아닌 데 말이다.

> "시온의 딸아 크게 기뻐할지어다
> 예루살렘의 딸아 즐거이 부를지어다
> 보라 네 왕이 네게 임하시나니
> 그는 공의로우시며 구원을 베푸시며
> 겸손하여서 나귀를 타시나니
> 나귀의 작은 것 곧 나귀 새끼니라."

군중이 예수님을 환영함으로써 예언은 성취되었지만, 진정한 왕을 맞이해야 할 순간이 오자 그 똑같은 군중은 예수님을 버렸다.

하지만 예수님의 생애와 사역은 주변 사람들이 인정하느냐 여부에 달려 있지 않다. 지금 우리는 이미 모든 상황을 알고 있다. 우리는 전후 사정을 다 알기에 신약성경을 해석하는 데 유리하다. 하지만 그 시대에는 예수님의 가르침을 듣고 구약성경의 예언과 맞아떨어지는지 알아채기가 쉽지 않았을 것이다. 하지만 지금은 안다. 수많은 유대인의 예언이 나사렛 예수라고 불리는 이 사람과 얼마나 구체적으로 맞아떨어지는지 놀랄 수밖에 없다.

예수님의 삶과 사역은 사실이 아니라기에는 너무나 완벽하다. 주님이 말씀하고 행하신 모든 일이 즉흥적인 것이 아니라 애초부터 **주권적으로** 계획되었음을 거듭해서 알 수 있다. 아래는 구약의 예언과 메시아에 대한 구체적인 진술이 예수님의 생애와 사역 가운데 어떻게 성취되었는지 간략히 나열한 목록이다.

- 그는 동정녀에게서 날 것이다(사 7장).
- 그는 베들레헴에서 태어날 것이다(미 5:2).
- 그는 친한 친구에게 배신당할 것이다(시 55편).
- 그는 사람들에게 버림받을 것이다(사 53장).
- 그는 손과 발이 찔릴 것이며, 원수들이 그 옷을 제비뽑아 나눌 것이다(사 53장, 시 22편).
- 그는 신포도주를 마실 것이다(시 69편).
- 그의 뼈는 상하지 않을 것이다(시 34편).

이 목록은 중요한 것들만 모은 것이다. 실제로는 이보다 많다.

회의론자들은 이런 목록을 보고 이렇게 생각한다. '그가 이 예언들을 성취한 건 당연한 일 아닌가. 자신에 대한 예언을 미리 알고 그에 맞춰 행동한 것 아닌가.' 하지만 그들은 예수님의 생애 가운데 성취된 메시아에 대한 예언이 예수님 자신뿐 아니라 주변 사람에 의해 이루어진 것도 있다는 사실은 미처 생각하지 못한다. 이를 설명하는 아주 특별한 예를 스가랴 11장 12-13절에서 볼 수 있다.

"내가 그들에게 이르되 너희가 좋게 여기거든 내 품삯을 내게 주고 그렇지 아니하거든 그만두라 그들이 곧 은 삼십 개를 달아서 내 품삯을 삼은지라 여호와께서 내게 이르시되 그들이 나를 헤아린 바 그 삯을 토기장이에게 던지라 하시기로 내가 곧 그 은 삼십 개를 여호와의 전에서 토기장이에게 던지고."

예수님은 실제로 은 삼십에 팔려 배신당하셨으며, 그 돈은 토기장이의 밭을 사는 데 사용되었다. 어떤가? 놀랍지 않은가?

이게 다가 아니다. 구약에서 발견된 최소 61개의 메시아에 대한 주요 예언이 예수님에 의해 성취되었다. 태어나는 장소처럼 자기 의지로 통제할 수 없는 일까지 포함해서 말이다. 피터 스토너(Peter Stoner)는 한 사람의 생애 가운데 구약의 메시아에 대한 예언이 단 8개만이라도 성취될 확률에 대해 계산했는데, $1/10^{17}$이라고 나왔다.

은으로 된 동전 10^{17}개를 미국 텍사스 주에 깐다고 생각해 보라. 이는 약 60센티미터 두께로 쌓아서 텍사스 주 전체를 덮을 수 있는 양이다. 이제 그 동전 중에 하나를 골라 표시를 하고, 무작위로 한 사람을 골라 마음대로 돌아다니다가 그 표시된 동전을 찾아오라 했다고 치자. 그가 그 동전을 찾을 확률이 얼마나 되겠는가? 이것이 바로 구약의 선지자들이 기록한 예언 중 8개가 긴 역사 가운데 딱 한 사람에게서 모두 들어맞을 확률과 똑같다.

선지자들이 하나님의 영감을 받아 썼든, 자기 생각에 그럴 듯한 일을 썼든 그중 여덟 가지 예언이 모두 딱 한 사람에게서 성취될 확률은 $1/10^{17}$이다. 그 한 분이 바로 예수님이시다.

이것이 바로 하나님이 그들에게 영감을 주셔서 그 말도 안 되는 확률을 정확하게 성취하셨음을 증명한다.[1]

스토너는 또한 48개의 예언이 한 사람에게서 성취될 확률도 계산했다. 그 확률은 $1/10^{157}$로 더 희박하다.

이게 과연 우연일까? 당신은 우연을 믿는 사람인가?

나는 우연은 없다고 생각한다. 설령 있다 해도, 이 정도는 역사상 가장 중요한 인물에게나 합당한 깜짝 놀랄 확률이다. 마호메트나 부처 혹은 크리슈나에게서는 찾아볼 수 없는 일이다.

예수님은 이런 메시아에 관한 예언을 모두 성취하셨음에도 같은 민족 사람에게 거절당하셨다. 왜일까?

예수님이 세상을 정복하신 방법이 자신을 전혀 드러내지 않는 소극적인 방법이었기 때문이라고 생각한다. 예수님이 승리하시는 방법은 때로 패배처럼 보인다. 주님이 사신 방식은 상당히 죽음처럼 보인다.

잘못된 것 바로잡기

예수님이 잘못된 것을 바로잡는 방법을 보면 종종 모든 것을 휘젓는 듯 보인다. 그리스도가 로마 제국의 지배와 억압 속으로 들어오셔서 '하나님 나라의 복음'을 선포하셨다. 하나님 나라는 실로 그를

---

[1] Josh McDowell, *A Ready Defense* (Nashville: Thomas Nelson, 1993), 213에 인용됨.

통해 우리 '가까이' 왔으며, 누구든지 자기 자신을 부인하면 그 나라에 들어갈 수 있다고 선포하셨다. 즉 살고자 한다면 죽어야 한다는 것이다. 이것이 각자 '자기 십자가를 진다.'는 말의 의미이다.

예수님은 헤롯을 왕으로, 가이사를 주로 여기는 세상에서 자신의 생애와 사역을 통해 실제로 진정한 구세주요 왕 중의 왕으로 살아내심으로써 하나님 나라에 대한 완벽한 그림을 보여 주셨다. 마태복음에서 예수님은 자신만의 대헌장을 선포하심으로써 이 세상 속에 임한 하나님 나라를 선포하셨다. 우리는 이를 산상설교라고 부른다.

산상설교(마 5-7장)는 하나님 나라가 어떠한지를 아름답게 설명한 위대한 청사진이다. 그것은 팔복(앞으로 어떻게 전개될지 보여 주는 서문과 같은 역할)으로 시작해서 성령 안에서 사는 삶의 영광의 실재로 이어진다. 그런데 산상설교는 이 세상의 방식과 반대로 간다. 자기 이익을 포기하고, 제자로서의 위험한 삶을 받아들이고, 이 세상 문화에 저항하며 살아가라고 도전한다.

우리는 산상설교를 기쁜 소식이 아닌 율법으로 받아들이라는 유혹을 받는다. 우리가 해야 할 일의 목록처럼 생각되기 때문이다. 물론 실제로 해야 할 일의 목록이기도 하다. 하지만 하나님 나라에 대한 그림으로서의 산상설교는 우리가 되어야 할 '존재'에 관한 것이라 보는 것이 옳다.

산상설교는 우리가 하나님 나라에서 어떻게 살아야 하는지 구체적인 계명('다른 뺨을 대라.'는 등)을 제시하는 점검 목록이다. 우리가 산상수훈을 율법으로만 본다면, 예수님이 소개하신 하나님 나라가 이미 존재한다는 놀라운 사실을 놓치게 된다. 이는 '예수님이 이미 왕이라는 사실'과 우리가 '예수님을 왕으로 만드는 것'의 차이이다. 산상수훈은 그리스도인의 행위뿐만 아니라, 무엇보다도 그리스도인의 성품에 대한 가르침이다. 이것이 바로 예수님이 음욕도 간음이며, 분 냄도 살인이라는 식으로 수많은 규례를 재구성하신 까닭이다. 그러므로 우리는 기독교를 볼 때 무엇을 '해야 하는 것'이 아닌, 무엇이 '되어야 하는 것'으로 보아야 한다.

예수님은 기본적인 인성과 사회 질서를 재배열하는 데 그치지 않고, 모든 것을 예수님을 중심으로 제정하신다. 주님의 산상수훈에서 우리가 팔복이라 부르는 서론을 한번 살펴보자.

"심령이 가난한 자는 복이 있나니 천국이 그들의 것임이요
애통하는 자는 복이 있나니 그들이 위로를 받을 것임이요
온유한 자는 복이 있나니 그들이 땅을 기업으로 받을 것임이요
의에 주리고 목마른 자는 복이 있나니 그들이 배부를 것임이요
긍휼히 여기는 자는 복이 있나니 그들이 긍휼히 여김을 받을 것임이요
마음이 청결한 자는 복이 있나니 그들이 하나님을 볼 것임이요
화평하게 하는 자는 복이 있나니 그들이 하나님의 아들이라 일컬음을 받을 것임이요
의를 위하여 박해를 받은 자는 복이 있나니 천국이 그들의 것임이라
나로 말미암아 너희를 욕하고 박해하고 거짓으로 너희를 거슬러 모든 악한 말을 할 때에는 너희에게 복이 있나니"(마 5:3-11).

우리의 시대정신은 자신과 다른 사람을 통제하려는 욕망을 부추긴다. 하지만 하나님 나라는 겸손과 자기부인과 낮아짐을 강조한다. 당시 모든 사람이 기대했던 메시아, 곧 왕은 혁명적 영웅이며 하나님 나라를 세우기 위해 이 세상 왕국을 뒤집어엎을 전사의 모습이었다. 하지만 그들에게 나타나신 메시아는 사람들의 발을 씻겨 주는 목수셨다. 세상은 열성당원을 기대했지만 섬기는 하인이 오셨다. 팔복을 통해 예수님은 이를 뒤집는 것이 성공이라고 말씀하셨다. "온유한 자는 복이 있나니 그들이 땅을 기업으로 받을 것임이요"(5절).

이어서 예수님은 누가 5리를 가자고 하면 10리를 가라고 하시며, 요구하는 사람에게는 주라 하시고, 무엇보다 가장 두려운 말씀, 즉 원수를 사랑하라고 하셨다. 이 모든 면에서 세상 나라와 반대인 하나님 나라는 그야말로 파격이다. 이 세상 나라는 축적, 강요, 눈에 보이는 것 그리고 개인주의를 가르친다. 하지만 하나님 나라는 우리의 능력이 아닌 하나님의 능력을 의지하라고 가르친다. 곧 우리 자신이 아닌 하나님의 위대하심을 주목하게 한다.

그러한 하나님 나라의 일원이 되는 방법은 자신을 겸손하게 낮추는 것이다. 하나님 나라가 싸우는 방식은 자신을 내주고 섬기는 것이다. 마가복음 10장 45절은 우리에게 이렇게 말한다. "인자가 온 것은 섬김을 받으려 함이 아니라 도리어 섬기려 하고 자기 목숨을 많은 사람의 대속물로 주려 함이니라."

문제는 우리가 항상 다른 사람을 이용하려 한다는 죄에 있다. 우리는 상대적 율법주의에 빠진다. 다른 사람이 우리를 섬기고 우리의 행복에 기여하기를 바란다. 우리의 느낌이나 인정이 의로움의 척도가 된다. 우리의 기준에 미치지 못하는 사람은 업신여긴다. 우리는 노골적으로 혹은 암묵적으로 상대방이 나의 섬김을 받을 자격이 있을 때만 섬기겠다고 메시지를 전달한다. 이것이 바로 나의 목양실에 찾아와 여자 친구가 다시 돌아오게 해 달라고 도움을 요청한 청년이 한 말이다. 그는 기독교를 이용해 여자 친구를 다시 찾고 싶었다. 하지만 우리가 원하는 것을 얻고자 기독교를 이용하는 일은 기독교의 본질에 위배된다.

팔복은 이 모든 가치관을 뒤집는다. 그리고 예수님은 그런 방식으로 세상을 다시 바로잡고자 계획하셨다.

주님의 궁극적인 방법은 자신의 죽음을 통한 것이었다.

죽으심으로 모든 것을 이루시다

누구도 예수님이 자신의 신념을 말할 용기가 없었다고 하지 못할 것이다. 구약성경이 끊임없이 그리스도 예수께서 오시는 것에 대한 씨앗을 뿌렸듯, 그리스도 예수도 끊임없이 제자들에게 자신의 죽음에 대한 씨앗을 뿌리셨다.

예수님을 따르던 사람들은 무지했다. 무슨 이유인지 주님의 말씀을 알아듣지 못했다. 선지자들의 예언이 예수님을 통해 성취되었음을 유대인이 알지 못한 것과 마찬가지이다. 가끔 예수님의 제자들은 알아채기도 했다. 하지만 제자들은 예수님이 자신의 죽음에 대해 말할 때마다 그럴 수 없다고 맞섰다. 예수님의 그런 말들이 그들을 불편하게 했다. 진정한 왕에게 어울리지 않는 일이라고 생각했다.

그러나 예수님의 관점에서, 그리스도의 통치와 다스림을 가능하게 할 유일한 방법은 세상의 죄를 위해 죽는 것뿐이었다. 자신의 죽음을 통해 이 땅의 궁극적인 원수를 이기는 것, 예수님이 죽음에 맞서 이기는 것 말이다. 예수님은 세상을 이렇게 정복할 계획이셨다.

예수님은 말씀하셨다. "내가 땅에서 들리면(십자가에 달리시는 것을 의미한다.) 모든 사람을 내게로 이끌겠노라 하시니"(요 12:32).

그리고 예수님이 십자가에서 죽으실 때 세상이 깜짝 놀랄 만한 엄청난 일이 벌어진다. 지성소를 가로막던 성전의 장막이 위에서 아래로 찢어진 것이다. 그리스도의 희생을 통해 하나님이 친히 당신과 죄인 사이의 막힌 담을 허무셨다. 죽음이 갈라놓은 것을 예수님이 고치셨다. 예수님이 모든 것을 바로잡으셨다.

이는 창조의 정점에 승리로 우뚝 서는 것을 의미한다. 또한 예수님이 하나님의 원수를 온전히 이기신 것을 의미한다. 성경은 예수님이 이 모든 것을 '죽음'을 통해 이루셨다고 말한다.

"우리를 거스르고 불리하게 하는 법조문으로 쓴 증서를 지우시고 제하여 버리사 십자가에 못 박으시고 통치자들과 권세들을 무력화하여 드러내어 구경거리로 삼으시고 십자가로 그들을 이기셨느니라"(골 2:14-15).

이것이 그리스도인들이 그 종교의 창시자가 죽은 날을 성금요일(좋은 금요일, Good Friday)이라 부르는 까닭이다. 왜냐하면 예수님이 십자가에서 이루신 일은 대단히 좋은 일이기 때문이다. 신자이건 비신자이건 많은 사람을 매우 불편하게 만드는 사실이다. 유대인들은 메시아는 결코 죽지 않을 거라 생각한다. 이슬람교는 사람이 구세주가 될 수 없다고 생각한다. 도덕론자들은 예수님의 죽음이 속죄의 기능을 감당했다고 생각하지 않는다.

> "십자가의 도가 멸망하는 자들에게는 미련한 것이요 구원을 받는 우리에게는 하나님의 능력이라 기록된 바 내가 지혜 있는 자들의 지혜를 멸하고 총명한 자들의 총명을 폐하리라 하였으니"(고전 1:18-19).

다른 어떤 종교에서 이런 일을 찾을 수 있겠는가? 물론 수많은 이유로 죽어간 순교자들은 찾아볼 수 있다. 하지만 하나님이신 동시에 인간이신 존재가, 인간이 죄 사함을 받고 죽음에서 자유하도록 기꺼이 자신의 죽음을 통해 죗값을 치른 경우를 찾아볼 수 있는가?

절대 못 찾을 것이다.

예수님은 거기에서 그치지 않으셨다. 죄로 인한 하나님의 진노를 온전히 받아서 그것을 공의와 자비의 교차점에 못 박아 죽이시고, 무덤에서 죽은 자 가운데 살아나셨다.

거기에서 죽음을 뒤집어 버리셨다.

7

부활 같은 이야기는 안 믿어도 되지 않나요?

: 세상 어디에도 예수님의 부활만큼 인간에게 필요한 사건은 없다.

내가 왜 결혼 주례 요청을 까다롭게 받는 목회자로 알려졌는지 설명하기 위해, 내게 주례 부탁을 하려고 찾아왔던 한 젊은 예비부부에 관해 이야기해야겠다.

목회자로서 내게는 개인적인 신념이 하나 있다. 예수 그리스도를 구주로 영접하지 않은 사람들의 결혼식은 주례하지 않는다는 것이다. 물론 모든 목회자의 생각이 나와 같지는 않다. 그들이 틀렸다는 말도 아니다. 하지만 결혼식을 단순한 예식이 아닌 언약의 서약으로 여기고, 성경 말씀을 본문으로 삼고 읽으며, 그리스도가 교회를 사랑하듯 아내를 사랑하라 남편을 가르치고, 교회가 그리스도께 하듯 남편을 대하라고 신부를 권면해야 하는 목회자로서, 예수님과 성경 말씀을 믿지도 않는 사람에게 예수님과 말씀에 순종해 그런 언약에

동참하라고 하는 일은 결코 쉽지 않다.

그런 일은 단순히 종교적인 의식에 지나지 않는다. 나는 그런 종교적인 예식에는 크게 관심이 없다. 나는 자신을 종교적인 자산이나 종교적인 지원 프로그램의 서비스 공급자로 보고 싶지 않기 때문에 비기독교인의 결혼식을 주례하지 않는다.

하지만 나의 의도가 항상 잘 전달되는 것은 아니다. 그날 찾아온 커플은 내가 왜 그들의 결혼 주례를 맡지 않으려는지 잘 이해하지 못했다. 그러나 나는 오히려 그들이 왜 나의 주례를 원하는지 이해할 수 없었다. 어쩌면 그들은 목사가 주례를 하고 교회를 예식장으로 쓰면, 특별히 종교성을 띠지 않으면서도 결혼식이 종교적으로 보이게 할 훌륭한 '방법'이라 여겼는지 모른다.

진짜 충격적인 일은 그 커플이 결혼 예비 상담을 하는 동안 내가 신랑 될 사람에게 예수를 믿는다는 것이 무엇인지 물었을 때 벌어졌다.

"주님이 죽으신 것을 믿나요?" 내가 물었다.

"물론이죠."라고 그가 대답했다.

"죽음에서 다시 살아나셨다는 사실도요?"

"그건……." 그는 주저하는 표정으로 약혼녀를 쳐다봤다. 예비 신부가 신랑보다 훨씬 더 '종교적'인 듯했다.

"아주 중요한 질문이에요. 이러한 질문에 어떻게 대답하느냐에 따라 우리가 진짜 기독교인인지 아닌지 가릴 수 있거든요."

"글쎄요……." 그가 말을 이었다. "신자들의 마음속에 살아 계시다고 말할 수 있지 않나요?"

"그렇게 말할 수 있죠." 내가 대답했다.

"영으로 혹은 어떤 식으로든 우리 안에 계시다는 거잖아요."

"그렇죠." 내가 동의했다. "하지만 주님이 실제로 육신으로 부활하신 것은 사실이에요. 육체적으로 죽으셨고, 실제로 다시 살아나셨거든요. 그것을 믿지 못한다는 말씀인가요?"

"아…… 네, 못 믿겠어요."

나를 좋게 생각해서 주례를 부탁한 것은 고맙지만 내가 왜 두 사람의 결혼 주례를 맡을 수 없는지 최대한 정중하게 설명했다. 주님의 말씀을 맡은 목사의 임무는 신자들의 삶이 예수님의 진리의 말씀에 순종하며 살아가도록 돕는 일이라고 생각한다. 참 아름다운 커플이지만, 두 사람은 예수님이 다시 살아나셨다는 사실을 믿지 않았다. 그런데도 내가 그 두 사람의 결혼 주례를 맡는다면 나 자신과 그들을 속이는 것이다.

신앙이 없던 예비 신랑보다 오히려 신부가 더 언짢게 생각하는 듯했다. 예비 신랑은 그 상황에 어쩔 줄 몰랐다. 내가 보기에 신랑은 누가 주례를 하건 예식 장소가 어디건 크게 상관없어 보였다. 문제는 신부였다. 예비 신부는 내가 그들의 신앙이 진짜인지 의문을 제기했다고 여겼다.

사실이 그렇다. 나는 그들의 신앙이 진짜가 아니라고 생각했다. 사도 바울은 고린도전서 15장에서 예수 그리스도의 부활에 대해 이렇게 말했다.

"그리스도께서 만일 다시 살아나지 못하셨으면 우리가 전파하는 것도 헛것이요 또 너희 믿음도 헛것이며 또 우리가 하나님의 거짓 증인으로 발견되리니 우리가 하나님이 그리스도를 다시 살리셨다고 증언하였음이라 만일 죽은 자가 다시 살아나는 일이 없으면 하나님이 그리스도를 다시 살리지 아니하셨으리라 …… 그리스도께서 다시 살아나신 일이 없으면 너희의 믿음도 헛되고 너희가 여전히 죄 가운데 있을 것이요"(14-15, 17절).

예수님이 실제로 죽음에서 다시 살아나신 게 아니라면 기독교는 무의미하다. 그리스도의 부활을 믿지 않으면 자신을 그리스도인이라 주장해도 의미가 없다. 터무니없는 일이다. 따라서 이것은 기독교 정통 신앙에 있어 매우 중요한 교리이다. 물론 기독교의 가르침과 결부된 도덕적인 영역에 충실할 수는 있다. 기독교 전통에 큰 애정을 가질 수도 있다. 교회에 출석하고 성경을 열심히 읽을 수 있다. 하지만 예수님이 죽으셨고, 무덤에 장사되셨고, 죽은 자 가운데 다시 살아나셨음을 믿지 않는다면 기독교인이 아니다.

소위 '자유주의 기독교인'이나 '진보적인 기독교인'을 자처하는 사람은 이것을 잘 받아들이지 못한다. 그들은 예수님이 제자들의 마음과 생각 속에 영적으로 혹은 이념적으로 부활하신 것이라 믿는다. 그러나 성경의 기록은 전혀 다르다. 예수님이 돌아가신 지 사흘 만에 제자들은 숨 쉬는 예수님, 손으로 만질 수 있는 예수님을 직접 만났다고 기록한다.

물론 요즘에는 그런 일이 더는 없다. 부활이 기독교를 더욱 매력적으로 만드는 이유가 바로 이것이다. 우리 주님이 죽음을 통과해 살아나셔서 반대편으로 다시 나오셨다.

믿기지 않는 놀라운 이야기

예수님의 제자들이 사기를 친 거라는 주장이 있다. 몇몇 사람은 제자들이 예수님의 시체를 몰래 빼낸 후 예수님이 부활하셨다는 소문을 냈다고 주장한다. 영화 "베니의 주말"(Weekend at Bernie's)처럼 말이다. 물론 영화에서는 시신이 있었고, 실제 예수님의 시신은 사라진 것이 다르지만…….

하지만 이 가설은 제자들을 너무 과대평가한 동시에 너무 과소평가한 듯하다.

우선 몇 명 안 되는 남자들이 훈련된 로마 제국 병사들의 감시를 뚫고 아무도 눈치채지 못하도록 시신을 훔칠 수 있었으리라는 주장은 무언가 석연치 않고 냄새가 난다. 제자들은 영화 "오션스 일레븐"(Ocean's Eleven)에 나오는 주인공이 아니다. 제자들은 하나같이 예수님이 돌아가신 후 사방에 흩어져 두려움에 떨었다. 설령 그들이 함께 힘과 지혜를 모아서 무덤에서 시신을 훔쳤다면 로마 사람들이 제보하지 않았을까? 하지만 그런 일은 애초에 일어나지 않았기 때문에 그런 보고도 없었다. 그런 주장은 제자들을 너무 과대평가하는 것이다.

그런 주장은 한편으로 제자들을 한참 잘못 본 것이다. 제자들을 그런 엄청난 사기나 저지르는 사람들로 여겼기 때문이다. 제자들이 정말 그랬다면, 그들은 그저 함께 모여서 머리를 맞대고 온 세상을 상대로 할 거대한 사기극이나 꾸미는 아주 형편없는 사람들에 불과하다. 제자들은 모두 천재적인 두뇌를 가진 사람은 아니었지만, 그래도 그 정도로 저질은 아니었다.

사실 제자들은 예수님이 죽으신 후, 한곳에 모여 울면서 실의에 빠져 낙담하고 있었을 가능성이 크다. 제자들은 예수님을 따르기 위해 자신의 삶과 생계를 모두 바친 사람들이었다. 그들은 주님을 구세주로 확신했다. 주님이 원수들을 뒤집어엎으시고, 이스라엘 나라가 예전에 누린 영광을 회복하시리라 굳게 믿었다.

예수님이 체포되어 십자가에 못 박히셨을 때 아마 그들은 다시 생각하기 시작했을 것이다. 당시에는 자칭 메시아가 많이 나타났다 사라졌다. 수많은 자칭 메시아들이 결국 로마 제국에 의해 처단되었는데, 주로 십자가에 못 박혀 죽었다. 십자가에서 죽은 메시아가 예수님이 처음은 아니었다.

이스라엘을 자유롭게 하고자 나타난, 이스라엘의 기름부음 받은 사람이라 주장하던 사람이 처형되면, 그를 따르던 사람들은 그가 구세주가 아니었다는 표식으로 받아들였다. 그리고 일정 기간 애도의 시간을 가진 후, 또 다른 메시아를 찾아 나섰다. 대체로는 그들이 메시아로 여겼지만 결국 죽은 그 사람의 가족을 좇았다.

예수님은 자신의 죽음을 제자들에게 예언하셨지만, 제자들은 주님의 말씀을 이해하지 못했다. 믿으려고도 하지 않았다. 그런데 정말 그 일이 벌어지다니, 제자들은 현실을 있는 그대로 받아들이지 못하고 나름의 방식으로 해석하려 했을 것이다. 그들은 예수님의 죽음을 받아들이지 못한 상태였기에 예수님이 부활하셨다는 생각 또한 일부러 지어낼 수 없었을 것이다. 정말 말도 안 되는 생각이기 때문이다.

사람은 죽었다가 부활하지 않는다. 물론 기절했던 사람이 활기를 되찾을 수는 있다. 그러나 예수님은 공식적으로, 법적으로 그리고 오랜 시간 죽어 계셨다. 주님은 제대로 된 전문가의 손에 죽으셨다. 그리고 무덤에서 사흘이나 지난 탓에 시신은 이미 부패하기 시작했다. 그 시대에 심장 박동을 살리는 제세동기가 있던 것도 아니었다. 의식을 잃은 사람을 깨우는 후 자극제도 없었다. 주님은 완전히 죽으셨다. 게다가 제자들은 미신 따위를 믿는 축도 아니었다. 그들도 우리와 똑같은 상식을 가졌다. 즉, 죽은 사람은 생명으로 부활하지 못한다.

예수님의 어머니를 포함한 여성 제자들이 안식 후 첫날 예수님의 시신을 수습하고자 무덤에 찾아갔다. 무덤 입구를 막았던 돌문이 치워졌고 무덤은 비어 있었다. 제자들이 모여 있던 비상대책 본부에서는 예수님과의 기적적인 상봉 프로그램을 기획하던 것도 아니었다. 그들은 어떻게 하면 자신들이 십자가에서 죽지 않을까 고민했다. 그들이 있던 방은 으스스하게 고요했을 것이다. 모두 각자 깊은 생각에 잠겨 있었다.

그들 가운데 하나였다고 생각해 보라. 인생의 황금기 중 3년을 주님께 바쳤다. 그때까지 배웠던 삶의 방식을 완전히 뒤로하고, 민족이 수천 년 동안 기다려 온, 자기 백성을 구원하고자 악한 세력을 물리치고 나라에 새로운 혁명을 가져올 거라 믿었던 바로 그 사람에게 모든 꿈과 소망을 바쳤다. 그런데 그 사람이 당신 눈앞에서 죽임을 당했다.

당신은 그런 친구를 잃은 상실감으로 깊은 슬픔에 잠겼을 것이다. 소망이 그렇게 허망하게 무너져 깊은 시름에 빠졌을 것이다.

그런데 갑자기 베드로가 들이닥쳐 천사를 봤다며 예수님이 무덤에 계시지 않았다고 말한다. 참 잔인하다. 그런 행동을 하는 베드로가 비정하고 성급한 바보처럼 보인다. 베드로는 예수님이 말씀하신 대로 주님을 세 번이나 부인했다. 그랬던 그가 이제 와서 마치 자신이 예수님의 위대한 현현의 소식을 가진 사람처럼 행동한다고? 참 편하게 산다.

그런데 두 사람, 글로바와 그 친구가 문을 박차고 들어오며 엠마오로 가는 길에 예수님을 만났다고 말한다. 모든 상황이 얄궂고 어리둥절하고 한편으로는 끔찍하고 혼란스럽다.

그런데 그때 갑자기 주님이 나타나셨다면?

예수님이 우리 마음속이나 기억 속에 나타나신 것이 아니다. '평화의 영'이나 뭐 그런 영적인 기운으로 나타나신 것이 아니다. 실제로 거기에 나타나셨다. 바로 눈앞에 서 계시다. 그 방안에, 당신을 바라보며 서 계신다.

그리고 점심은 먹었냐고 물어보신다.
그런데 사람들은 이것이 당신이 지어낸 이야기라고 한다.

"이 말을 할 때에 예수께서 친히 그들 가운데 서서 이르시되 너희에게 평강이 있을지어다 하시니 그들이 놀라고 무서워하여 그 보는 것을 영으로 생각하는지라 예수께서 이르시되 어찌하여 두려워하며 어찌하여 마음에 의심이 일어나느냐 내 손과 발을 보고 나인 줄 알라 또 나를 만져 보라 영은 살과 뼈가 없으되 너희 보는 바와 같이 나는 있느니라 이 말씀을 하시고 손과 발을 보이시나 그들이 너무 기쁘므로 아직도 믿지 못하고 놀랍게 여길 때에 이르시되 여기 무슨 먹을 것이 있느냐 하시니 이에 구운 생선 한 토막을 드리니 받으사 그 앞에서 잡수시더라 또 이르시되 내가 너희와 함께 있을 때에 너희에게 말한 바 곧 모세의 율법과 선지자의 글과 시편에 나를 가리켜 기록된 모든 것이 이루어져야 하리라 한 말이 이것이라 하시고 이에 그들의 마음을 열어 성경을 깨닫게 하시고 또 이르시되 이같이 그리스도가 고난을 받고 제삼일에 죽은 자 가운데서 살아날 것과 또 그의 이름으로 죄 사함을 받게 하는 회개가 예루살렘에서 시작하여 모든 족속에게 전파될 것이 기록되었으니 너희는 이 모든 일의 증인이라"(눅 24:36-48).

이것이 사건의 개요이다. 주님은 죽으셨다. 그런데 제자들은 지금 이전처럼 주님과 함께 생선을 먹고 있다.

죽음에서 살아 돌아온 지도자

많은 기독교인이 강림절을 지키고, 예수 그리스도의 탄생을 축하하는 성탄절을 기념한다. 성육신 교리가 매우 중요하기 때문에 성탄절을 지키는 것은 좋은 일이다. 기독교인들은 예수님이 완전히 사람이신 동시에 완전히 하나님이셨다고 믿는다. 이 교리를 거짓 교사들과 이단으로부터 보호하려고 애써 왔다. 또한 이 교리를 지키기 위해 박해와 핍박을 이겨야만 했다.

부활절이야말로 인류 역사상 가장 중심이 되는 절기이다. 부활절은 하나님이신 동시에 사람이신 예수님이 죽었다가 부활하신 것을 축하하는 날이다. 예수님이 죽음을 정복했다는 사실을 기뻐하며 기념하는 날이다. 축하하고 싶지 않은 사람이 어디 있겠는가?

그런데 참 이상하다. 매년 부활절에 보면 많은 교회가 가장 중요한 '부활'은 쏙 빼놓고 다른 것들만 준비한다. 경품 추천, 현금 선물, 가전제품 같은 것들을 나누어 준다. 심지어 대형 교회들은 자동차를 경품으로 주기도 한다! 부활절만큼 새로운 신자가 방문하기 좋은 때가 없기에 사람들을 더 끌어모으고자 방문자를 위한 나름의 인센티브를 제공하는 것이다. 하지만 '현금과 경품'을 종교적 미끼로 내건 행사는, 그들이 부활의 능력을 얼마나 과소평가하는지 여실히 드러낼 뿐이다.

우리의 지도자는 '죽음에서 생명으로 돌아왔다!' 만일 우리의 부활절 행사가 이 사실을 담고 있지 않다면, 이를 중요하게 여기지 않기 때문일 것이다. 하지만 부활의 사건은 모든 인류 역사 가운데 가장 중요한 사건이다.

부활절이 모든 것을 바꾼다. 야로슬라프 펠리칸은 이렇게 말했다. "그리스도가 살아나셨다면, 그 외에 무엇도 중요하지 않다. 그리스도가 살아나지 않으셨다면, 그 무엇도 소용없다."[1]

기독교만큼 이 주장을 믿을 만하게 전하는 다른 종교나 영성 운동은 없다. 우리는 2천 년 동안 바로 이것만큼은 실패하지 않고 지켜왔다. 오직 그리스도인만이 자기 종교의 창시자가 실제로 그리고 육체적으로 여전히 살아 있다고 망설임 없이 주장한다. 이 점에서 예수 그리스도는 다른 많은 역사적 인물과 비교할 수 없는 존재이시다. 이 점에서 예수님이 유일하시다. 샤이 리네의 랩에 맞춰 머리를 한번 흔들어 보라.

플라톤은 죽었다 소크라테스는 죽었다.
아리스토텔레스와 임마누엘 칸트도 죽었다
니체와 다윈도 죽었다 그러나
예수님은 살아 있다……

부처는 죽었다 마호메트는 죽었다
간디와 하일레 셀라시에도 죽었다

---

[1] Jaroslav Pelikan, "In Memoriam," *Yale Department of History Newsletter* (Spring 2007), http://www.learningace.com/doc/2851196/4f2988fe924110ed3cd00f5f1315b7d/historynewsletter07f.

엘리자 무하마드도 죽었다 그러나
예수님은 살아 있다……

네로는 죽었다 콘스탄티누스는 죽었다
칭기즈 칸과 훈족의 왕 아틸라도 죽었다
알렉산더 대왕도 죽었다 그러나
예수님은 살아 있다……

나폴레옹은 죽었다 노자는 죽었다
체 게바라와 헨리 8세도 죽었다
사담 후세인도 죽었다 그러나
예수님은 살아 있다……

시저는 죽었다 헤롯은 죽었다
안나스, 가야바, 유다도 죽었다
본디오 빌라도도 죽었다 그러나
예수님은 살아 있다[2)]

이슬람교도들은 이 사실을 믿지 않는다. 유대인들도 믿지 않는다. 심지어는 여호와의 증인들도 믿지 않는다(그들은 예수가 육신은 그대로 무

---

2) Shai Linne, "Jesus Is Alive," *The Atonement Album* (Lamp Mode, 2008), http//lampmode.com/the-atonement-lyrics/. 허락하에 발췌함.

덤에 묻혀 있고, 일종의 '영적인 존재'로만 부활했다고 주장한다). 그러나 그리스도인은 부활을 믿는다. 사실 이는 기독교 신앙에 필수적이다. 예수의 육체적 부활 없이 기독교는 있을 수 없다.

그래서 부활의 중요성은 아무리 강조해도 지나치지 않다. 다시 말하지만, 예수님이 그저 기절했다 깼다거나 거의 죽어가다 살아났다는 주장은 믿음이 아니다. 만일 예수님이 어떤 유령이나 귀신같은 존재로 다시 살아나셨다면 그것은 진짜 부활이 아니다. 부활 후에 예수님은 육신을 가지고 진짜 몸으로 이 세상에 나타나셨다. 하지만 그 몸은 이전과는 달랐다. **영화롭게** 변화된 몸이었다. 이는 예수님이 말씀도 하시고, 만져지는 육신으로 부활하셨다는 뜻이다. 제자들과 함께 식사를 하시고 그들의 손을 잡으셨다는 뜻이다. 그러나 한편으로는 분명히 굳게 잠긴 문을 통과하기도 하셨다는 뜻이다. 어떤 때는 주님이 이전처럼 보였지만, 또 어떤 때는 이전과 달리 신비하게 보였다는 뜻이다. 곧 천국에 바로 올라가실 수 있는 그 영광의 몸의 상태로 예수님이 그곳에 거하셨다는 뜻이다.

오늘날 기독교인들은 단순히 감상적인 기억이나 종교적인 감동으로 예수님을 예배하지 않는다. 우리는 주님이 실제로 부활하셨으며, 믿음으로 그분과 연합하고, 그분이 부활하셨듯 우리도 부활하리라는 믿음으로 주님을 예배한다.

예수 그리스도의 부활의 역사성 중 가장 신빙성 있는 증거 하나는 부활을 직접 목격한 수많은 증인이다. 바울이 고린도전서 15장에 기록했듯, 예수님의 무덤을 지킨 여인들부터 초대 교회 제자들까지 수많은 사람이 예수님의 부활과 승천을 직접 보았다고 증언한다. 그들을 직접 심문해 사실 여부를 확인할 수도 있었을 것이다. 그랬기에 바울이 그 사람들을 직접 언급했으리라 생각한다. 바울은 부활의 사건이 믿을 수 없는 놀라운 사건임을 잘 알았기에, 그 사실을 직접 확인해 줄 증인들이 있다는 사실을 분명히 하고 싶었던 것이다.

예수님의 부활을 가장 먼저 목격한 증인 한 사람은 아마 예수님의 가장 친한 친구였으며, 종종 예수님이 "사랑하시는 자"(요 13:23)라고 불린 요한이다. 그리스도께서 승천하신 후, 요한은 죽기 전 예수님을 뵐 기회가 한 번 더 있었다. 요한이 밧모섬에 유배되었을 때 본 영광의 구세주에 대한 환상이 요한계시록에 상세히 설명되어 있다.

이 계시에서 요한은 천국의 영광 속에 계신 예수님을 뵈었다. 말로 형용할 수 없이 놀랍고 아름답고 감동적인 광경이었다.

"내가 볼 때에 그의 발 앞에 엎드러져 죽은 자 같이 되매 그가 오른손을 내게 얹고 이르시되 두려워하지 말라 나는 처음이요 마지막이니 곧 살아 있는 자라 내가 전에 죽었었노라 볼지어다 이제 세세토록 살아 있어 사망과 음부의 열쇠를 가졌노니"(계 1:17-18).

예수님은 이 말씀을 통해 요한에게 세 가지 중요한 사실을 알려 주셨다. 곧 주님이 누구신지, 주님이 무엇을 하셨는지 그리고 주님이 누구시며 무엇을 하셨는지에 근거해 우리가 어떻게 반응해야 하는지 말씀하셨다.

부활은 역사의 전환점이다

먼저 역사적 주장을 살펴보자. 어쩌면 단순하지만, 사실은 놀라운 의미가 여기 있다. 예수님은 이렇게 말씀하셨다. "내가 전에 죽었었노라 볼지어다 이제 세세토록 살아 있어."

기독교 복음의 핵심이며 본질은 바로 예수님이 죽으셨으며 부활하셨다는 역사적 사실이다. 그런 까닭에 바울은 고린도전서 15장 20절에서 "그러나 이제 그리스도께서 죽은 자 가운데서 다시 살아나사"라고 기록한 것이다.

바울은 '이제'라는 표현으로 역사의 시간에 말뚝을 박는다. 그 일이 진짜로 '일어났다.'라고 기록한 것이다. 그 일은 단순히 영적인 측면만이 아닌 물리적, 역사적, 실제적으로 일어났다. 예수님이 죽음에서 다시 살아나신 것이다.

놀랍게도 많은 사람이 그리스도의 부활은 기독교만의 고유한 사건이 아니라고 주장한다. 시사 잡지부터 케이블 텔레비전의 다큐멘터리, 무신론자들의 블로그, 진보적인 종교인들에 이르기까지 많은 사람이 예수님의 부활에 대한 초기 기독교인들의 믿음은 사실이 아닌 이교도들의 신화에 의존한다고 주장한다. 하지만 과연 그런 주장들은 근거가 있을까?

기독교의 부활 이야기는 단순히 이교도들의 '부활 설화'에서 도출된 것이라는 주장은 미디어와 온라인에서 매우 대중적인 담론으로 자리 잡고 있다. 그러나 기독교가 빌려왔다는 이교도의 신화들을 파고 들어가 보면 실제로 둘 사이에 유사점이 많지 않다는 사실을 발견한다.

예수님의 부활 사건과 이교도들의 신화가 유사하다고 주장하는 사진들, 대개 소셜 미디어에 그럴듯하게 올라온 사진들은 사실성도 떨어지고 정확하지도 않다. 혹시 호루스(Horus) 신화와 크리스마스의 유래를 비교한 것을 본 적이 있는가? 호루스가 동정녀에게서 나고, 물위를 걸었으며, 병든 자를 고치고, 십자가에서 처형되었다가 부활한 것이 예수님의 생애와 유사하다고 고발한다. 하지만 호루스 신화에서 사실로 드러난 것은 병든 사람을 고쳤다는 것 딱 하나이다. 나머지는 노골적인 허위 사실이거나 말도 안 되는 왜곡이다. (예를 들면, 호루스는 원래 그리스의 풍요의 여신인 이시스와 오시리스 사이에서 태어났는데, 어떤 이유에서인지 동정녀에게서 난 것으로 바뀌었다.)

이교도 신화와 유사하다는 주장은, 대부분이 신화를 완전히 잘못 알고 하는 주장이다. 이 주장들은 진짜 이야기 앞에서 결국 거짓으로 드러난다. (태양신 미트라도 힌두교의 크리슈나도 죽었다가 부활한 적이 없다.) 어떤 사람들은 그럴듯한 모든 연결점을 찾기 위해 엄청난 논리적 비약을 저지른다.

어떻게 보면 기독교의 부활 사건과 이교도들의 신화는, 아주 광범위한 차원에서 초자연적인 초월성과 영성이라는 개념을 공통적으로 포함하고 있기는 하다. 하지만 초기 기독교인들이 믿은 것과 같은, 예수 그리스도께 실제로 일어난 사건들과 비슷한 이야기는 단 하나도 없다.

고대 이교도인들, 심지어는 예수님 시대나 그 후대의 종교인들도 부활을 믿지 않았다. 그들은 때로 자기들의 신화에 사후 세계에 대한 믿음을 심어 주는 요소들(땅속으로 들어가는 사람이나 하늘로 올라간 사람)을 끼워 넣기도 했지만, 그런 사건이 실제로 일어났다고 주장하는 사람은 하나도 없었다. 그러기에 예수님에 관한 기독교인의 주장은 전례가 없는 것이다. 신약학자인 N. T. 라이트는 고대 시대의 세계관에 대해 다음과 같이 말했다.

죽음의 힘은 강력했다. 애초에 죽음을 피할 수 있는 사람도 없거니와, 일단 죽으면 죽음을 이길 사람이 없다. 그래서 고대 세계는, 부활에 대한 소망은 있지만 실제로 부활은 없다고 말하는 사람들과 부활에 대한 소망도 없을 뿐더러 부활은 결코 있을 수 없다고 말하는 사람들 두 부류로 나뉜다.
고대 세계 사람들은 죽은 사람에게 많은 일이 벌어질 수 있겠지만, 부활만큼은 결코 있을 수 없다고 생각했다. 이교도 세계에서는 부활이 아예 불가능하다고 생각했다. 유대인의 세계에서는 장차 부활이 있다고 믿고는 있었지만, 실제 부활이 이루어진 적은 한 번도 없다고 생각했다.
유대인들이나 비유대인들 모두 예수님이 부활하셨다는 초기 기독교인들의 주장을 들었다. 그들은 기독교인들이 단순히 예수님의 영혼이 어떤 천상의 복 또는 특별한 지위에 이르렀다고 주장하는 것이라 생각하지는 않았다. 예수님의 제자들이 단순히 그의 무덤에서

정기적으로 치르는 의식을 완전히 과장하여 묘사하는 거라고도 생각하지 않았다.[3]

예수님의 부활은 그 어떤 문학 작품이나 종교에서도 유례를 찾을 수 없는 아주 특별한 사건이다.

예수님이 실제로 죽지 않고 '기절'했다는 주장도 터무니없다. 그런 주장은 로마 제국이 오랜 시간 숙련해 온 일, 곧 사람을 처형하는 일을 제대로 수행하지 못했다는 뜻이기도 하다. 채찍질에서부터 십자가까지 주님이 겪으신 고통은 이미 살아남기 힘든 엄청난 고통이었다. 예수님은 채찍질로 인해 살가죽이 벗겨지고, 엄청난 양의 피를 흘리셨다. 강력한 뙤약볕에 탈수 현상과 탈진도 심각했을 것이다. 십자가의 극심한 고통, 즉 주님의 손과 발에 박힌 못뿐 아니라 주님의 몸이 십자가에 달린 위치가 점점 숨 쉬는 것을 어렵게 했다. 십자가에 달린 사람은 시간이 지날수록 숨이 차올라서, 못 박힌 발뒤꿈치를 들어 올리며 몸을 추슬러서 조금이라도 숨을 들이쉬려고 한다. 그렇게 숨쉬기 위해 발을 들어 올리는 것을 막기 위해 십자가에 달린 사람의 다리를 부러뜨린다. 다리를 부러뜨려서 숨을 더는 못 쉬게 해 빨리 죽게 하려는 것이다.

예수님의 다리를 부러뜨리지 않은 이유는 로마 사람들이 자비를 베푼 것이 아니다. 시간을 더 끌어서 주님이 더 고통스러워하며 죽

---

3) N. T. Wright, *The Resurrection of the Son of God* (Minneapolis: Forterss, 2003), 82-83.

어가게 하고 싶었거나, 아니면 그냥 내버려 두어도 곧 죽을 것이라 생각했기 때문일 것이다.

'기절설'은 결국, 예수님이 그 모든 십자가 고통 가운데도 죽지 않고 살아남아서, 아무도 눈치 못 채도록 무덤을 빠져나와, 그 짧은 시간에 회복해서 아무 일도 없었다는 듯 멀쩡하게 제자들 앞에 나타나셨다는 말이다.

하지만 예수님은 기절하셨던 것이 아니다. 주님은 "내가 전에 죽었었노라 볼지어다"라고 말씀하셨다.

물론 아브라함 링컨이라는 미국 대통령이 있었다는 '직접적인 증명'이 없듯이, 부활에 대한 '직접적인 증명'도 없다. 하지만 우리에게는 '증거'가 있다. 그것도 신빙성 있는 증거.

기독교인들이 그것을 믿기까지는 이런 종류의 믿음에 대한 전례가 없었다는 확실한 증거가 있다. 유대인들은 사람을 예배하지 않는다. 그들이 사람을 예배한다면 그를 하나님으로 믿기 때문이다. 유대인들은 죽은 사람을 예배하지 않는다. 그들이 죽은 사람을 예배한다면 그가 죽지 않았다고 생각하기 때문이다.

또한 당시 문화는 여성 차별적이어서 여성을 신뢰할 만한 증인으로 간주하지 않았다. 그럼에도 불구하고 역사는 예수님의 빈 무덤을 처음으로 발견한 목격자가 여자였다고 기록한다. 어쩌면 이것은 그들의 이야기를 허구로 보이게 하는 첫 번째 실수가 될지도 몰랐다. 이 밖에도 우리는 예수님의 시신이 절대로 조작된 것이 아님을 안다. 또한 500명 넘는 증인이 부활하신 예수님을 목격했다(고전 15:6).

당시 어떤 유대인이 거짓임을 알고도 주장하다가 이를 위해 죽기까지 했겠는가? 또한 예수님의 부활이 진짜가 아니거나 부활하신 주님을 직접 본 사람이 없었다면, 사울과 같은 유대인이 회심하고 초대교회가 폭발적으로 성장한 일을 설명할 도리가 전혀 없다.

이러한 사실을 파고들수록 나는 부활의 사건을 믿지 않는 편이 더 어렵다.

예수님은 진짜로 죽으셨다. 진짜로 장사되셨고, 진짜로 살아나셨다. 그리고 하늘로 승천하셔서 그곳에서 영화롭게 된 몸으로 다스리고 계신다. 그것이 요한계시록 1장 17-18절에서 주님이 하신 말씀에 대한 역사적 주장이다.

부활은 대담함이다

예수님은 요한계시록에서 엄청나게 대담한 주장을 하신다. "나는 처음이자 마지막이다."

당시 종교 지도자들이 예수님을 돌로 치려 했던 이유가 바로 이런 말 때문이었다. 주님의 공생애 동안에도 비슷한 상황이 있었다. "아브라함이 나기 전부터 내가 있느니라"(요 8:58). 여기서 예수님은 '나는 ~이다.'라는 표현을 쓰셨다. 곧 자신의 신성을 주장하신 것이다. 주님은 자신이 하나님이라고 선언하셨다.

부활 사건은 예수님 자신이 하나님이라는 사실을 몸소 증명하신 일로 보아야 한다. 주님은 사역 가운데 죽은 자를 몇 번 살려내셨는데 모두 제삼자, 즉 예수님을 필요로 했다. 그러나 주님의 부활은 누군가가 주님에게 "나오너라."라고 명령할 필요가 없었다. 주님 스스로가 무덤에서 걸어 나오셨다.

"이제 세세토록 살아 있어"(계 1:18).

또 하나의 놀라운 자기 선언이다. "나는 처음이자 마지막이다."라는 주장과 함께 이것은 그분의 영원성에 대한 선언이다. 부활하고 승천하신 예수님이 여기서 다시 한 번 자신의 신성을 주장하신다.

오래전 여호와의 증인이었던 친구가 있었다. 그 친구는 내가 예수 그리스도의 신성을 믿는 것을 이해할 수 없다고 했다. 그는 그냥 믿을 수 없었다. 우리는 종종 같은 성경 구절을 읽었지만, 같은 성경에서도 그 친구는 핵심을 보지 못했다. 하지만 성경에는 예수님이 완벽한 인간이신 동시에 하나님이심을 뒷받침하는 풍성한 구절들이 있다.

빌립보서 2장은 주님이 근본 하나님의 본체시라고 말한다. 골로새서 2장 9절은 신성의 모든 충만이 육체로 거하신다고 기록한다. 디도서 2장 13절은 예수님은 "하나님 구주"이시라고 기록한다. 히브리서 1장 8절에서는 성부 하나님이 예수님을 "하나님"이라 부르신다. 요한복음 1장 1절은 예수님이 세상을 창조하셨으며 그가 하나님이시라고 말한다. 요한복음 5장에서 유대인들은 예수님이 하나님을 아버지라 부르자 그분이 자신을 하나님과 동등하게 여김을 알았다. 요한복음 10장 30절에서 예수님이 "나와 아버지는 하나이니라"라고 말씀하시자 유대인들은 예수님을 돌로 치려 했다. 예수님의 제자 도마는 부활하신 예수님을 만난 후 "나의 주 나의 하나님!"이라고 외쳤다.

요한복음 14장 6절에서 예수님은 자신이 길이요 진리요 생명이라고 주장하셨다.

보통 사람은 이런 말을 하지 않는다. 심지어 종교 지도자조차 그렇게 말하지 않는다. 보통은 자신이 길이나 진리를 알고 있다거나, 자신이 길이나 진리 중 '하나'라고 말한다. 하지만 예수님은 그 모든 것을 통해 **스스로를** 가리키셨다.

예수님의 자기 평가에 의하면, 주님은 모든 것의 본질이시며 대단원이시다. 기독교인들은 주님이 말씀하신 대로 예수님이 처음과 마지막이라고 믿는다.

- 주님은 모든 제사장 위에 뛰어난 위대한 대제사장이시다.
- 주님은 모든 목자들 위에 뛰어난 선한 목자이시다.
- 주님은 모든 재판장 위에 뛰어난 위대한 재판장이시다.
- 주님은 모든 왕들 위에 뛰어난 만왕의 왕이시다.
- 주님은 모든 세상 주인들 위에 뛰어난 만주의 주이시다.
- 주님은 모든 남편 위에 뛰어난 신랑이시다.
- 주님은 모든 설교자 위에 뛰어난 랍비이며 그리스도이시다.
- 주님은 모든 탁월한 사람들 위에 뛰어난, 처음이며 마지막이신 알파와 오메가이시다.

예수님의 부활 사건에 대한 현대 학자들의 접근에 있어 가장 큰 문제는, 그들이 부활 사건을 경외하지 않고 분석하고 해부하려 든다는 것이다. 예수 그리스도는 귀중한 모든 것들 중에서도 가장 소중하며, 모든 영광스럽고 존귀한 것들의 중심이시다. 주님은 모든 존재의 이유이시다. 살아 계신 하나님의 아들이시며, 알파와 오메가, 처음이자 마지막이시고, 이전에도 계셨고 지금도 계시며 장차 오실 분이시다.

우리는 관찰하고 연구하고 분석하는 것이 아니라, '다 와서 엎드려 절해야' 한다.

부활하신 예수님은 친히 자신이 만물의 하나님이시며, 우리의 예배와 경외와 사랑과 헌신을 받기에 합당하다고 선포하셨다.

부활은 개인적이다

요한계시록 1장 17-18절에서 부활하신 예수님이 하신 세 번째 자기 선언은, 두 구절에 나타난 복음의 핵심, 주님이 하신 일과 주님이 누구신가에 대해 우리가 어떻게 반응해야 하는지 말한다.

내가 말하는 '복음의 핵심'은 이것이다. 복음은 예수님의 죽음과 부활이 그를 믿는 모든 사람에게 구원을 준다는 기쁜 소식이다. 그러므로 복음의 핵심 요소는 우리가 성경에 나타난 이 소식을 어떻게 이해하는가에 대한 것이다. 이것은 보통 다음과 같이 전개된다.

죄의 각성/회개, 하나님의 용서를 받음, 천국으로 옮겨짐.

복음의 핵심 요소 가운데 첫 번째 단계가 이 구절에 나타난다. 요한은 예수님을 뵈었을 때 먼저 "그의 발 앞에 엎드러져 죽은 자" 같이 되었다. 왜 그랬을까?

이것은 그리스도의 영광을 처음 대하는 죄인이 취하는 행동이다.

마가복음 끝부분에 보면, 마리아 일행이 빈 무덤을 발견했을 때 거기에 있던 천사가 "놀라지 말라"라고 말했지만, 그들은 무서워하며 도망쳤다. 성경은 여자들이 "몹시 놀라 떨었다"(막 16:8)라고 기록한다. 천사들이 예수님의 탄생을 처음 선포했을 때 목자들도 비슷한 반응을 보였다. "주의 사자가 곁에 서고 주의 영광이 그들을 두루 비추매 크게 무서워하는지라"(눅 2:9). 이사야 6장을 보면, 이사야는 성전에서 하나님의 영광이 그곳을 가득 채우는 장면을 보고, 큰 소리로 "화로다 나여 망하게 되었도다"(5절)라고 외쳤다. 느헤미야 8장에서는 에스라와 느헤미야가 율법의 말씀을 낭독하는 소리를 들으며 백성들이 울었다고 기록한다.

이 모든 사건들은 하나같이 히브리어 10장 31절 말씀("살아 계신 하나님의 손에 빠져 들어가는 것이 무서울진저")을 경험한 사람들이 본능적으로 보이는 반응의 좋은 예이다.

하나님의 임재 앞에서 우리가 누구인지 처음 깨달은 결과는 완전한 죄의 각성이다. 때로 우리는 궁극적인 필요와 완전한 절망을 드러내는 일종의 영적인 혼란을 경험한다. 우리가 감성적인 사람이 아닐 수도 있지만, 자신이 타락한 존재라는 사실을 깨닫지 못하면 구원받을 수 없다. 우리가 구원이 필요한 존재라는 사실을 깨닫지 못하면 구원을 위해 그리스도 앞에 찾아오지 않을 것이다. 우리가 하나님의 진노 아래 놓인 죄인이라는 사실을 깨닫지 못하면 회개하고 하나님의 용서를 받으려 하지 않을 것이다.

그래서 요한은 자신의 오랜 친구였던 예수님의 영광을 보고는 참회하며 쓰러졌다. 이것이 복음의 첫 번째 핵심 요소이다.

그러자 예수님은 어떻게 반응하시는가? 주님은 손을 얹고 "두려워하지 말라"라고 말씀하셨다. 이것이 복음의 핵심 요소 가운데 두 번째 단계이다. 곧 은혜를 받아들이는 것이다.

우리가 경외감과 참회 속에서 그리스도를 맞이할 때 주님은 우리를 털어 버리거나 무시하지 않으신다. 우리를 환영하신다. 그리고 우리를 품에 안으신다. 주님은 평화와 위로의 말씀으로 우리의 두려움에 응대하신다. 마태복음 11장 28절에서 예수님은 "수고하고 무거운 짐 진 자들아 다 내게로 오라 내가 너희를 쉬게 하리라"라고 말씀하셨다. 예수님은 "두려워하지 말라 나는 처음이요 마지막이니 곧 살아 있는 자라 내가 전에 죽었었노라 볼지어다 이제 세세토록 살아 있어 사망과 음부의 열쇠를 가졌노니"라고 말씀하셨다(계 1:17-18).

복음은 거기서 끝나지 않는다. 단순히 죄를 용서받고 천국 가는 티켓을 보장받는 것에 그치지 않는다. 예수님은 자신이 이루신 일과 자신이 누구인지 우리에게 알려 주시며, 용서를 갈망하는 자들을 천국으로, 크고 놀라우며 모든 것이 새롭게 시작되는 천국으로 맞아들이신다.

이것이 부활 사건의 '핵심'이다. 천국은 우리가 죽었을 때에만 갈

수 있는 '저 먼 곳'에 있지 않다. 천국이 이 땅에 임했다. 우리는 영광스러운 회복 가운데 모든 것을 새롭게 시작하는 창조의 상태로 들어가는 것이다!

이제 복음의 핵심 요소 중 세 번째 단계로 들어간다. 복음은 단순히 우리의 죄를 용서할 뿐 아니라 영생의 선물을 약속한다(요 3:16).

예수님은 십자가에서 죽으시고 장사되심으로써 깨어진 세상과 죽음을 향해 바로 뛰어드셨다. 모든 사람이 두려워하는 궁극적인 목적지, 곧 죽음과 심판으로 바로 뛰어드셨다. 그리고 말씀하셨다.

"내가 열쇠를 가졌다."

죽음과 지옥은 따로 놀지 않는다. 타락한 세상과 따로 생각할 수 없다. 그것을 통제하고 다스리는 분의 섭리 아래 있다. 예수님은 하나님의 진노를 우리 대신 받고 십자가에서 죽으셨다. 그리고 죽음을 이기고 다시 살아나셨다.

주님은 죽으심과 부활을 통해 놀라운 일을 이루셨다. 죽음과 사망 권세에 대해 아주 놀라운 일을 이루셨다. 겨우 살아나신 것이 아니다. 죽음을 정복하셨다!

예수 그리스도의 부활로 인해 기독교인들은 이제 죽음이라는 개념에 대해 전혀 새롭고 궁극적인 검토를 하게 되었다. 이제 우리는 죽음을 일종의 잠으로 여길 수 있다. 죽음에 대한 두려움을 떨쳐 내고 오히려 죽음을 우습게 여기게 되었다(고전 15:55). 죽음에 대한 이러한 권세와 자신감, 오만한 태도를 도대체 어디에서 얻을 수 있단 말인가?

바로 죽음과 음부의 열쇠를 가지고 "내가 죽었었으나 사망 권세를 이겼다"라고 말씀하신 예수님으로부터 얻은 것이다. 조나단 에드워즈의 설교를 보자.

고래가 요나를 삼켰듯 사탄은 그리스도를 삼켰다. 하지만 마치 독을 삼킨 것처럼, 그리스도는 사탄의 배 속에서 치명타를 날렸다. 사탄은 곧 자기가 삼킨 것 때문에 괴로워하기 시작했다. 고통스러운 고래가 요나를 뱉을 수밖에 없었듯이 사탄도 그렇게 할 수 밖에 없었다. 사탄은 먹잇감으로 생각하고 삼킨 것 때문에 지금도 몸서리치고 있다.[4]

사망은 예수님을 삼켰지만 예수님은 사망 권세를 괴롭게 했고, 결국 사망 권세는 예수님을 다시 토해낼 수밖에 없었다. 그리스도의 부활 사건 이래로 사망 권세는 계속해서 괴로워하고 있다. 그 이후로 사망 권세는 서서히 힘을 잃고 죽어가고 있다. 예수님이 사망의 열쇠를 쥐고 계시다.

이것은 모든 인류가 갈망하던 소식이다. 사람들은 죽음을 애써 외면하든지, 아니면 모든 것을 동원해 죽음과 싸우고 있다. 우리는 쾌락과 다른 방해 요소 때문에 시간을 쓸데없이 낭비한다. 운동을 하고, 좋은 음식을 먹고, 영양제를 먹는다. 죽음을 마음 깊은 곳에서

---

4) Jonathan Edwards, "The Excellency of Christ," in *Sermons of Jonathan Edwards* (Peabody, MA: Hendrickson, 2005), 213.

부터 두려워한다. 통계에 따르면 건강하게 오래 살려고 케일을 먹는 사람 10명 중 10명이 결국은 모두 **죽는다**. 유감스럽게도 이것이 진실이다.

그런데 여기 예수님이 사망의 권세를 이기셨다. 죽음을 정복하셨다. 그리고 우리가 그를 믿을 때 우리에게도 동일한 권세를 주신다. 죽음에 대한 우리의 본질적인 이해, 곧 모든 죽음은 자연스러운 것이지만 동시에 죽음이 다가 아니라는 사실이 옳다고 증명된 것이다.

죽음은 세상이 원래부터 그런 곳은 아니었다는 사실을 상기시킨다. 그리고 부활은 하나님의 계획이 영원토록 어긋나지 않는다는 사실을 알려 준다.

"내가 전에 죽었었으나 이제 세세토록 살아 있다."

부활은 이제 개인적인 사건이 되었다. 당신 개인에게 말이다. 이것은 당신을 영생으로 부르는 복음의 초청이다. 믿음으로 예수님께 나아와 죄를 회개하고 주님을 믿으면, 당신도 같은 고백을 할 수 있게 된다. 당신은 믿음으로 주님과 연합하게 되었다. 주님의 죽음이 당신의 죽음이고, 주님의 영생이 당신의 영생이 되었기에 주님 안에서 안전하다.

성경은 "네가 만일 네 입으로 예수를 주로 시인하며 또 하나님께서 그를 죽은 자 가운데서 살리신 것을 네 마음에 믿으면 구원을 받으리라"(롬 10:9)라고 기록한다. 그러나 죽음에 대한 이 승리를 얻으려면, 당신이 복음 '위에' 있어서는 안 된다. 복음은 당신 아래에 있을 수 없다.

만일 우리가 "나는 할 수 없습니다. 나는 이것을 다스릴 수 없습니다. 나는 나 자신을 구원할 수 없습니다. 나는 하나님이 필요합니다. 나는 하나님을 원합니다. 나를 용서해 주십시오. 하나님, 나를 받아 주십시오."라고 고백한다면, 하나님의 은혜로 그 초청의 음성에 담긴 그리스도의 충만한 확신의 약속을 들을 것이다.

"두려워 말라."

8

착하게만 살면 천국 가는 것 아닌가요?
: 세상 어디에도 기독교처럼 오직 은혜로 구원받는 종교는 없다.

　나는 20년 이상 다양한 사역을 했던 터라 꽤 많은 종교적 대화를 나눌 기회가 있었다. 그때마다 다음과 같은 주제는 자주 대화의 동력이 되고는 했다. 곧 이 세계를 움직이는 것이 일종의 율법주의라는 생각 말이다.

　기본적으로 사람들 대부분은 '착한 사람'과 '나쁜 사람'이 따로 있다고 믿는다. 그리고 재미있게도 대다수가 자신은 착한 사람이며 기회가 있다면 자신의 선함을 증명할 수 있다고 믿는다. 하지만 설령 그럴 수 없다 해도 그것을 크게 부담스러워하지는 않는다.

　나는 종종 다음과 같은 상황에 갑작스럽게 처하기도 한다.

　하루는 어떤 남자를 만났는데, 그는 내가 누구인지 묻지도 않고 꽤 긴 시간 자기에 대해서 이야기했다. 말을 끊을 새도 없이, 나는 그 사람에 대해 원치 않는 부분까지 다 알게 되었다. 사실 그건 대화가 아니었다. 그 사람이 혼자 줄곧 이야기했고, 나는 들었다. 그는 자신이 어떻게 뉴욕 출장을 왔는지, 라스베이거스에서 함께 시간을 보낸 여자 이야기며, 거기에 다시 한 번 가고 싶다는 등의 이야기를 했다. 그가 라스베이거스에서 어떻게 추잡하게 놀았는지 일일이 옮기고 싶지도 않다. 하여튼 그 둘은 호텔에서 술도 엄청 마시고, 노름도 하고, 진탕 놀았다고 했다.

자신이 목사와 예정에도 없던 상담을 하고 있다는 것조차 모르는 사람과의 대화는 별로 유쾌하지 않았다. 만일 그가 대학생 나이의 청년이었다면 그 정도로 한심하게 생각되지는 않았을 것이다. 하지만 그는 자신의 난잡하고 문란한 생활을 떠벌려 봐야 좋은 인상을 주기 어려움을 알만한 나이의 중년 남자였다.

자신의 추접한 이야기들을 무용담처럼 장황하게 늘어놓은 후에야 그는 사람을 처음 만났을 때 의례히 묻는 질문을 내게 했다.

"그래, 뭐하는 분이세요?"

내가 대답했다.

침묵이 흘렀다.

그 남자가 어떻게 이야기의 화제를 바꿨는지 기억나지 않는다. 한 가지 분명한 것은 그는 그 후로 나에게 좋은 인상을 주려는 시도를 멈추지 않았다는 것이다. 자신도 착한 사람임을 증명하려는 듯 이런 저런 선행을 늘어놓기 시작했다. 그중 기억나는 건 뉴올리언스를 강타한 허리케인 카트리나로 발생한 수재민에게 도움의 손길을 베풀었다는 것이다. 또 크리스마스 때마다 한부모 가정의 자녀들이 선물을 받을 수 있도록 도왔다고도 했다. 무엇 때문일까?

내가 종교적인 사람이며, 게다가 '직업' 종교인이라는 사실을 알고 나니 갑자기 선한 양심이 발동해서 내게 인정받고 싶었는지도 모른다. 자신이 베푼 온갖 선행을 열거해서 내가 자신을 '오해'하지 않았으면 했을까? 그는 그리 나쁜 사람은 아니었다. 사실 사람은 좋아 보였다. 그 역시 '영적이지만 종교적이지' 않을 뿐이다.

그가 내게 어떤 용서나 뭐 그런 것을 바랐는지 모르겠다. 자신이 베푼 선행을 내게 말해 얻고 싶은 게 뭐였는지 잘 모르겠다.

마침내 내가 평소 자신의 의로움으로 무언가 얻어 보겠다는 사람에게 자주 묻는 질문을 그에게도 던졌다.

"기독교의 메시지가 뭐라고 생각하세요?"

그 남자는 제대로 대답하지 못했다.

그리고 나는 우주 역사상 가장 급진적인 사상, 기독교인들이 '은혜'라고 부르는 것에 대해 그에게 말해 주었다.

은혜는 기독교의 본질이다

은혜가 기독교의 본질임을 아는 그리스도인이 얼마나 될까? 이는 예수 그리스도의 가장 중심에서 나오는 기본 진리이다. 기독교의 가장 중요한 핵심이다. 은혜를 잃으면 기독교를 잃는 것과 다름없다. 사도 바울은 로마서 11장 5-6절에 이렇게 기록했다.

"그런즉 이와 같이 지금도 은혜로 택하심을 따라 남은 자가 있느니라 만일 은혜로 된 것이면 행위로 말미암지 않음이니 그렇지 않으면 은혜가 은혜 되지 못하느니라."

이 편지에서 바울은 기본적으로 두 가지를 주장한다. 첫째, 누구든지 신자가 된 사람은 자신의 선행으로 신자가 된 것이 아니다. 그들은 '은혜로 택함'을 받은 것이다. 따라서 그는 자신이 베푼 사랑의 선행을 통해 기독교인임을 인정받을 수는 있겠지만, 그 사랑의 선행 때문에 기독교인이 된 것은 아니다. 그는 예수 그리스도 안에서 하나님의 역사하심을 따라 기독교인이 되었다. 그리스도인은 **은혜로** 그리스도인이 된다. 둘째, 누구든지 구원의 방정식에 선행을 더하려 한다면 그는 은혜의 기초를 잃을 것이다. 다시 말하지만, 은혜를 잃는다면 기독교의 전부를 잃는 것이다. 그렇다면 은혜란 무엇일까?

은혜는 대개 '받을 자격이 없으나 주어진 호의'라고 정의된다. 충분히 좋은 정의이다. 은혜는 주시는 분에게 달려 있지, 그것을 받는 사람에게 달려 있지 않다. 기독교의 은혜의 개념은 순전히 하나님이 죄인들을 사랑하시기에 그들을 구원하기 원하셨고 결국 구원하셨다는 것과 일치하는 개념이다. 죄인들이 하나님의 관심을 받을 만한 어떤 선행을 했기에 하나님이 그들을 구원하신 것이 아니다. 진정한 기독교는 오직 예수 그리스도 한 분만이, 온전하고 거룩하신 하나님 앞에서 죄인들을 의롭게 하시는 불가능을 이룰 수 있는 분이라 가르친다.

그러므로 기독교인들이 은혜로 얻는 구원을 이야기할 때 로마서 11장 5절의 '은혜로 택함 받은 것'을 언급할 수밖에 없다. 그것을 피할 방법이 없다. 아무리 작다 해도, 진짜 작다 해도 어떤 행위를 우리의 구원에 더하는 순간 은혜의 효력이 사라진다. 세상에서 가장 똑똑한 사람으로 알려진 물리학자 스티븐 호킹은 『시간의 역사』라는 책에서 다음과 같은 일화 한 토막을 소개했다.

한번은 유명한 과학자(버트런드 러셀이라는 말도 있다.)가 천문학에 대해 대중 강연을 한 적이 있다. 그는 지구가 태양 둘레를 돌고, 태양은 다시 '우리 은하'라고 불리는 엄청난 크기의 항성의 중심 주위를 돌고 있다고 설명했다. 강연이 끝날 무렵, 강의실 뒤쪽에 있던 몸집이 작은 한 노부인이 일어나 이렇게 말했다. "당신이 한 말은 모두 쓰레기예요. 이 세계는 사실 거대한 거북이 등 위에 얹힌 납작한 판이라오." 그 과학자는 거만하게, 여유 있는 미소를 지으며 물었다. "그러면 그 거북이는 어디에 올라서 있나요?" 노부인은 이렇게 대답했다. "아주 똑똑하군, 젊은이. 아주 재치 있어. 맨 아래는 더 큰 거북이들이라니까 글쎄."[1]

기독교 교리가 말하는 구원의 방정식에서 은혜와 행위의 비율은 어떻게 될까? 은혜 100퍼센트, 행위 0퍼센트이다. 우리의 행위는

---

[1] Stephen Hawking, *A Brief History of Time* (New York: Bantam, 1998), 1.

작은 입자, 100만분의 1그램, 혹은 원자 크기만큼도 없다. 전적으로 은혜가 아니라면, 아예 은혜가 없는 거나 마찬가지이다. 아무리 짜고 또 비틀어도 '결국 마지막까지 남는 것'은 은혜밖에 없다.

은혜는 기독교가 진짜 기독교 되게 하는 필수 요소이다. 기독교를 온전히 특별하게 하는 것, 기독교가 우주 역사상 가장 급진적인 사상인 첫 번째 이유가 바로 은혜이다.

구원의 유일한 기초, 은혜

기독교는 이렇게 가르친다. 은혜가 없다면 구원받은 것이 아니다.

더 파고들자면, 이 가르침이 바로 기독교를 세상 어떤 종교나 철학 사상과 구별되게 하는 요소이다. 기독교도 다른 종교 사상들과의 공통점이 있다. 특히 유대교나 이슬람교와 비교할 때 더 많이 찾을 수 있다. 그런데 기독교에는 기독교를 온전히 특별하게 하는 딱 한 가지 특별함이 있다. 바로 예수 그리스도의 복음이다.

이렇게 질문할지도 모르겠다. "예수님의 메시지가 확실히 기독교를 **기독교답게** 한다는데, 다른 모든 종교의 창시자도 그들만의 특별한 메시지가 있지 않은가?" 그러나 복음이 기독교를 특별하게 한다는 말은 그런 뜻이 아니다.

다른 모든 종교나 철학 사상은 본질적으로 깨달음, 인정 그리고 성공을 위해 우리가 무엇을 해야 하는지 강조한다. 오직 기독교만이 우리가 '해야 할 일'은 이미 다 이루어졌다고 가르친다. 이것이 복음이 기독교를 특별하게 하는 이유이다.

기독교를 제외한 다른 종교들 또는 비종교적인 시스템이 제공하는 어떤 특정한 목표(천국, 열반, 윤회, 깨달음, 행복 등)는 그들의 행위와 연결되어 있다. 거기서는 그 목표를 달성하기 위한 단계와 지침들이 나열되는데, 특히 종교 시스템에서는 순종과 계명의 단계를 거쳐야만 목표에 이를 수 있다.

기독교 역시 순종의 단계가 있다. 기독교는 성경의 하나님은 거룩하고 공의로우시므로 주님의 계명에 순종해야 한다고 가르친다. 그런데 오직 기독교만이 인간에게는 구원에 이르기까지 하나님의 계명을 지킬 능력이 없다고 가르친다. 우리는 할 수 없다.

다른 종교들도 우리의 죄를 용서하는 신에 대해 이야기한다. 하지만 그러한 용서를 받으려면 순종이 수반되어야 한다. 우리가 용서를 획득해야 한다. 하지만 기독교는, 제대로 이해했다면, 용서를 획득할 능력이 우리에게 없다고 가르친다. 우리는 용서를 받을 만큼 선하지 않다. 심지어 우리가 한 최고의 선행도 그 동기가 잘못되어 있다. 혹은 바른 동기를 지녔다 해도 온전히 순종하지 못한다.

록 밴드 U2의 리드 싱어인 보노는 기독교와 다른 종교 사상의 차이를 흥미롭게 설명했다.

나를 무릎 꿇게 한 것은 은혜와 업보의 차이에서 비롯되었다. 알다시피 모든 종교 사상의 중심에는 업보가 자리 잡고 있다. 업보는 우리가 뿌린 대로 거둔다는 것이다. 눈에는 눈, 이에는 이, 아니면 일종의 물리적 법칙 등 모든 행위는 반드시 거기에 상응하는 대가가 따른다. 내게 있어 우주의 중심에 이 업보가 자리 잡고 있다. 확실하다. 하지만 은혜라고 불리는 개념은 '뿌린 대로 거둔다.'는 법칙을 뒤집는다. 은혜는 인과관계와 논리를 거부한다. 말하자면 사랑이 개입해 행위의 결과를 무력화시킨다. 내게 있어 이는 매우 기쁜 소식이다. 왜냐하면 나는 많은 잘못을 저질렀기 때문이다.[2]

보노는 인간 존재의 궁극적 진리를 제대로 짚었다. 삶과 죽음의 차이, 구원과 심판을 가르는 진리를 말이다. 만일 우리가 우리 자신을 의지하면 우리는 심각한 위기에 처하게 된다. 보노는 계속해서 이렇게 말했다.

만일 업보가 최종 심판자라면 나는 큰 곤란에 처할 것이다. 한마디로 X되는 거다. 그것은 나의 실수를 용납하지 않는다. 그러나 나는 은혜를 붙잡는다. 예수님이 나의 죄 문제를 십자가에서 해결하셨다는 사실을 붙든다. 왜냐하면 나는 나를 아주 잘 알기 때문이다. 나는 나 자신의 종교성을 의지하지 않을 것이다.[3]

우리는 우리 자신의 종교성에 의지하지 않아도 된다!

---

2) "Bono: Grace over Karma," *Christianity Today* (August 1, 2005), http://www.christianitytoday.com/ct/2005/augustweb-only/bono-0805.html.
3) 보노의 같은 인터뷰.

그렇다면 하나님은 어떻게 개입하시는가? 우리는 업보의 정죄함에서 어떻게 구원받는가? 그것은 우리 안에서 나오지 않는다. 그것은 보노가 '기쁜 소식'이라 불렀던 바로 그 신적 구원의 형태로 온다. 바울은 신적 구원이라는 기쁜 소식을 다음과 같이 표현했다.

> "형제들아 내가 너희에게 전한 복음을 너희에게 알게 하노니 이는 너희가 받은 것이요 또 그 가운데 선 것이라 너희가 만일 내가 전한 그 말을 굳게 지키고 헛되이 믿지 아니하였으면 그로 말미암아 구원을 받으리라 내가 받은 것을 먼저 너희에게 전하였노니 이는 성경대로 그리스도께서 우리 죄를 위하여 죽으시고 장사 지낸 바 되셨다가 성경대로 사흘 만에 다시 살아나사"(고전 15:1-4).

복음은, 사랑의 하나님이 크신 은혜를 베푸셔서 그분의 아들 예수 그리스도를 이 땅에 보내셨고, 우리가 그렇게 살아야 했으나 그럴 수 없었던 죄 없는 인생을 그리스도로 친히 살게 하셨고 또 우리 죄를 대신해 죽게 하셔서 우리로 죽지 않게 하셨다는 기쁜 소식이다. 예수님이 우리 대신 십자가에서 죽으셔서 완벽하고 자발적인 희생제물이 되셨다. 뿐만 아니라 죽음에서 다시 살아나 친히 영광의 몸을 입으시고, 우리에게 영생을, 우리 몸이 미래에 영화로운 육신으로 부활할 것을 약속하셨다. 그렇다면 복음은 죄인들의 순종과 상관없이, 하나님이 예수 그리스도의 사역의 성취를 통해 죄인들을 당신의 은혜로 구원하셨다는 선언, 곧 기쁜 소식이다.

복음은 다른 모든 종교나 철학으로부터 기독교를 구별되게 하기에 우리가 가장 중요하게 여겨야 할 메시지이다. 바울도 고린도전서 15장 3절에서 복음을 가리켜 "첫째로 중요한 것"(first importance; NIV 직역, 한글 성경에는 "먼저"로 번역되었음-역자주)이라고 했다. 복음은 기독교에 있어 가장 중요한 것이다. 그러므로 교회는 복음을 가장 중요하게 여겨야 한다.

로마서 11장 6절에서 바울의 논리는 이것이다. 만일 구원이 은혜로 말미암은 것이라면 행위로 얻을 수 없다. 구원이 행위로 말미암는다면 더는 은혜가 아니기 때문이다. 그리고 만일 은혜가 없다면, 기독교는 더 이상 의미가 없다.

로마서 11장 5절에 나오는 "남은 자"는 선택받은 자, 즉 예수 그리스도의 복음의 복을 받도록 하나님이 선택하신 사람을 의미한다. 세상 모든 사람 가운데 하나님이 친히 당신을 선택하셨다. 주님이 우리에게 은혜를 베푸셨다. 사실 하나님은 천지가 창조되기 이전에 은혜를 이미 우리에게 부으셨으며, 때가 차자 충만한 은혜가 임해 구원의 사역을 이루신 것이다. 이것이 평범한 종교에서 은혜를 찾아볼 수 없는 두 번째 이유로 연결된다.

강력한 은혜

로마서 11장 5-6절에서 바울이 말한 남은 자는 은혜로 택하심을 입은 자다. 남은 자는 은혜로 구원을 얻었고, 은혜로 **살아간다**.

은혜는 분명 단순히 회심의 경험에 영감을 주는 것보다 훨씬 더 깊다.

기독교 교리에서는 행위와 은혜를 구분하는 것이 중요하다. 이는 단순히 교리나 의미면에서 구분 짓는 것이 아니라, 무엇이 사람을 변화시키며 변화시키지 못하는지 구분 짓는 것이다. 그런 까닭에 기독교 교리에서 모든 것이 결국에는 은혜로 귀결된다는 사실을 주목하지 않을 수 없다. **계명은 아무런 힘이 없다.**

고린도전서 15장 1-4절에서 알 수 있는 사실은, 우리가 복음이라 부르는 이 정보가 다소 독특하다는 것이다. 복음은 뉴스이지만 단순한 정보가 아니다. 마치 신문 헤드라인 같다. "하나님의 아들, 세상의 죄를 위해 죽다." 그런데 보통의 신문 헤드라인이 감당할 수 없는 엄청난 일을 한다. 고린도전서 15장 1절을 보면, 우리는 이 뉴스를 **받는다**. 또 우리는 그 위에 **선다**. 마치 구원이 계속되는 것처럼 보인다. 확실히 평범한 뉴스는 아니다! 성경이 가르치는 예수 그리스도의 복음은 **강력하다**. 그 안에 능력이 있고, 또 그 자체가 능력이다.

로마서 1장 16절에서 바울은 "내가 복음을 부끄러워하지 아니하노니 이 복음은 모든 믿는 자에게 구원을 주시는 하나님의 **능력**이 됨이라"라고 했다(강조 추가). 에베소서 3장 7절에서는 하나님의 능력을 따라 바울에게 복음이 주어졌다고 말했다. 데살로니가전서 1장 5절에는 복음이 능력으로 임했다고 했다.

은혜의 기쁜 소식은, 우리를 회심시키는("받은 것") 능력에서 그치지 않고, 우리의 확실한 의로움("선 것")이 선포될 때까지 성화의 사역이 계속되며, 우리가 천국에서 누릴 미래의 영광에 이르기까지("그로 말미암아 구원을 받으리라") 그 능력이 이어진다.

복음을 이런 식으로 이해하는 일이 중요한 까닭은 비단 성경이 그렇게 가르치기 때문만은 아니다. 이것이 복음의 능력과 율법의 능력을 구분 짓기 때문이다. 교회들은 너무도 자주 우리가 더 많은 계명과 명령을 받으면 삶이 변할 거라 믿는다. 계명은 좋은 것이다. 그리고 필요하다. 성경에도 많은 계명과 지시사항이 나온다. 그것들을 무시해서는 안 된다. 하지만 성경은 우리가 우리 자신을 예배하는 것이 아닌, 복음을 믿음으로 생기는 신실함이 마음 깊은 곳에 자리 잡음으로써 하나님을 예배할 때 변화가 일어난다고 말한다.

바울은 고린도후서 3장 18절에서 우리가 예수 그리스도의 영광을 볼 때 변화를 받아 "영광에서 영광에" 이른다고 말했다. 진정으로 복음 안에서 그리스도를 최고의 만족과 구원으로 '보는 것'이 주님을 예배하게 하는 힘이다. 율법은 우리를 그렇게 만들지 못한다! 율법으로 사람을 변화시키기란 채찍질로 죽은 사람을 살아나게 하는 것만큼 불가능하다. 우리에게는 능력이 필요하다. 그리고 오직 하나님의 은혜만이 부활의 능력이다.

그런데 우리는 율법의 논리를 펼치며, 율법이 사람들을 변화시킬 것이라 믿는다. 많은 사람들이 그렇게 생각한다. 우리는 사람들이 어떻게 변하는지 안다. 그래서 행동을 바꾸라고 말한다. 하지만 진짜 세상을 변화시키는 것이 무엇인지 아는가? 비판과 불평이 아니다! 내 친구들은 날마다 페이스북에 정치와 종교에 반대하고 비판하는 수많은 글을 올리지만, 누구의 마음도 변화시키지 못한다.

아무도 변화시키지 못하는 이유는 그들의 행동을 바꾸라고 말하기 때문이다.

세상 다른 모든 종교와 철학은, 변화란 우리 안에서 시작되고, '구원'(어떻게 정의하느냐에 따라 다르지만)은 올바른 행위를 통해 얻을 수 있다고 말한다. 그런데 오직 기독교만이 진정한 변화의 힘은 우리 내면이 아닌 바깥에서 시작되며, 구원은 우리의 성취가 아닌 그리스도께서 하신 일을 통해 얻는다고 가르친다.

이 말을, 사람들의 행동을 변화시키지 않아도 된다는 뜻으로 여기지 않았으면 좋겠다. 기독교의 성경은 사람들에게 순종하라고 명령하는가? 물론이다. 하나님 나라를 섬기기 위해 우리 삶에 요구되는 것들이 있는가? 그렇다. 그리고 율법의 계명을 지키는 일은 좋은 일일 뿐 아니라, 하나님을 예배하는 삶이 어떻게 형성되는지 보여 주는 구체적인 청사진이다. 하지만 율법은 그것이 요구하는 것을 성취할 능력을 공급하지 못한다.

율법은 마음을 변화시키지 못한다. 율법은 모든 불순종의 뿌리에 있는 우상숭배를 고치지 못한다. 바울은 디도서 2장 11-12절에서 율법이 아닌 **은혜**가 우리를 '올바로 살게' 한다고 말했다.

충격적인 사실이 여기 있다. 복음 그 자체가 삶의 적용을 가능케 한다. 종교적인 율법은 우리에게 "조금 더 노력하라."라고 말한다. 하지만 은혜의 복음은 이렇게 말한다.

"노력하지 마라, 이미 **다 이루었다**."

우리가 능력의 복음으로 구원을 받았을 때 은혜는 율법의 저주와 죄의 사슬 그리고 자기 자신을 숭배하는 우상숭배로부터 우리를 자유롭게 했다. 우리가 자유롭게 되면 어떤 일이 생기나?

환호하고, 뛰고, 춤추고, 노래한다. 이것이 은혜가 우주 역사상 가장 놀라운 사상이라는 세 번째 이유이다.

오직 은혜만이 진정한 예배를 가능케 한다

율법이 사람들로 하여금 규칙을 고수하고, 행동을 변화시키고, 순응하게 할 수는 있다. 하지만 사람들의 마음에는 이르지 못하기에 진정한, 순전한, 신실한 예배를 이끌어내지 못한다. 우리는 다른 종교들이 율법적인 가르침으로 그들의 규율을 지키게 하는 것을 볼 수 있다. 하지만 그들은 기독교인이 노래하듯 노래하지 않는다.

장례식장에서 이를 잘 알 수 있다. 나는 직분이 목사인지라 장례식을 집례할 기회가 셀 수 없이 많다. 믿는 사람의 장례식뿐 아니라 믿지 않는 사람의 장례식에서도 설교해 보았다. 장례식을 준비하며 꼭 해야 할 일이 있는데 장례식 때 부를 찬송가를 고르는 일이다. 믿지 않는 사람들이 그들이 사랑했던 사람의 장례를 준비하며 찬송가를 고를 때면 거의 같은 곡을 고른다. 전 세계에서 가장 유명한 바로 그 찬송가를 말이다. 말하지 않아도 무슨 찬송가인지 알 것이다.

그런데 믿지 않는 사람들이 부르는 "나 같은 죄인 살리신"(Amazing Grace)은, 믿는 사람들이 부르는 것과 상당히 다르다. 그리스도인들은 "나 같은 죄인 살리신 주 은혜 놀라와."라는 가사를 부를 때 가사의 진정한 의미를 느낀다. "잃었던 생명 찾았고 광명을 얻었네."라는 부분은 그들의 간증이다.

은혜의 확실한 실재를 아는 기독교인은 그 찬송가를 부를 때 가사를 대충 웅얼웅얼 얼버무리지 않는다. 그냥 따라 부르지 않는다. 건지심과 구속 그리고 경외함 같은 가사를 두고 하품하지 않는다. 그들의 노래는 가슴 깊은 곳에서부터 우러나오는 간증이다. 그들의 찬양은 뼈 중의 뼈, 골수에서부터 흘러나온다. 그들의 발끝에서부터 보이지 않은 면류관에까지 이르는 노래이다. 어쩌면 논란의 여지가 있는 표현이겠지만, 다시 한 번 강조하고 싶다. 누구도 그리스도인들처럼 노래하지 않는다.

목사이며 작가인 존 파이퍼는 이렇게 말했다.

나는 기독교인처럼 신자들이 노래하는 종교는 없다고 생각한다. 기독교인들은 그들의 음악을 통해 믿음을 표현한다.

CCM이 유행하는 현상만 해도 아주 흥미롭지 않은가. 물론 위험성이 있다. 가사가 신학적으로 문제가 있을 수 있고, 세속적 연예계 풍조의 영향을 받을 수도 있다. 하지만 기독교인들은 자신의 믿음을 음악에 실어 표현할 방법을 끊임없이 찾는다. 하나님에 대한 확신과 사죄에 대한 확신 그리고 영생에 대한 확신을 영감 있는 곡조에 실어 표현한다. 나는 그것이 아주 놀랍고 독특하다고 생각한다. 세계 어느 종교도 그렇지 않다.

사실 이슬람 같은 종교는 아예 노래라는 것을 부르지 않는다. 사람의 마음이란, 우리를 기쁘게 하는 거의 모든 대상을 음악으로 표현할 준비가 되어 있는 것인데, 온 우주에 가장 중요한 실재에 대해 노래하지 못하게 하는 그런 종교가 어디 있나? 내 생각에 그건 이상한 종교이다.[4]

기독교인들은 기뻐하며, 즐길 줄 알고, 파티하고, 흠모할 줄 아는 사람들이다. 그냥 단순히 노래하는 것과는 다르다.

텔레비전의 종교 프로그램이나 영성을 다루는 라디오 토크쇼를 통해 하나님을 예배하는 법을 배울 수는 없다. 기독교는 부활의 종교이다.

우리는 도덕적인 진부한 이야기가 아닌, 은혜의 영을 통해 부활을 얻는다. 은혜를 누린다는 것은 그 안에 담긴 은혜가 얼마나 큰지 아는 것이다!

디도서 2장 11절에서 바울은 "모든 사람에게 구원을 주시는 하나님의 은혜가 나타나"라고 말했다. '나타난다.'는 뜻의 헬라어는 **에피파니아**(*epiphaneia*)인데, 영어 단어 'epiphany'가 여기서 나왔다. 이것은 계시이다. 은혜가 나타났다! 마침내 누군가 빛을 비춘 것이다.

은혜가 얼마나 풍성하고 충만한지 안다면, 은혜를 노래하게 될 것이다. 고린도후서 12장 9절은 "나에게 이르시기를 내 은혜가 네게

---

4) John Piper, "Why Is Singing So Important for Christians?" *Desiring God* (September 14, 2007), http://www.desiringgod.org/interviews/why-is-singing-so-important-for-christians.

족하도다"라고 한다. 은혜는 우리를 충만히 만족시킨다. 바울은 고린도전서 15장 10절에서 자신의 수고는 자신과 함께하신 하나님의 은혜의 결과라고 말했다. 은혜는 능력이다. 디모데후서 2장 1절은 "내 아들아 그러므로 너는 그리스도 예수 안에 있는 은혜 가운데서 강하고"라고 말하는데, 즉 은혜는 강하게 하는 능력임을 알 수 있다. 고린도후서 4장 15절은 "이는 모든 것이 너희를 위함이니 많은 사람의 감사로 말미암아 은혜가 더하여 넘쳐서 하나님께 영광을 돌리게 하려 함이라"라고 했다. 즉, 은혜는 감사를 낳는다.

사도 바울은 골로새서 4장 6절에서 "너희 말을 항상 은혜 가운데서 소금으로 맛을 냄과 같이 하라 그리하면 각 사람에게 마땅히 대답할 것을 알리라"라고 말했다. 은혜는 우리의 언어생활도 바꾼다. 고린도후서 1장 12절에서는 "우리가 세상에서 특별히 너희에 대하여 하나님의 거룩함과 진실함으로 행하되 육체의 지혜로 하지 아니하고 하나님의 은혜로 행함은"이라고 말했다. 은혜는 우리가 살아가는 방식도 변화시킨다.

요한복음 1장 16절은 "우리가 다 그의 충만한 데서 받으니 은혜 위에 은혜러라"라고 말한다. 그의 충만은 그리스도의 충만이다. 우리는 여기서 그리스도 안에는 은혜가 항상 흐르고, 항상 채워지며, 끝이 없음을 알 수 있다. 이것은 우주 역사상 가장 놀라운 개념에 대한 가장 놀라운 진리를 알려 준다. 은혜는 가장 놀라운 것이다. 가장 놀라운 분을 우리에게 선물하기 때문이다.

은혜는 우리에게 그리스도를 전한다

우리가 행위에 근거해 구원을 받지 않는다면, 과연 무엇으로 구원을 받는가? 바로 하나님의 은혜이다. 그리고 이 은혜는 예수님의 선행을 우리의 선행으로 여겨 주시는 하나님의 선포를 통해 우리에게 임한다. 이미 그것만으로도, 우리의 삶을 도덕적 기준으로 측정하는 행위를 날려 버리기에 충분하다. 성경을 보라. 우리가 결코 무시할 수 없는 가르침, 죄인들을 위한 하나님의 은혜에 대한 깊은 가르침이 있다.

기독교는 영적인 종교이다. 초자연적이며, 우리를 의롭다고 칭하신 하나님이 우리를 **거룩하게 하신다**고 선포하는 복음에 관한 것이다. 하나님이 우리를 깨끗하게 하신다. 하나님은 우리가 깨끗해졌다고 한 번 선언하는 것에 만족하지 않으셨다. 우리를 더욱 깨끗하게 하기로 하셨다. 주님은 우리가 조금씩 더욱더 예수 그리스도를 닮아 가게 하신다. 주님이 친히 주님의 능력으로, 그리스도의 형상에 이르기까지 우리를 변화시키신다.

우리를 변화시키는 은혜는 동화에 나오는 신비한 마법가루 같은 것이 아니다. 그것은 바로 예수님이다. 은혜는 바로 예수님 그분이다. 목회자이며 학자인 싱클레어 퍼거슨은 이렇게 기록했다.

"은혜를 받는다."는 말은 적합한 표현이다. 그리고 우리는 말씀과 기도, 세례 그리고 성찬을 '은혜의 방편'이라 부르기도 한다. 이 표현은 가끔 잘못 사용될까 조심스럽지만, 은혜를 어떤 물질적인 것이나 '물건과 같은 것'으로 여기지만 않는다면 괜찮다. 은혜는 존 칼빈이 즐겨 표현했듯, 주 예수, "복음의 옷을 입은 그리스도"이다. 은혜는 예수님의 은혜이다. 이를 강조하자면, 예수님이 어떤 '물질적인 것'을 자신에게서 떼어 내 우리에게 전해 주신 것이 아니다. 오직 예수 그리스도만 있을 뿐이다. 그 생각을 붙들면 기독교인의 삶이 확연하게 달라진다. 내가 똑같은 것을 다르게 설명한다고 여기는 사람이 있을지 모르겠지만, 그러나 확연하게 다르다. 예수님이 십자가에서 죽기까지 우리에게 주시려고 했던 은혜는 물건이 아니다. 은혜는 성령의 사역을 통해 자기 자신을 우리에게 기꺼이 내주시려 십자가에 달려 죽으신 예수님 자신이다.[5]

확실하지도 않은 흐릿한 도덕적 업보에 갇혀 있던 죄인들이 이 복음을 받아들인다면, 그것은 우리 모두를 위해 자신의 전부를 조금도 아끼지 않고 내주신 그리스도를 받아들이는 것이다. 그러면 우리는 그분과 연합하게 되고, 그분의 형상을 닮아가게 된다. 또한 그분은 우리를 위해 중보하시고, 우리의 영원한 변론인이 되어 주신다. 주님은 우리를 주님의 의로 덮어 주신다. 우리의 정체성이 그리스도 안에서 깊어질수록 우리는 더욱더 자연스럽게(사실은 초자연적으로) 그리스도를 닮아가게 된다.

---

5) Nathan W. Bingham, "By Grace Alone: An Interview with Sinclair Ferguson," Ligonier Ministries (June 6, 2014), http://www.ligonier.org/blog/grace-alone-interview-sinclair-ferguson/.

주님의 놀라운 은혜를 찬양하라! 주님의 은혜는 우리를 낚아채고, 가로막고, 사로잡고, 변화시켜 바로 그 창조주 하나님 예수 그리스도께로 데려간다.

우리가 그리스도에 의한 구원의 실재를 폄하하고, 구원의 방정식에 우리의 순종을 자꾸 끼워 넣는다면, 결국 은혜를 훼손하게 된다. 바울의 지적처럼 "그렇지 않으면 은혜가 은혜 되지 못한다."

만일 우리가 그리스도의 제자라면, 기독교가 마치 계명과 명령의 목록인 양 그것을 강조하는 종교로 여겨 은혜를 훼손시키면 안 된다. 기독교는 근본적으로, 우리가 해야 할 일과 하지 말아야 할 일의 목록이 아니다. 기독교는 근본적으로, 우리를 위해 그리스도께서 하신 일에 대한 선언이다.

정말 거부할 수 없는 메시지가 아닌가? 물론 모든 사람이 그렇게 생각하지는 않을 것이다. 모든 사람이 매력을 느끼지도 않을 것이다. 이 놀라운 은혜를 깨달으려면 그야말로 놀라운 은혜가 필요하다. 이것은 구원이라 불리는 매우 영적인 일이다.

하지만 수많은 사람이 아직도 "조금 더 노력해라. 더 힘내라. 더 나아져야 한다."와 같은 업보의 쳇바퀴에 갇혀 있다. 어쩌면 그렇기에 복음이 더 필요하지 않을까? 복음과 같은 것은 어디에도 없다. 복음은 아무 데서 구할 수 있는 것이 아니다. 모든 사람이 순종을 요구할 때 기독교는 그리스도의 순종을 가리킨다. 이것이, 바로 주님이, 우리의 유일한 소망이다.

우리는 주님이 필요하다. 그분의 완벽한, 흠 없는 의가 필요하다. 주님의 개입이 필요하다. 주님의 자비로운 손길이 필요하다. 죄인들의 친구가 되신 주님의 우정이 필요하다. 그분의 넘치는 사랑이 필요하다. 그분의 놀라운 은혜가 필요하다. 그렇지 않으면 우리는 죽는다.

우리는 그리스도가 필요하다. 우리가 세상의 모든 공로훈장과 모든 성공과 각종 트로피를 갖고 세상의 온갖 칭송을 듣고 모든 교육을 받았다 해도 그리스도가 없다면, 우리는 아무것도 아니다.

9

혼자 잘 믿으면 되지 선교를 꼭 해야 하나요?
: 세상 어디에도 기독교처럼 남을 위해 자기가 죽는 종교는 없다.

2005년 미국의 걸프 해안을 강타한 허리케인 카트리나 재해 이후, 종교적인 관점에 있어서 어떤 문화적인 분기점이 생긴 것 같다. 저녁마다 뉴스는, 폭우를 동반한 태풍의 피해가 가난한 사람들이 모여 사는 지역을 덮쳤으며, 특별히 그 지역에 더 많은 사상자가 발생했는데 정부는 늦장 대응을 하고 있다는 보도를 했고, 나라는 온통 정치적 혼란에 빠졌다. 적어도 내 생각에 카트리나 재해는, 미국 사회에서 종교의 역할에 대한 공적 담론의 방향이 전환되는 시기와 우연히 맞아떨어졌다.

문화적 기독교는 이미 오래전부터 붕괴되어 왔다. '보수적 기독교인'은 '속 좁고 편협한 사람들'이라는 공식이 이미 보편화되었다. 재해에 대한 대응에서도 기독교는 참패를 면치 못했다.

나는 영화배우 숀 펜의 책임이 크다고 생각한다.

안다. 꼭 그렇지만은 않다. 하지만 숀 펜이 촬영 팀을 대동해 작은 배를 타고 홍수 피해지역을 돌아다니며 구조할 사람을 찾던 모습을 생생하게 기억한다. 어쩌면 내가 커다란 논리적 비약을 범하는지도 모르겠다. 하지만 진보적 성향을 가진 연예인들(조지 클루니나 오프라 윈프리 같은)의 구세주 콤플렉스가 그리스도인들을 더 나빠 보이게 하는 또 하나의 예이다. 당시 각종 블로그들은 그리스도인이 할리우드 스타만큼도 허리케인 피해자에게 신경 쓰지 않는다며 복음주의 교회들을 맹렬히 비난했다.

솔직히 화가 났다. 사실은 할리우드 스타들보다 훨씬 더 많은 기독교인이 태풍 피해자들을 지원했기 때문이다. 차이가 있다면, 기독교인들은 촬영 팀을 대동하고 봉사활동을 다니지 않았다는 점이다.

또 크리스토퍼 히친스(Christopher Hitchens)와 리처드 도킨스(Richard Dawkins)가 이끄는 새로운 무신론 운동이 이 세상의 고통과 불평등에 있어 종교, 특히 기독교의 책임이 크다고 주장하는 것을 듣는다. 신앙인들이 살아가면서 이 땅의 다른 사람에게 아무런 피해를 주지 않았다고 할 수는 없지만, 저런 주장은 억지스러운 말장난에 불과하다. 세계 역사를 통틀어 가장 잔인하고 불공평한 정권들에 대항해 아무 조치도 취하지 않은 사람들은 대부분이 무신론자였다. 그들은 또한 지난 수백 년간 많은 신앙인이, 가난하고 병들고 배고픈 사람들을 상당히 크게 돕고 돌보았다는 사실은 인정하지 않으려 한다.

물론 아직도 갈 길이 멀다.

기독교인 중에도 자기중심적이고 사리사욕을 추구하는 사람이 있는 것이 사실이다. 하지만 그렇다고 미국 교회 전반이 인색하다 보는 것은 잘못이다. (연예인들이나 젊은 교계 지도자들이 선교와 구제를 마치 자신들이 10년 전에 처음 시작했다는 듯 구는 것은 정말 짜증난다.)

더글러스 윌슨은 흥미롭고 날카로운 지적을 했다.

> 미국 인구는 세계 인구의 약 6퍼센트로, 세계 자선 사업의 약 45퍼센트를 감당하고 있다. 미국 사회에는 신자의 수가 비신자의 수보다 훨씬 많다. 신자 중에도 개신교 신자가 돕고 베푸는 데 있어 가톨릭 신자보다 훨씬 더 자유롭다. 개신교 신자 중에서도 복음주의 교회 신자가 훨씬 더 너그럽다. 하지만 기독교인의 자선활동에 대한 의견을 비신자에게 묻는다면 아마 반대로 말할 것이다.[1]

상당히 많은 설문조사 결과가, 정치적으로 보수적이라 밝힌 사람들이 진보적이라 밝힌 사람들보다 훨씬 더 많이 자선활동에 적극적으로 동참한다는 사실을 보여 준다. 물론 그 설문조사들은 신앙인만을 대상으로 하지 않았다. 그러나 여기서 보수주의 정치 성향을 가진 사람들을 소외된 사람에게 인색하고 무관심하다며 가치가 폄하되고 비난받는 사람들, 다시 말해 복음주의 기독교인들이라 보아도 큰 무리는 없을 것이다.

---

1) Douglas Wilson, "The Dry Hole of Secular Leftism," *Blog and Mablog* (August 14, 2008), https://dougwils.com/books/the-dry-hole-of-secular-leftism.html.

분명한 것은 복음주의 기독교인만큼 섬기고 베푸는 사람이 없다는 사실이다. 우리는 다만 우리의 선행을 방송하지 않을 뿐이다.

기독교는 어떻게 성장하는가

기독교 선교는 항상 중심이 아닌 변두리에서 눈에 띄지 않게 번성했다. 어쩌다 우리가 권력의 자리에 앉으면, 무언가 삐걱거렸다. 거의 항상 그랬다. 한번은 라디오를 듣다가 스티브 브라운(Steve Brown)이 하는 말을 들었다. "어느 무슬림 학자가 한 기독교인에게 이렇게 말했답니다. '눈 씻고 찾아봐도 코란에는 무슬림더러 세상 주변인으로 살라고 한 가르침이 없습니다. 그리고 신약성경을 아무리 찾아봐도 기독교인에게 세상 주류로 진출하라고 한 가르침이 없더군요.'"

사실 초대 교회는 박해받는 소수를 통해 전파되었다. 그러다 4세기 말이 되에서야 콘스탄티누스 대제가 회심한 덕분에 로마 제국의 공인을 받은 것이다. 억압받던 팔레스타인 유대교 일부에서 떨어져 나온 미약한 종파에게 그것은 엄청난 반전이었다. 하지만 내가 대학생 시절 종교학을 강의했던 교수님은 이렇게 말했다. "모두가 기독교인이라면, 사실 기독교인은 한 명도 없는 거나 다름없지." 기독교가 공인되면서 교회는 예언적 목소리와 생명력을 잃었다.

많은 종교들, 특히 이슬람교 같은 종교는 정복과 무력으로 번창하는 것 같다. 하지만 기독교는 역경이 있을 때 가장 번성한다. 예를 들어, 종교의 자유가 보장되지 않은 중국의 기독교인 수는 미국 전체 인구수보다 많다. 기독교는 미국에서 쇠퇴 중이고 서구 유럽에서는 이미 황폐하지만, 동양과 아프리카처럼 기독교 역사가 짧거나 풀뿌리운동 수준이거나 박해를 받는 곳일수록 들풀처럼 퍼져나간다.

나는 가끔 이렇게 생각한다. '하나님이 이 땅의 보물과 영광보다 하늘의 보화와 영광에 우리 마음을 두게 하시려고 이런 식으로 기독교를 성장하게 하시는 것 아닐까?' 예수님은 다음과 같이, 기독교의 선교 방식은 조용해야 한다고 말씀하셨다.

> "사람에게 보이려고 그들 앞에서 너희 의를 행하지 않도록 주의하라 그리하지 아니하면 하늘에 계신 너희 아버지께 상을 받지 못하느니라 그러므로 구제할 때에 외식하는 자가 사람에게서 영광을 받으려고 회당과 거리에서 하는 것 같이 너희 앞에 나팔을 불지 말라 진실로 너희에게 이르노니 그들은 자기 상을 이미 받았느니라 너는 구제할 때에 오른손이 하는 것을 왼손이 모르게 하여 네 구제함을 은밀하게 하라 은밀한 중에 보시는 너의 아버지께서 갚으시리라"(마 6:1-4).

착한 행실이 성공의 핵심인 다른 종교들과 달리, 기독교는 예수님의 영광과 그분의 사역 그리고 그분을 따르는 사람들의 선행이 그곳이 어디든 그리스도를 따라 가는 길마다 아름다운 먼지처럼 일어나는 것을 보여 준다. 기독교인은 그들의 착한 행실로 구원을 얻는 것이 아니다. 오히려 그들은 이미 얻은 구원을 이루어 간다(빌 2:12). 또한 예수님이 이미 구원 사역을 이루셨기에, 구원받기 위해 그들이

해야 할 남은 일이 없다. 그들은 다른 사람의 인정이나 칭찬에 상관 없이 남의 눈을 의식하지 않고 자유롭게 이웃을 사랑하고 섬길 수 있다. 그들이 설령 이 땅에서 능욕을 당한다 할지라도, 천국에서 그 명예를 회복할 것이다.

그리스도인은 착한 행실을 하도록 부름 받았다. 그러나 그들의 착한 행실을 보고 세상은 그들이 그리스도인임을 알 것이다. 그러나 또한 그들이 착한 행실을 자랑하지 않음을 보고 세상은 그들이 그리스도인임을 알 것이다.

선행의 역할

그렇다면 기독교의 선교에 있어 착한 행실의 역할은 무엇일까? 착한 행실이 하나님의 사랑을 얻기 위함도 아니고 빚을 갚는 방법도 아니라면, 착한 행실을 어떻게 생각해야 할까? 바울은 에베소서 2장 8-10절에서 매우 도발적인 가르침을 전한다.

"너희는 그 은혜에 의하여 믿음으로 말미암아 구원을 받았으니 이것은 너희에게서 난 것이 아니요 하나님의 선물이라 행위에서 난 것이 아니니 이는 누구든지 자랑하지 못하게 함이라 우리는 그가 만드신 바라 그리스도 예수 안에서 선한 일을 위하여 지으심을 받은 자니 이 일은 하나님이 전에 예비하사 우리로 그 가운데서 행하게 하려 하심이니라."

바울이 제시한 구원 사건의 순서는 매우 중요하다. 그리스도인은 **은혜에 의하여 믿음으로 말미암아** 구원을 받는다. 은혜가 믿음보다 먼저이다. 바울이 에베소서 2장 1-4절에서 지적했듯 하나님의 간섭이 없다면, 우리는 종교적으로 무력할 뿐 아니라 이미 죽은 존재이기 때문이다. 그러므로 우리는 하나님의 은혜에 의하여 구원받은 것이지 '행위의 결과'로 구원받은 것이 아니다.

그러므로 그리스도인의 삶에서 행위가 갖는 의미를 알려면 은혜를 먼저 알아야 한다. 은혜에 대해서는 이 책의 8장에서 자세히 다루었다. 바울이 자신의 서신들에서 수백 번도 넘게 강조한 핵심은, 우리가 무언가를 했기에 구원받은 것이 아니라는 사실이다. 우리는 다른 누구보다 더 열심히 일했기에 구원받은 것이 아니다. 또 기독교라는 종교를 믿었기에 구원받은 것도 아니다. 그리스도인이 구원을 받은 것은 하나님이 그들을 구원하셨기 때문이다. 우리는 그의 만드신 바, 즉 그분의 작품이지 우리 자신의 작품이 아니다.

그런데 우리가 하나님의 작품임을 가르쳐 준 그 같은 구절은, 또한 우리가 "그리스도 예수 안에서 선한 일을 위하여 지으심을 받았다"라고 말한다. 따라서 착한 행실은 우연이 아니다. 우리에게 선택의 여지가 있는 것도 아니다. 우리는 하나님께 순종해야만 한다.

여기서 우리는, 선한 일을 위해 우리를 만드신 그 하나님이 우리가 해야 할 선한 일들도 만드셨음을 알 수 있다!

다시 한 번 확실히 짚고 넘어가자. 내가 거듭해서 강조하는 이유는 이것이 기독교의 가장 중요한 교리의 하나이며, 종교적이든 그렇지 않든 세상 모든 시스템에서 유례없는 것이기 때문이다. 우리를 구원하고 천국에 들어가게 하는 것은 우리의 행위가 아니다.

우리가 말하는 '선한 일'이 성경이 '선하다.'라고 부르는 것을 의미한다면, 다음 두 가지는 확실히 성경적 의미의 선한 일이 될 수 없다. 선한 일은 빚을 갚는 행위가 아니다. 또한 선한 일은 자기 의(義)가 될 수 없다.

우리는 하나님께 빚을 갚기 위해 선한 일을 하는 것이 아니다. 우리의 빚은 이미 갚아졌다! 이것이 의롭다 칭함을 받는다는 말의 의미이다. 더는 갚을 것이 없다. 그리스도인은 하나님께 빚진 상태가 아니다. 적어도 그런 식의 빚은 아니다. 하나님의 아들이 그 빚을 대신 모두 갚으셨다. 바울은 실제로 우리는 빚진 자가 아닌 상속자라고 말한다(롬 8:12-17).

'빚을 갚기 위해 하는 선한 일'은 율법주의이며 무자비한 종교로서 우리로 자기 의를 나타내게 한다. 만일 선한 일을 행해 빚을 갚으려 한다면 금방 탈진하고 말 것이다. 우리는 우리 죄로 인한 영원한 빚을 절대로 갚을 수 없다. 하나님의 영광은 거대하고도 중대하다. 어떤 선한 일로 하나님께 점수를 딸 수 있다 생각한다면, 그것은 엄청난 교만이다. 우리는 그렇게 선한 존재가 아니다.

반면, 어떤 사람은 자신이 선한 일을 꽤나 잘하고 있다 생각한다. 이런 생각은 어쩌면 하나님께 빚을 갚겠다는 태도보다 훨씬 더 위험하다. 자기 의에서 비롯된 선한 일은 그가 자기 자신으로 가득 차 있다는 표지이다. 자기 의에서 비롯된 선한 일은 자기 자신이 선하게 보이도록 하는 일로서, 자기 영광을 위한 것이다. 이는 자신이 뻔히 지는 싸움을 하는 줄도 모르고, 싸우고 있는 것이다.

한번은 집회에서 어떤 남자가 찾아와 자신이 모든 것을 회개했다고 말했다. 자기 마음에 개인적인 목록을 작성했고, 자신이 그간 저지른 모든 죄를 보게 해 달라고 하나님께 간구했고, 모든 것을 회개했고, 지금은 아무런 죄가 없다고 했다. 그리고 내게 이렇게 물었다.

"이제는 무엇을 해야 하죠? 저는 모든 죄를 다 회개했습니다."

내가 대답했다. "아직 회개할 것이 하나 남았네요."

그는 이제는 회개할 것이 없다고 하는 생각을 회개해야 했다.

선한 행위가 빚을 갚는 일도 아니고, 자기 의에서 비롯된 것도 아니어야 한다면, 도대체 무엇이란 말인가?

두 가지로 말할 수 있다. 예배와 전쟁.

하나님을 기쁘시게 하는 선한 일은, 예수 그리스도께서 이미 이루신 일에 대한 기쁨의 반응이지 무엇을 갚겠다는 행위가 아니다. 그것은 찬양이다. 선한 일은 이미 자유롭게 된 마음의 결과이다. 복음을 알면 알수록 더욱 자유롭게 된다. 그리고 의무감에서가 아니라 본능적으로 더 많은 선한 일을 행하게 된다. 바울이 갈라디아서 5장에서 성령의 열매에 대해 한 말의 핵심이 이것이다. 예배로서의 선한 일은, 무엇을 얻는 것이 아닌 기쁨에 관한 일이다.

시편에서 다윗은 하나님의 율법을 기뻐한다고 했다. 말씀이 꿀송이처럼 달다고 했다. 어떻게 그럴 수 있을까? 하나님의 말씀을 읽은 적 있는가? 레위기를 읽으며 그 말씀과 사랑에 빠진 적 있는가? 결코 달지 않다. 무겁고 부담스럽고, 솔직히 지루하기까지 하다. 그런데 어떻게 그것이 달콤하다고 말할 수 있는가?

하나님의 율법(말씀)이 달다는 것은 어쩌면 그로부터 자유롭게 되었을 때의 느낌 아닐까 싶다. 선한 일을 해야 한다는 생각에서 해방되면, 우리는 선한 일을 할 자유를 누리게 된다.

나의 하나님이 나를 자유롭게 하셨다! 그런데 내가 어찌 그분께 순종하지 않겠는가?

선한 일은 또한 전쟁이다. 하나님은 아담과 하와를 만들고 그들에게 모든 생물을 다스리라 말씀하셨지만, 그들은 불순종했다. 모든 계획이 망가졌다.

하지만 하나님은 다음 세대를 위한 계획을 가지고 계셨다. 하나님이 모든 것을 새롭게 하실 것이다. 죄가 하나님의 창조 계획과 창조 질서를 망가뜨리지 못하게 하실 것이다.

그리스도인들이 하나님 나라에 들어갈 때 그들은 다시 한 번 '다스림'의 명령을 받는다. 문자 그대로의 전쟁, 육신의 전쟁이 아니라 영적인 전쟁이다. 우리 대부분은 영적 전쟁이라 하면 마귀에 대항하고 귀신을 쫓아내는 일을 생각한다. 그것도 어느 정도는 맞지만, 사실 이 전쟁은 모든 영역에서 하나님의 영광을 주장하는 것이다. 우리는 선한 일을 통해 그렇게 한다.

선한 일은 천국을 향해 세우는 이정표이다. 사람들로 하여금 위를 보게 한다. 착한 행실을 티내며 하지 말라고 하신 예수님이 이번에는 이렇게 말씀하셨다. "이같이 너희 빛이 사람 앞에 비치게 하여 그들로 너희 착한 행실을 보고 하늘에 계신 너희 아버지께 영광을 돌리게 하라"(마 5:16).

예배와 전쟁으로서의 선한 일에 대해 내가 아는 가장 확실한 예는, 구약성경에 나오는 다윗과 골리앗의 이야기이다. 이스라엘 군사와 블레셋 군사가 엘라 골짜기에서 대치했다. 그들은 많은 피를 흘리는 위험을 감수하기보다 각자 최고의 전사를 골라서 서로 겨루게 하자고 동의했다. 블레셋은 그들의 챔피언인 골리앗을 내보냈다. 이스라엘 군사는 모두가 두려워하며 아무도 나가려 하지 않았다. 그때 목동이자 장차 이스라엘의 왕이 될 다윗이 용감하게 나섰다.

다윗이 돌멩이 하나로 골리앗을 쓰러뜨렸다는 이야기는 익히 들어서 알 것이다. 그 큰 거인이 쓰러져 죽었다. 이스라엘은 블레셋과의 싸움에서 승리했다. 그때 이스라엘 백성은 무엇을 했는가? 그들에게는 다만 승리가 주어졌다. 다윗의 승리가 그들의 승리가 되었다. 그들은 적의 진영을 약탈하고 함성을 지르고 높이 소리치며 싸우지 않고도 승리한 전쟁으로 인해 영광의 기쁨을 누렸다.

그것이 선한 일이다. 싸움에서 이긴 후 적진에 들어가 전리품을 가져오는 일이다. 그리스도인의 선행에 있어 가장 멋진 부분은 그들의 선행이 이미 보장되었다는 점이다. 진정한 그리스도인은 선한 일을 행함에 있어 절대 실패할 수 없다. 좋은 나무는 좋은 열매를 낸다(마 7:17). 바울이 에베소서 2장 10절에서 이야기하려 했던 바가 이것이다. "이 일은 하나님이 전에 예비하사 우리로 그 가운데서 행하게 하려 하심이니라."

당신이 행한 선한 일과 순종이 당신의 생각이었다고 생각하는가? 아니다. 그것은 애초에 하나님의 생각이었다.

그렇다고 낙심하지는 말라. 어떤 사람은 이런 말에 기분 나빠하며 이렇게 생각한다. '그렇다면 나는 로봇인가?'

아니다. 우리는 로봇이 아니다. 그리스도인은 자유의지로 선한 일을 한다. 하지만 하나님이 우리를 자유롭게 하시고 그렇게 하도록 허락하지 않으셨다면, 결코 우리는 스스로 그렇게 할 수가 없다.

이것은 기쁜 소식이다. 우리가 선한 일을 하도록 하나님이 정하셨다는 사실에 왜 화가 나는가? 이것은 우리가 아니라 하나님이 영광을 받으신다는 뜻이다. 그것이 화를 낼 일인가? 또한 하나님이 우리가 선한 일을 하도록 정하셨다는 것은 우리가 선한 일을 할 수 있다는 뜻이다! 우리의 선한 일이 보장되었다는 뜻이다. 하나님이 친히 우리를 위해 준비하신다. 진정한 신자라면 우리는 그렇게 할 수 있다. 그런데 어떻게 그 때문에 화를 낼 수 있단 말인가?

천국에 가서 우리는, 이 땅에서 하나님이 맡기고 감당하도록 능력을 주신 모든 선한 일이 깨끗하고 정결해져 영원한 보물로 쌓인 것을 보고 누릴 것이다. 주님이 우리를 새 하늘과 새 땅으로 인도하실 때, 주님에 의해 그리고 주님을 통해 우리의 선한 일과 함께 주어진 모든 다스림이 영원히 주님의 영광을 위한 기념물로 남을 것이다.

내가 너무 앞서가는 것 같다. 다음 장에서 하나님이 하시는 새로운 일들과 미래에 대해 살펴보겠다. 지금은 일단 하나님이 우리의 순종마저 정하셨다는 사실에 낙심한 사람들을 권면하고 싶다.

다른 방법은 없다. 하나님과의 협상 테이블에 자기 의를 올려놓지 말라. 주님은 결코 타협하지 않으신다. 더 많은 자기 의를 드러내려는 시도는 사실 하나님의 의를 더욱 싸구려로 보이게 할 뿐이다.

아무것도 가져오지 말라. 그냥 빈손으로 오면 된다. 영적으로 가난한 상태로 오라. 빈손으로, 주머니를 뒤집은 채 주님께 나오라. 우리가 드릴 것은 **아무것도 없다**는 현실을 인정하고 그리스도께 나오면, 주님이 영원을 선물로 주실 것이다.

기독교의 빠른 적응력

예수님이 자신의 삶과 죽음과 부활의 복음을 선포하며 소개하신 하나님 나라는 유대인뿐 아니라 이방인을 위한 것이기도 하다. 그래서 유대인이었던 바울은 이방인 선교를 위해 삶을 바쳤다.

구약에서부터 계획된 하나님의 목표는, 모든 민족과 방언과 부족과 백성을 예수 그리스도 안에 나타난 하나님의 영광의 깃발 아래 하나 되게 하는 것이다. 그러므로 교회의 사명은 모든 나라와 민족과 계층과 종교와 성별에 상관없이 그리스도 안에서 죄 사함과 영생을 얻게 된다는 메시지를 어디든 전파해 전 세계에 알리는 것이다.

기독교는 지난 2천 년간 그 사명을 아주 뛰어나게 잘 감당해 왔다고 본다. 기독교는 선교에 아주 탁월하다.

이슬람교는 서양과 아프리카에 진출했지만, 여전히 중동지역에서만 강세를 보인다. 불교도 물론 할리우드에 사무실이 있기는 하지만, 여전히 극동지역에 국한되어 있다. 유교도 마찬가지이다. 힌두교는 주로 인도와 네팔에 자리 잡았다. 미국에는 이스라엘 전체 인구의 75퍼센트에 달하는 유대인이 살고 있지만, 그래도 미국 전체 인구에 비하면 2.2퍼센트에 불과하다.

오직 기독교만 조직적으로 전 세계에 퍼져나갔다. 예루살렘을 중심으로 한 유대인에 의해 시작해 지중해 지역 헬라인에 의해 자리 잡았고, 유럽을 중심으로 북미로 전파되었다. 이제는 순전히 숫자로만 따지면 중국을 중심으로 아프리카와 남미로 퍼져나갔다.

어떻게 그럴 수 있을까?

내 생각에는 오직 기독교만이 행위로 의롭게 될 수 없다는 교리를 가르치기 때문이다. 이 세상에는 동상에 입 한 번 맞추기 위해 수백 킬로미터를 여행하게 하고, 신성한 강물에서 목욕하기 위해 광야를 걷게 하고, 또 손과 무릎으로만 기어 다니도록 하는 종교가 많다. 모든 무슬림은 특별한 사유가 없는 한 죽기 전에 메카를 꼭 방문해야 한다. 이슬람교 신자라면 이는 필수이다.

하지만 기독교에는 그런 강제성을 띠는 순례의 여정이 없다. 꼭 통과해야 하는 장애물도 없다. 순례는 이미 이루어졌다. 하나님이 인간의 몸을 입고 이 땅에 순례자로 오셨다. 영으로 우리에게 오셨다. 진정한 종교를 제외한 세상 모든 종교는 능력을 쫓아 여행한다.

그러나 기독교는 능력이 먼저 우리를 찾아왔다. 하나님 나라는 저 '먼 곳'에 있지 않다. 지금 '여기'에 있다. 성전도 '저기'에 있지 않다. '여기'에 있다. 왜냐하면 성전이신 그리스도께서 우리와 함께하시기 때문이다. 세상으로 들어가서 자라고 열매를 맺는 복음은 우리가 세상으로 들어가서 자라고 열매를 맺을 때 함께 간다.

모든 그리스도인은 참 복음을 가졌다. 그래서 모든 그리스도인은 구원받을 때부터 선교 사역을 위해 준비된 사람들이다. 복음을 가지면 복음을 들고 떠나게 되어 있다! 우리가 가는 곳이라면 어디든 그리스도께서 함께하신다.

또한 기독교는 놀라운 적응력을 가졌다. 물론 진리를 타협하는 적응력은 아니다. 그리스도인을 그리스도인답게 하는 믿음의 본질에 대해서는 결코 모호하지 않다. 성경적 그리스도인들이 다양한 문화 속에서 복음을 상황화 한다는 것은, 믿음을 타협한다는 뜻이 아니다. 다른 종교들은 대부분 특정 부족이나 국가의 문화와 불가분하게 얽힌 경우가 많다. 하지만 기독교는 특정 문화에 얽매이지 않기 때문에 글로벌 시대에 다른 종교들과 분명한 차별화를 이룬다.

우리는 전 세계 다양한 민족 가운데서 활기 넘치는 기독교 공동체를 찾을 수 있다. 표현과 문화적 특성은 다양하지만, 믿음의 본질에 있어서는 같다. 기독교는 놀랍도록 적응력이 좋다. 그리스도인이 되기 위해 아프리카 사람이 미국 애틀랜타에 있는 그리스도인처럼 옷을 입을 필요가 없다. 하지만 이슬람교의 포교 방식은 다르다. 이슬람교의 의복 문화와 부수적인 것들도 신앙과 함께 받아들여야 한다.

기독교는 또한 모든 사람이 자신의 모국어로 성경을 읽고 연구해서 예수 그리스도를 알 수 있도록 끊임없이 다른 언어로 성경을 번역하는 데 힘쓴다. 다른 종교는 이렇게 의욕적이지 않다.

이런 부분이 전 세계적으로 기독교 선교사들과 교회가 남모르게 사랑하고 섬기면서도 사람들에게 보이려 하지 않음을 알려 주는 대목이다. 사람들은 예수님께 나아가기 위해 수백 개의 문화적 장벽을 뛰어넘을 필요가 없다. 가능한 모든 방법을 동원해 기독교인들이 그들에게 예수님을 모셔간다.

초기 기독교인들을 보면, 그들은 다른 사람에게 회심을 강요하지 않으면서 몸을 사리지 않고 섬겼다. 그들의 착한 행실은 당시 문화에서는 보상을 바랄 수 없는, 시대에 반하는 새로운 현상이었다. 로마인들이 자기 아기를 버릴 때 그리스도인들은 배수구나 쓰레기 더미에서 기다리고 있다가 아기들을 구했다. 이방인들이 '회심'을 강요하고 이방 문화를 폭력으로 주입하려 할 때 그리스도인들은 신실하고 담대한 은혜의 복음의 증인이 되었다.

이것이 기독교가 지속적으로 유지된 비결이다. 무엇과도 비교할 수 없이 완전히 특별한 메시지.

자신의 메시지를 위해 남을 죽이는 것이 아니라 그 메시지를 위해 스스로 기꺼이 죽고자 하는 것. 이것이 수 세기가 지나서도 기독교가 쇠퇴하지 않은 이유이다.

우리의 최고의 전략은 죽는 것이다

초대 교회 교부였던 테르툴리아누스(Tertullian)는 "순교자의 피는 교회의 씨앗이다."라고 말했다.

기독교는 고난과 박해 속에서 항상 가장 빠르게 전파된다는 뜻이다. 그리고 실제로 기독교인을 많이 죽이면 죽일수록, 더 많은 기독교인이 탄생했다. 이 같은 사실은 아시아와 아프리카 같은 지역에서 더욱 입증되고 있다. 그런데 ISIS나 알카에다 같은 테러 집단은 말 그대로 자기 지역에서 그리스도인과 그리스도인으로 의심되는 모든 사람을 죽이려는 것 같다.

그들은 믿을 수 없는 놀라운 사실을 하나 모르는 것 같다. 기독교의 성장 뒤에는 하나님이 계시며, 기독교의 특별함은 폭력이나 살상이 아닌, 세상 그 누구도 갖지 못한 은혜의 메시지 안에 있다는 사실 말이다. 심지어는 집집마다 전도하러 다니는 세련되고 친절한 몰몬교인에게도 그런 메시지는 없다. 그들은 실제로 목을 조르는 게 아니라 말로 사람을 질식하게 하는 편이지만, 아무튼 그들의 메시지도 이슬람 테러리스트와 별반 다르지 않다. "우리와 같은 삶의 방식을 따르든지 죽든지 둘 중 하나."

그러나 그리스도인들은 이렇게 말한다. "당신의 삶을 주님께 드리며 사십시오."

그리스도인들은 죽음을 통해 자신의 믿음을 오랫동안 증명해 왔다. 테르툴리아누스의 말이 틀리지 않았다.

우리는 종교적 화려함이나 겉으로 드러나는 행동을 통해 사람들을 설득하려 하지 않는다. 우리는 단지 그들이 복음을 듣기 원한다. 그리고 그들이 복음을 듣는 일에 우리의 죽음이 필요하다면, 기꺼이 죽을 것이다. 우리의 죽음은 복음이 더 크게 들리게 할 것이다.

루마니아에서 박해받은 조셉 쏜 목사는 이렇게 회상한다.

플로이에슈티에서 심문 받던 초기, 나를 죽이겠다고 협박하는 경찰에게 말했습니다. "선생님, 제가 이 문제를 어떻게 보는지 알려 드리지요. 당신의 최고의 무기는 저를 죽이는 것입니다. 제 최고의 무기는 죽는 것입니다. 이제 어떻게 될지 생각해 보십시오. 제 설교 테이프가 전국에 퍼진 것을 아실 겁니다. 만일 당신이 저를 죽이면, 그 설교 위에 제 피가 뿌려지는 겁니다. 모든 사람이 제가 설교 때문에 죽은 것을 알게 될 겁니다. 그러면 사람들이 제 설교 테이프를 집어 들고 이렇게 말하겠지요. '이 사람의 설교를 한 번 더 들어 봐야겠어. 이 사람은 자신이 진짜로 믿은 것을 설교한 게 분명해. 죽으면서까지 자신의 설교를 증명했으니까.' 선생님, 그렇게 되면 제 설교는 이전보다 열 배는 더 커지는 겁니다. 당신이 저를 죽인다면, 저는 최상의 승리를 맛볼 것입니다."[2]

다른 종교에서는 선교사가 자신의 신념을 위해 죽을 준비가 되면, 혼자 죽지 않고 불특정 다수와 함께 죽으려 한다. 하지만 그리스도인은 다른 사람을 살리고자 죽는다. 죽음은 아주 중요한 것이다. 죽음은 우리에게 생명보다 더 소중한 것이 있음을 보여 준다. 예수님과 그분을 알리는 것이 우리에게 가장 소중한 것이다.

---

2) Josef Tson, "Thank you for be beating," *To Every Tribe* (Fall 2009), 5.

심지어 ISIS의 살인 집단조차 이를 아는 듯하다. 그들의 노력은 확실히 그들의 믿음이 얼마나 진지한지 보여 준다. 그러나 동시에 그들이 살해한 그리스도인의 믿음도 진지함을 보여 준다. 개릿 켈은 ISIS 박해의 공포에서 기독교로 개종한 여인에 대한 이야기를 소개한다.

공허함이 커질수록, 예수를 알아가는 셀마의 여정에 더욱 박차가 가해졌다. 셀마는 마음에 평강이 없었고, 하나님이 누구시며 자신을 향한 하나님의 목적이 무엇인지 알고 싶은 열망이 커졌다. 셀마는 중동지역의 한 국가에서 자랐다. 그래서 본인과 주변 모든 사람은 알라만이 유일한 참 신이라 믿고 살았다.
그러나 셀마는 코란을 읽으며 접한 인색하고 잔인하고 변덕스러운 신의 모습에 마음의 공허함이 더욱 깊어졌다. 그녀는 오랜 고민 끝에 아무런 답을 얻지 못한 채 코란을 덮었다. 왠지 모를 불안이 커져 갔지만, 그럴수록 하나님께 더 가까이 가고 싶은 열망도 커졌다.
하나님의 은혜와 놀라운 섭리로 셀마는 성경을 구해 예수님에 관한 복음을 듣게 되었다. 셀마는 예수님은 단지 선지자가 아니시며, 육신으로 오신 하나님이시고, 죄인들을 위해 죽으시고 부활하셔서 이제는 누구든지 그를 믿으면 죄 사함을 얻다는 사실을 들었다.
셀마는 성경을 읽으며 매 페이지마다 말씀하시는 그분께 끌렸다. 읽으면 읽을수록 성경이야말로 "생명이 되신 말씀으로" 인도하는 "생명의 말씀"이라는 확신을 갖게 되었다.

주님을 알고자 하는 여정에는 많은 장애물과 위험이 도사리고 있었다. 하지만 셀마는 계속 하나님을 알아가기 갈망했다. 평강을 갈망하는 마음, 하나님의 의를 구하고 하나님께 더 가까이 가고 싶은 마음은 좀처럼 사그라지지 않았다. 그러던 중 예수님에 대한 열망을 더욱 깊어지게 하는 전혀 상상치 못한 사건을 접하게 되었다.

그날 셀마는 뉴스에서 ISIS에 의해 21명의 에티오피아 기독교인들이 살해되었다는 소식을 들었다. 그녀는 텔레비전에 비쳐진, 예수님의 영광 앞에 무릎 꿇은 21명의 얼굴에 나타난 평강을 보고 이상하게 매료되었다.

그들은 어떻게 하나님과 저런 평강을 누릴 수 있던 걸까?

어떻게 죽음의 순간에도 그토록 편안해 보일 수 있었을까?

셀마는 자신이 이해하지 못하는 능력이 있음과 또한 그 힘이 자신이 성경에서 읽은 하나님께로부터 나옴을 알게 되었다.

며칠 뒤, 셀마는 순교 당한 사람들의 가족이 전하는 간증을 듣고 당황했다. 자신의 아들, 형제, 아버지를 살해한 사람들을 용서하겠다고? 한 어머니는 자신의 아들이 천국에 있음을 확신하기에 하나님을 찬양한다고 말하며, ISIS 병사들을 집으로 초대해 그들이 죽인 아들이 그토록 사랑했던 구세주에 대해 말해 주고 싶다고 했다.

도대체 어떻게 그 가족들은 자신의 아들과 남편과 아버지를 살해한 사람들을 용서할 수 있단 말인가?

셀마는 이 또한 인간으로서는 할 수 없지만, 하나님이 그들을 그렇게 반응하게 하신 것을 알았다.

ISIS는 기독교인을 죽임으로써 기독교를 파괴하고 없앨 수 있다 생각했겠지만, 정작 그들의 악행은 다른 사람들로 하여금 그들이 아닌 예수님의 평강 안에서 죽어간 기독교인들을 주목하게 했다. 셀마는 그들이 이런 결과는 미처 생각하지 못했을 것이라고 말했다. 사람들은 죽어가는 이들의 얼굴에서 평강과 위로와 능력을 보게 되고, 그것은 사람들로 하여금 답을 구하게 하며, 결국 길이요 진리요 생명이신 그분을 알게 된다.

우리 주님의 은혜와 자비가 셀마의 눈을 열었다. 이는 그녀뿐만 아니라 하나님이 친히 인도하셔서 예수님이 한낱 선지자가 아니라는 사실을 알게 된 많은 무슬림의 간증이기도 하다.[3]

이것이 우리가 죽음도 문제없다고 여기는 이유이다. 차이를 만드는 것은 우리 자신이 아니라 하나님이시다. 사람들을 변화시키는 힘이 무엇인지 그리스도인들이 믿는 바는 분명하다. 즉, 그리스도인이 아니라 그리스도이시다. 그렇다면 기독교의 선교는, 우리가 사람들의 마음을 변화시키는 것이 아니라(우리는 절대 그 일을 해낼 수 없으므로), 예수 그리스도의 복음을 나누는 것이다. 실제로 사람들의 마음을 변화시키는 것은 예수 그리스도의 복음이다.

논리적으로 따지면 말이 되지 않는다. 세상의 상식으로는 이해가 안 된다. 사람을 변화시키는 것은 탁월한 지혜도 아니고 기적의 징

---

3) Garrett Kell, "How ISIS Helped Salmaa Become a Christian," *For the Church* (May 14, 2015), http://garrettkell.com/how-isis-helped-salmaa-become-a-christian/.

후도 아니란다. 단순한 메시지, 선언이란다. 그것도 사실 따지고 보면(정보라는 측면에서 보면) 그냥 역사적 진술에 불과하지 않은가.

하지만 그것이 우리가 가진 전부이다.

다른 종교는 야만적인 방법이나 뇌물, 약탈이나 조작으로 설득하고 회유하려 하지만, 우리는 메시지를 가졌다.

이 말에 당신은 어쩌면 그것이 뭐가 대수롭냐며 어깨를 으쓱하고 있을지 모르겠다.

어떤 종교는 우리 목에 칼을 들이대며 협박하지만, 그것은 겨우 한 사람 분의 목숨만 협박할 수 있다. 어떤 경우는 법으로 회유하기도 한다.

기독교는 어떠한가? 기독교가 내세우는 것은 "이렇게 하라."라는 명령이 아니다. "다 이루어졌다."라는 안내이다. 도대체 무슨 생각을 하는 걸까? 마치 랍사게가 히스기아에게 물었던 것과 같다. "네가 싸울 계교와 용력이 있다고 한다마는 겨우 입에 붙은 말뿐 아니냐?"

(왕하 18:20 참조)

우리의 대답은 "그렇다."이다. 정말 그렇다.

2천 년 전에 벌어진 한 사건에 대한 소식이 바로 오늘날 우리의 능력이다. 그것이 견고한 진을 파괴하고 영적인 왕국을 깨부순다. 그 소식이 죽은 사람을 부활시키고 지친 사람들을 소생시킨다. 그것이 붙잡기도 하고 풀어 주기도 하고, 세우기도 하고 부수기도 하며, 변화시키기도 하고 두렵게도 한다. 지긋지긋한 공중의 권세 잡은 자는? "말 한마디로 떨어질 것이다."[4]

어떤 사람은 지혜를 구하고 어떤 사람은 표적을 구한다. 그러나 우리는 십자가에서 죽으신 그리스도를 전한다. 어리석어 보인다. 거리끼는 일이다. 교묘한 종교적 책략의 거대한 톱니바퀴가 돌아가고, 철학의 두루마리가 끊임없이 펼쳐지고, 영적 폭력의 유혈과 억압의 행진이 계속되어도, 우리는 "날 사랑하심 날 사랑하심 성경에 쓰였네."라고 노래할 수 있다.

심지어 이건 아이들 찬송가 아닌가, 맙소사.

하지만 이 삐뚤어지고 악한 세상, 불공평이 만연한 세상, 깊이 상처 입은 세상, 절망의 세상, 자포자기하고 절망적인 세상에서 이 작은 메시지가 우리의 유일한 소망이다.

그리고 그것이 유일한 능력이다. 멈출 수 없다. 언젠가 모두 무릎을 꿇고 모든 방언이, 이 말도 안 되는 것 같은 개념 앞에 반응할 것이다. 후회의 반응이든 예배의 반응이든 말이다. "곧 너희가 전에 복음 진리의 말씀을 들은 것이라 이 복음이 이미 너희에게 이르매 너희가 듣고 참으로 하나님의 은혜를 깨달은 날부터 너희 중에서와 같이 또한 온 천하에서도 열매를 맺어 자라는도다"(골 1:5-6).

---

[4] Martin Luther, "A Mighty Fortress Is Our God," hymn, c. 1529, translated by Frederick H. Hedge, 1853. (한글 새찬송가에는 "이 땅에 마귀 들끓어 우리를 삼키려 하나 겁내지 말고 섰거라 진리로 이기리로다."라고 번역되었다.-역자주)

though
10

죽으면 다 끝이지 영생이 꼭 필요한가요?
: 세상 어디에도 영원한 하나님 나라만큼 위대한 현실은 없다.

그는 자신의 이름이 토카라고 했다. "노래 가사처럼 말이에요."
"노래요?"
"왜 있잖아요, '나는야 심야의 토카.'"
"아……."

그는 적어도 내가 아는 사람 중에서 스티브 밀러 밴드를 아는 첫 번째 무슬림 택시 운전사이다. 그런 사람과 시간을 같이 보내는 특권을 누리다니…….

나는 그 도시 북쪽에서 열리는 목회자 컨퍼런스에 참석 중이었는데, 그날 다운타운에서 몇몇 친구들과 식사를 하기로 되어 있었다. 하지만 약속 장소에 도착해서도 나는 (택시 운전사로서가 아닌) 그날 새로 사귄 친구 토카와 택시 안에서 30분 정도 이야기를 더 나누었다.

사실 우리의 대화가 어떻게 시작되었는지 기억이 나지 않는다. 그러나 꽤나 빨리, 꽤 깊은 이야기까지 나누게 되었다. 그는 목적지에 도착할 무렵에는 막내만 출가하면 아내와 이혼할 거라는 이야기까지 했다. 자기 계발 관련 책을 많이 읽는다고도 했다.

토카는 자신이 무슬림이라고 말했지만, 사실은 이름뿐인 신앙인이었다. 그 역시 대부분의 사람들처럼 '나쁜 일보다는 착한 일을 더 많이 하고 살아야 한다.'라는 생각을 갖고 있었다.

내가 물었다. "이혼을 원하세요?"

"아니요. 저보다는 아내가 이혼을 원해요. 아내는 우울증이 심해요. 저야 그녀를 돕고 싶지만, 그녀가 저를 더는 사랑하지 않는 것 같아서 헤어지는 게 나을 듯해요. 그래서 우리 막내만 커서 독립하면……." 그는 여기서 "휙" 하며 손짓을 했다. "날 떠나겠죠."

"당신이 믿는 종교는 이런 상황에 대해 뭐라고 가르치나요?"

"뭐, 뻔하잖아요. 잘못된 거라고 하죠."

"그래서 어떻게 하실 건가요?"

"제가 뭘 할 수 있겠어요?"

"아내를 사랑해야죠."

"제가 지금 왜 이러는데요? 아내를 사랑하지 않는 것 같나요?"

"음, 그래요. 미안해요."

"매일." 그는 말을 이었다. "아침에 일어나면 나는 그냥 내 할 일 하고, 서로 걸리적거리지 않으려 노력해요. 그냥 하루하루 간신히 보내는 거죠."

"그건 사는 게 아니죠."

"맞아요."

"당신의 종교는 뭐라 그럴 것 같은데요?"

"뭐에 대해서요?"

"하루하루를 그냥 간신히 보내는 거."

"잘 몰라요. 좋지 않다고 하겠죠. 그래도 긍정적인 면을 봐야죠."

"긍정적인 면을 봐야 한다고요?"

이슬람 신학에서는 전혀 기대할 수 없던 말이다. 오히려 조엘 오스틴의 사상과 더 가깝게 들렸다. 이야기를 나눌수록, 토카의 신학은 이슬람보다는 조엘 오스틴과 더 가까운 듯했다.

내가 물었다. "그럼, 이 세상이 다 끝났을 때 그 후에는 뭐가 있을까요?"

"세상이 다 끝났을 때요? 신 앞에서 심판 받겠죠."

"신이 당신을 천국으로 인도하기를 바라시나요?"

"그럼요."

"신이 당신을 천국에 데려갈지 아닐지 어떻게 알죠?"

"그건 말이죠." 맹세코 내가 지어낸 말이 아니라 토카가 예로 든 거다. 분명 누군가 복음을 전하면서 엉터리 예화를 들려준 게 확실하다. "마치 큰 저울과 같은 거예요."

토카가 무슨 이야기를 하려는지 분명히 알 수 있었다.

그는 계속 말을 이었다. "한쪽에는 착한 일, 반대쪽에는 잘못한 일을 올려놓고 저울질을 하는 거죠."

"그래서 어느 쪽으로 더 기울던 간에 그걸 기준으로 결정을 하시겠죠."

"그게 제일 틀림없죠."

나는 토카의 말을 끊지 않고 계속 들었다. 그리고 잠시 후 토카에게 물었다. "당신의 저울은 어때요? 착한 일 쪽으로 기울 거라 생각되나요?"

토카는 잠시 생각하는 듯했다. 그리고 부드럽게 대답했다.

"아니요."

"저도 착한 일보다는 나쁜 일을 더 많이 한 것 같아요."

냉소적 낙관론

그리스도인들은 인간 이해에 있어 낙관적 비관주의 태도를 갖고 있다. 이 세상에 대해서는 냉소적 낙관주의 태도를 갖고 있다.

토카의 이야기를 들으며 마음이 아팠던 부분은, 그가 천국에 갈 만큼 착하지는 않지만 어쨌든 착하게 살려고 노력한다는 점이 아니다. 그가 하루하루를 '마지못해' 산다는 이야기였다. 문득 잭 니콜슨과 모건 프리먼이 출연한 영화 "버킷 리스트"(The Bucket List)가 생각났다. 죽을 날이 얼마 남지 않은 두 사람이 비행기 안에서 하나님에 대해 이야기를 나눈다. 니콜슨의 역할은 무신론자였는데, 인생이 뭐냐는 친구의 질문에 이렇게 대답한다. "계속 굴러가는 버스 바퀴 같은 거지, 뭐."

여러분도 이렇게 생각하는지 모르겠다. 삶을 그렇게 사는 게 얼마나 우울한 건지 알았으면 좋겠다. 어쩌면 이 삶이 끝난 다음에는 아무것도 없다고 생각하는 사람에게 그런 삶의 방식은 오히려 합리적일지 모르겠다.

그리스도인들도 세상 사람들과 똑같은 신문 헤드라인을 읽는다. 세상이 얼마나 끔찍한지 우리도 안다. 세상이 불공평하다는 것도 안다. 우리도 이 세상에서 벌어지는 전쟁과 인종차별, 빈곤, 전염병 그리고 부패를 본다.

우리도 다른 많은 사람들과 마찬가지로 교육과 기아대책, 채무 구제, 법률의 강화, 더 나은 리더십 등이 형편을 나아지게 할 것이라 믿는다. 그러나 동시에, 다른 사람들과 달리 우리는 예수 그리스도가 다시 오셔서 그의 나라를 이 땅에 이루실 때까지 세상은 항상 어떻게든 요란하리라는 것도 안다.

이것이 바로 우리가 냉소적이지만 동시에 낙관적일 수 있는 이유이다. 우리는 인간 본성에 대해 냉소적이며, 우리 스스로는 절대 해결할 수 없음을 안다. 문제는 우리 자신이다. 우리가 바뀌지 않는 한, 늘 같은 문제를 겪을 수밖에 없다. 기술의 발전과 세계화의 가속화로 인해 그 사실을 더 빨리 그리고 더 효율적으로 알게 되는 것 같다. 사도 바울은 로마서 8장에서 모든 피조물이 구원을 갈망하며 신음한다고 했는데 그 표현에 완전 동감한다. 세상은 매일 신음하는 것 같다. CNN(www.cnn.com)에 들어가 보라. 버즈피드(www.buzzfeed.com)에 접속해 보라. 전 세계가 울고 있다.

그런데 바울은, 겉으로 보이는 것과 달리, 피조물들이 죽음의 극심한 고통이 아닌 탄생의 고통 속에서 신음한다고 말한다. 창조는 무언가를 터뜨리는 것이 아니라 무언가에 길을 여는 것이다. 창조는 쾅하는 소리나 낑낑대는 신음이 아니라 우리가 상상할 수 없는 치열한 변형을 통해 완성된다.

요한계시록을 기록한 사도 요한이 본 환상에서는 예수님이 권위로 선포하신다. "보라 내가 만물을 새롭게 하노라"(계 21:5).

내 친구 스캇은 예수님이 모든 새로운 것을 만들겠다고 하지 않으셨음을 지적했다. 모든 것을 새롭게 하겠다고 말씀하셨다. 구원이 온다. 회복이 온다. 새롭게 됨이 온다. 그러기에 이 땅에서의 삶은 엄청난 공명을 가진다. 하지만 오직 새로운 세상의 빛이 되시는 그분의 이름으로 될 때만 그렇다(23절 참조).

그리스도인들은 인간이 본질상 죄인이며, 그렇기 때문에 장차 올 새로운 세상에 영원히 들어가지 못하고 회복된 새벽빛에 의해 이 땅 밖으로 밀려나 불과 정죄의 어둠에 처할 존재라는 사실을 믿는다. 이 때문에 우리는 사람과 그 삶의 방식에 냉소적이 된다.

또한 그리스도인들은, 자신의 죄를 회개하고 예수님을 믿는 자에게 풍성한 사랑이 있음을 선언하고자 하나님이 예수 그리스도를 보내셨음을 믿는다. 이것이 우리를 영원히 낙관적이게 한다. 옛 세상은 지나가겠지만, 속으로는 매일 새롭게 되고 있기 때문이다.

어떤 종교는 환생을 기대한다. 또 어떤 종교는 낙원 혹은 그 비슷한 곳에서 육체에서 분리된 행복을 누릴 것이라 기대한다. 그리스도인들은 회복된 피조물, 고통도 죽음도 슬픔도 무법도 없는 새 에덴에서의 영원한 생명을 갈망한다. 우리는 모든 피조물이 죄와 사망의 저주에서 구원받은 새 하늘과 새 땅을 고대한다.

물론 천국에 간다

우리 세대는 성경이 가르치는 미래에 대해 제대로 배우지 못했다. 우리가 죽으면 천국에 간다는 말은 많이 들었지만, 천국이 이 땅에 임하는 것에 대해서는 별로 듣지 못했다. 비단 나만의 경험은 아니다. 교회에서 자란 내 또래의 사람들 대부분이 나와 똑같은 말을 하기 때문이다. 몇 주 전에 한 친구가 같은 교회 교인과 신학적인 주제로 이야기를 나누었는데, 그 교인이 '새 하늘과 새 땅'이라는 표현을 듣고는 갑자기 친구의 말을 가로막았다고 한다. "아니, 잠깐만, 뭐라고?" 그는 그런 표현을 한 번도 들어본 적 없었던 것이다.

이런 현실이 참 안타깝다. 왜냐하면 새 하늘과 새 땅의 교리는 엄청난 교리이기 때문이다. 구약성경에 기록된 이리가 어린양과 함께 뒹구는 모습(사 11:6), 물이 바다 덮음 같이 하나님의 영광이 온 세상을 덮는 모습(합 2:14) 등 이것은 성경 전체를 통해 소개되고 있다. 그중 이사야 선지자의 표현이 가장 직접적이다.

"보라 내가 새 하늘과 새 땅을 창조하나니
이전 것은 기억되거나 마음에 생각나지 아니할 것이라"(사 65:17).

이사야 65장의 뒷부분을 보면 회복된 미래의 조화롭고 아름다운 모습이 나온다. 고난의 사람 욥은 **심지어 자신이 죽은 후에** "육체 밖에서" 마침내 "땅 위에 서실" 하나님을 볼 날을 고대한다고 말했다 (욥 19:25-26).

신약성경에서는 이러한 예언을 더 구체적으로(살을 더 붙여서), 즉 부활하신 영광의 예수 그리스도께서 하늘에 오르신 바로 그 모습대로 다시 오셔서 주님이 처음 사역을 시작하실 때 선포하셨던 바로 그 하나님 나라를 완성하실 것이라 알려준다.

"그러나 주의 날이 도둑 같이 오리니 그 날에는 하늘이 큰 소리로 떠나가고 물질이 뜨거운 불에 풀어지고 땅과 그 중에 있는 모든 일이 드러나리로다 이 모든 것이 이렇게 풀어지리니 너희가 어떠한 사람이 되어야 마땅하냐 거룩한 행실과 경건함으로 하나님의 날이 임하기를 바라보고 간절히 사모하라 그 날에 하늘이 불에 타서 풀어지고 물질이 뜨거운 불에 녹아지려니와 우리는 그의 약속대로 의가 있는 곳인 새 하늘과 새 땅을 바라보도다"(벧후 3:10-13).

"또 내가 새 하늘과 새 땅을 보니 처음 하늘과 처음 땅이 없어졌고 바다도 다시 있지 않더라 또 내가 보매 거룩한 성 새 예루살렘이 하나님께로부터 하늘에서 내려오니 그 준비한 것이 신부가 남편을 위하여 단장한 것 같더라 내가 들으니 보좌에서 큰 음성이 나서 이르되 보라 하나님의 장막이 사람들과 함께 있으매 하나님이 그들과 함께 계시리니 그들은 하나님의 백성이 되고 하나님은 친히 그들과 함께 계셔서 모든 눈물을 그 눈에서 닦아 주시니 다시는 사망이 없고 애통하는 것이나 곡하는 것이나 아픈 것이 다시 있지 아니하리니 처음 것들이 다 지나갔음이러라"(계 21:1-4).

하나님의 장막이 사람들과 함께 있다. 그리고 하나님이 새로운 세상에서 그들과 함께 계실 것이다. 마가복음 13장과 마태복음 24장에서 예수님이 가르치시며 친히 고대하셨던 '마지막 때'에 관한 이야기가 이것이다.

주님은 다시 오실 것이며, 심판과 공의를 이루실 것이다. 그리고 주님은 이 땅 모든 곳에서, 주님이 떠나시는 모습을 직접 목격하고 천국에서의 안식을 열망하는 사람들을 포함해(고전 15:35-53) 주님을 따르는 모든 사람을 불러 모으실 것이다. 그때 우리는 모든 지역에서, 완전히 깨지고 혼란스럽고 완전히 어두운 세상을 회복시키러 오시는 하나님의 영광을 송축할 것이다.

이 땅의 천국, 믿을 수 있겠는가?

우리는 인류의 타락 이후로 모두 이것을 건설하려 해 왔다. 심지어는 종교가 없는 사람들조차 하나님 없이 평화와 조화를 이루려고 노력했다. 그래서 우리 모두는 이 때문에 어느 한 부분씩은 깊이 신음하고 있다. 우리 안에 깨어진 하나님의 형상이, 회복과 영혼의 평안을 위해 소리치는 것이다. 우리는 오직 하나님이 새 일을 행하실 때에만 그것을 찾을 수 있다.

그래서 우리는 절대 이것을 놓쳐서는 안 된다.

이것이 기독교가 특별한 또 하나의 이유이다. 이를 대체할 다른 방법은 없다. 예수님만이 길이요 진리이며 생명이시다. 주님을 떠나서는 누구도 이 회복을 얻을 수 없다(행 4:12). 모든 길이 한 곳을 향해, 그리스도의 심판의 자리를 향해 한다. 그리고 다음 세상으로 가는 확실한 갈림길이 나타난다. 예수님은 새롭게 회복된 세상에서 영원한 쉼, 평강, 기쁨 그리고 경이로움을 주신다. 그것은 놀라운 일이 될 것이다.

세상 모든 영역에서 모든 것이 서서히 소멸하고 있다. 그래서 우리는 세상에 대한 낙관적인 태도가 필요하다. 나이가 들면 들수록 '지금 최선의 삶을 살라.'라는 말이 점점 더 의미 없게 느껴진다. 점점 더 많은 친구들이 병들어가고, 점점 더 많은 친구들이 죽는다. 이전에도 말했듯 죽지 않는 사람은 없다. 누구도 내일을 보장할 수 없다. 한 치 앞도 모르는 게 인생이다.

고통 가운데 있는 사람에게 가장 큰 소망이 무엇이겠는가? 죽음을 앞둔 사람에게 큰 소망이 있다면 무엇이겠는가? 부당한 행위와 억압을 당하는 사람에게 큰 소망이 무엇이겠는가? 가해자에게 정의가 실현되는 것이다. 하지만 그 다음은?

하나님의 공의가 주는 만족은 세상의 정의를 뛰어넘고 이생의 삶을 초월한다. 길게 살아야 100살 정도일 이생의 삶은 영원의 관점에서 보면 한순간에 불과하다. 전 세계 해변가 모래사장의 모래 한 톨의 원자 크기만도 못한 것이다.

사람들 대부분이 원자 크기만 한 삶이 전부인 양 살고 있다. 이생에서의 삶이 더 나아지는 데 우리의 모든 에너지와 시간을 쏟아붓고 있다.

그런데 모든 것에는 끝이 있다. 지금이라도 영원한 것에 관심을 가져 보면 어떨까? 그보다 더 위대한 현실은 없다.

2014년 부활 주일에 내 친구 나탈리는 누군가에게 "눈에 황달이 심하네요."라는 말을 들었다. 그래서 바로 다음날인 월요일, 병원에 가서 혈액검사를 받았다. 화요일에 의사로부터 전화가 왔다. "빨리 응급실로 가십시오!" 그러고는 1주일 이상 병원에 입원해 검사를 받았다.

처음에는 담관에서 문제를 발견했는데, 계속되는 검사 과정에서 생존율이 거의 없다는 췌장암도 발견되었다. 담관 시술의 결과 여러 가지 합병증이 유발되었는데, 그 결과 나탈리는 극도로 쇠약해졌다. 담낭에 공기가 찼고, 담관이 부었으며, 여기저기 천공이 있다고 했다. 설령 그것들이 치료된다 해도, 여전히 암 때문에 살아남기는 힘들다고 했다.

그 시점에서 나탈리는 그 이상의 치료를 거부했다. 수술을 더는 견딜 수 없었던 것이다. 하나를 시술하면 또 다른 세 가지 시술을 초래할 뿐이었다. 나탈리는 소용없는 짓이라 생각했다.

나탈리는 미들타운(Middletown)에 있는 친구 집에 가서 호스피스의 도움을 받았다. 그녀에게 남은 날은 고작 며칠에서 길어야 2주 정도라고 했다. 나탈리는 엄청난 통증을 호소했고, 우리는 인체의 신비와 하나님의 위대한 기적을 통해 천공이든 공기 차는 것이든 담즙이든 정상적으로 돌아오기를 바랐다. 하지만 여전히 췌장암은 그대로 남아 있었다. 아무도 살아남지 못했다는 그 췌장암.

나는 그녀에게 성경을 많이 읽어 주었다. 나탈리는 음녀와 용 그리고 우박과 목 베임 등의 이야기가 담긴 계시록과 헛됨, 의미 없음 그리고 바람을 쫓는 이야기가 담긴 전도서를 읽어 달라고 했다. 나탈리는 그런 어려운 주제들을 피하려 하지 않았다.

나는 예수님이 교회들에게 보낸 편지를 읽다가 문득 "왜 계시록을 선택하셨죠?"라고 물었다. "주님이 거듭해서 '내가 네게 책망할 것이 있다.'라고 말씀하시는 내용이잖아요."

나탈리가 대답했다. "주님이 나를 책망하시는 건 아니잖아요!"

정말 그랬다.

다시 물었다. "그럼 전도서는요?"

그녀가 대답했다. "재산이 많고 돈이 많고 유명해도 아무 소용이 없다고 하잖아요. 내가 삶을 허비하지 않았다고 확인해 주는 것 같아서 좋아요."

어떤 사람들은 나탈리에게, 그녀를 아프게 두시는 하나님께 화가 난다고 말하기도 했다. 그런데 나탈리는 오히려 그들이 하나님께 화를 낸다는 사실에 화를 냈다. 그녀는 이렇게 말했다. "우리가 가진 모든 것은 애초부터 우리 것이 아니라 하나님 것이에요."

하루는 자신이 받은 카드들을 가리키며 말했다. "저것들을 다 치워 버렸으면 좋겠어요."

"왜요?"

"하나같이 내가 얼마나 잘났고, 내가 자기들에게 무슨 큰일이라도 해 준 듯 말하잖아요. 그 사람들은 사실 내가 얼마나 이기적인지 잘 몰라서 그래요. 혹시라도 내가 그들에게 선행을 베풀었다면, 그건 내가 한 게 아니에요."

나탈리에게는 장성한 자녀들이 있었다. 자녀들이 모두 엄마를 보기 위해 찾아왔다. 심지어는 스웨덴에 사는 아들도 찾아왔다. 아들이 말했다. "만일 의사들이 담즙과 공기 차는 것에 대해 제대로 처치했다면 상황이 좀 달라졌을까요? 혹시 엄마가 상태가 좋아져서 기분이 좀 나아지면, 마음을 바꾸셔서 암 치료도 받으려 하실 수 있잖아요."

하지만 췌장암을 이기고 생존한 사람이 없다는 걸 안다.

나탈리는 자신이 얼마나 더 살지 정확히 몰라서 속이 상한 듯했다. "벌써 11일 전에 며칠 더 살거나 길어야 2주라고 했는데, 이제는 얼마 남았는지 가르쳐 주지도 않네요." 그녀는 말을 멈추고는 잠시 눈을 감았다. "하나님은 아시겠지."

체격 좋고 건강하고 장대한 여인이라 생각했던 나탈리가 신체적으로나 체력적으로 기운 없이 쪼그라드는 모습을 지켜보는 것은 여간 힘든 일이 아니었다. 그때 의사들은 그녀에게 2주 정도 남았다고 말했다.

그녀는 9개월을 더 살았다.

우리 교회에서 내가 목회하는 동안 아팠던 사람이 그녀가 처음은 아니었다. 지난 몇 년간 최소 5명 정도는 암으로 투병한 것 같다. 우리 교회는 그다지 큰 교회도 아니다.

교회 성도들이 투병하는 과정을 보며 배운 한 가지가 있다. 성도 한 분이 돌아가실 때마다 오히려 나머지 공동체 구성원의 정신이 강해진다는 것이다. 그들이 작아질수록 하나님은 커지신다. 성도의 죽음은 마치 모든 것을 그분의 발앞에 두고 복종케 하실 그리스도의 날이 가까워지고 있다는 예보처럼 느껴진다. 그날에 그들은 사라지는 게 아니라 구속되고, 부활하고, 회복될 것이다. 성도가 죽을 때 우리는 작아지고 하나님은 더 커지시기에 주님이 만유의 주로서 만물 안에 계실 것이다(고전 15:28).

내 친구 리처드는 몇 년 동안의 투병생활 끝에 결국 뇌종양에 굴복하고 말았다. 그때 그는 겨우 30대 초반이었다. 젊은 아내와 두 자녀가 유족으로 남았다.

병세가 악화되는 것을 지켜보는 일은 정말 가혹했다. 암은 정말 끔찍하다. 암은 사람을 차별하지 않는다. 내 말이 무슨 뜻인지 잘 알 것이다.

리처드가 죽기 하루 전날, 나는 친구의 임종을 지키기 위해 그의 집을 찾았다. 친구가 누운 침대 옆에는 그의 아내가 간호하면서 사용하는 침대가 나란히 있었다. 리처드는 의식이 없었지만, 우리가 그에게 말을 할 수는 있다고 했다. 그런데 리처드의 침대와 간병용 침대가 바짝 붙어 있어서 리처드 가까이 앉을 수가 없었다. 옆에 있는 침대에 나란히 눕는 수밖에 없었다.

내가 리처드와 얼굴을 마주보도록 침대로 올라가 옆으로 눕는 것을 그의 여동생과 이모가 지켜보았다. 나는 아주 가까이 누워 리처드의 마른 얼굴을 보았다. 눈을 감은 채 입을 벌리고 있었다. 그의 느리고 힘겨운 호흡을 느끼고 맡을 수 있었다. 그가 내 목소리를 들을 수 있을지 모르겠지만, 나는 그에게 말했다. "리처드, 하나님이 자네를 사랑하고, 인정하시네." 그것은 10년 전에 내가 정서적으로 극도의 쇠진 상태에 빠져 자살하려 했을 때 성령님이 내 마음 가운데 하신 말씀이었다.

계속해서 리처드에게 말했다. "리처드, 주님이 자네를 자랑스럽게 여기고, 자네의 믿음 때문에 자네를 맞을 준비를 하고 계시네." 그리고 나는 언젠가 레이 오트런드가 테네시에 있는 칸쿤 멕시칸 식당에서 내게 해 준 이후 상당히 의미 있는 위로가 된 말을 리처드에게 했다. "자네는 강한 하나님의 사람일세."

사실 친밀하고 허물없고 아주 가까운 사이에서 하기에는 조금 이상한 말처럼 들릴 수 있다. 죽어가는 리처드에게 하기에도 이상한 말일 수 있다. 확실히 그는 강해 보이지도 않았고, 스스로 강하다 느낄 수도 없는 상황이었으니 말이다.

평범한 때나 일상적인 때, 지루할 때, 극심한 고통 가운데 처했을 때, 우울증이 너무 깊어 아무런 감각도 느껴지지 않을 때, 생명과 안전이 위협받을 때 그리스도만이 전부이다. 그리고 그게 끝이 아니다. 무언가 더 있다.

리처드는 다음날 죽었다.

그의 몸은 결국 죽음의 저주 앞에 굴복했다. 뇌종양을 이겨 낸 사람은 거의 없다.

하지만 그는 사망 권세를 이겨 냈다. 진짜 이겼다!

하나님의 임재 앞에 있을 그의 모습을 생각해 보라. 그리스도의 의로 옷 입고 흠 없는 모습으로 서 있을 모습을 생각해 보라. 이미 그리스도께서 보좌에 앉으신, 하나님의 거룩한 나라에 들어가 하나님 안에 감추어진 모습을 상상해 보라.

리처드는 넉넉히 이겼다. 나탈리도 넉넉히 이겼다. 천국 문에 들어갈 때 그들은 비록 자신의 연약한 육체로 갔지만, 곧 그 반대편으로 나올 때 그들의 몸은 신선하고 새롭고 회복되고 구속된, **부활**의 몸이었다.

예수님은 울고 있는 나사로의 동생들에게 이렇게 말씀하셨다. "나는 부활이요 생명이니 나를 믿는 자는 죽어도 살겠고 무릇 살아서 나를 믿는 자는 영원히 죽지 아니하리니 이것을 네가 믿느냐"(요 11:25-26).

나는 믿는다. 하나님의 은혜로 나는 그것을 믿는다.

나탈리도 믿었다. 의사들은 췌장암을 견디고 살아남은 사람은 아무도 없다고 했다. 그러나 그리스도의 보혈의 능력은 다르게 말한다. 나탈리는 사망 권세를 이겼다.

누구든지 그리스도 안에 있으면 살아남는다. 심지어 영원히 죽지 않는다. 당신은 어떠한가?

살아가는 세 가지 방법, 한 가지 선택

우리에게는 세 가지 살아가는 방법이 있다. 선하게 사는 법, 악하게 사는 법, 복음으로 사는 법. 다른 말로 하면 율법, 방종 그리고 주님이다.

어떤 사람은 순간을 위해 산다. 가능한 한 많은 쾌락을 누리고, 내일을 생각하지 않고, 죽음 뒤에 무슨 일이 있을지 생각하지 않는다. 하나님이나 그분의 교회를 향해 주먹을 흔드는 경우를 제외하고는 하나님의 존재에 대해 생각하지도 않으며 산다. 어떤 사람은 입으로 하나님을 부정해 무신론자가 되겠다고 선언한다. 또 어떤 사람은 삶으로 하나님을 부정해 자기 내키는 대로 사는 기능적인 무신론자로 산다. 이미 그러한 삶에 팔린 사람은 그것이 나쁜 일인지 전혀 모르겠지만, 이것이 바로 '악한 삶' 혹은 '방종의 삶'이다.

어떤 사람은 매우 종교적이고 도덕적인 삶의 방식을 선호해 자신의 모든 행동거지를 주의하며 선한 행위의 목록을 작성하며 살기도 한다. 착한 사람이 되려고 최선을 다하고, 선한 생각만 하고, 착한 말만 하려고 한다. 섬기고 나누고 희생한다. 그러나 예수님을 사랑하지는 않는다. 교회에 나가기도 하고, 심지어는 자기 스스로를 교회에 나가지 않아도 될 정도로 착하다 여긴다.

무신론자일 수도 있고 종교적인 사람일 수도 있다. 그들은 공히 이 세상은 모두 '심은 대로 거둔다.'는 원칙에 따라 움직인다고 생각한다. 업보가 우리를 구원한다고 여기거나, 천국에는 우리의 공과를

측량하는 큰 저울이 있어서 우리의 말과 행동을 거기에 달아본 후 더 기우는 쪽으로 심판받을 것이라고 여긴다.

우리가 완전히 정직하다면, 결코 그렇지 않음을 알 것이다. 우리의 평생 선행을 다 모은다 해도 하나님과 영원히 거하는 데 필요한 영원한 영광에 이르기에는 턱 없이 부족하다.

그날 나는 새로 사귄 친구, 토카와 함께 택시에 있었다. 그는 자신의 선행이 자신의 악행보다 크지 않음을 인정했다. 나도 똑같이 인정했다. 하루하루 근근이 살아가는 따분한 일상뿐 아니라 불확실한 영원과 마주하고 있었다. 그리고 나도 모르게 그의 목적 없는 삶과 절망적인 삶을 드러냈다.

그렇다면 우리는 어떻게 해야 할까? 세 가지 살아가는 방식이 있지만, 결국 처음 두 가지는 같은 방식이다. 그 둘은 모두 자기 구원 프로젝트이고, 둘 다 결국 소용없는 일들이다.

하지만 예수님이 계시다. 예수님은 착하지려고 애쓰는 사람에게 유일하게 쉼을 허락하신다. 악해지면 어쩌나 하는 두려움을 정복하는 유일한 분이시다. 우리가 주님을 확실히 알게 되면, 그분이 깨진 죄인에게 어떤 사랑을 품으시는지 알게 되면, 길 잃은 나그네에게 어떤 소망을 주시는지 알게 되면, 메마른 심령에게 어떤 기쁨을 부으시는지 알게 되면, 연약한 인간에게 어떤 영광을 나누어 주시는지 알게 되면, 오직 선택은 하나뿐이다. 이것이 내가 토카에게 전한 이야기이다.

결국 기독교만이 탁월하다. '더 나은 종교'여서가 아니라, 더 옳은 말을 하기 때문이다. 예수 그리스도가 있기에 기독교는 그 어떤 종교와도 비교할 수 없는 유례없는 종교이다.

토카는 잘 모르겠다는 듯이 어깨를 으쓱했다.

여러분은 제발 어깨를 으쓱하지 않기를…….

나가는 글

예수 그리스도 외에 없다

    한 번도 들어 본 적 없을지 모르겠지만, 선다 싱(Sundar Singh)이라는 사람에 대한 흥미로운 이야기가 있다. 선다 싱은 인도의 시크교(Sikh)를 믿는 가정에서 자랐다. 부모님은 아들이 영어를 배우도록 기독교 선교사가 운영하는 학교에 보냈다. 싱은 기독교인을 싫어했다. 싱이 어렸을 때 그의 어머니가 세상을 떠난 후로 기독교인에 대한 미움은 더욱 커졌다. (자신이 기독교를 얼마나 싫어하는지 증명하기 위해 친구들 앞에서 성경을 갈기갈기 찢었다는 일화도 있다.)

    커져가는 괴로움과 슬픔을 감당할 수 없던 싱은 어느 날 죽으려고 철로에 가서 누웠다. 다행히 기차는 오지 않았다. 대신 아주 특별한 일이 일어났다. 싱은 바울이 그랬던 것처럼, 예수 그리스도를 만나는 '다메섹의 경험'을 했다. 분명한 회심을 경험한 것이다.

    기독교인을 싫어했던 사람이 기독교인이 되었다. 그는 가족이 믿던 종교에서 기독교로 개종한 후, 즉시 가족으로부터 의절당하고 사랑했던 사람들로부터 버림받았다. 그러나 그는 마침내 형용할 수 없는 기쁨을 발견했고 그리스도와 동행하는 삶을 위해 기꺼이 모든 것을 버릴 수 있었다. 기독교 선교사가 된 그는 전통적인 시크교 신자의 복장으로, 죄를 용서하시며 깨어짐을 회복하시는 예수님을 동족들에게 전파했다.

이 놀라운 회심을 지켜본 힌두교 교수는 싱에게, 그가 이전에 믿었던 종교에서는 발견하지 못했으나 기독교에서는 새롭게 발견한 것이 무엇인지 물었다. 그 교수는 기독교의 어떤 지성적인 핵심, 교리적 특징, 신학적 매력이 무엇인지 궁금했다. 그는 이렇게 물었다. "종교란 결국 기본적으로 모두 같은 것이 아닙니까?"

선다 싱은 이렇게 대답했다. "저는 그리스도를 발견했습니다."

"오, 그렇지요. 저도 그건 압니다." 교수가 말했다. "하지만 전에는 발견하지 못한 특별한 교리나 원리가 있을 게 아닙니까? 그것이 도대체 뭡니까?"

싱이 대답했다. "제가 발견한 특별한 것은…… 그리스도입니다."

교리는 중요하다. 종교도 중요하다. 그러나 그리스도는 모든 것 위에 뛰어나시다. 존 파이퍼 목사는 그리스도의 지고함에 대해 설교하며 그 이유를 다음과 같이 밝혔다.

그는 하나님의 최후의 계시이기 때문이다.
그는 모든 만물의 상속자이시다.
그는 세상의 창조자이시다.

그는 하나님의 영광의 광채이시다.

그는 하나님의 본성의 완벽한 형체이시다.

그는 자신의 말씀의 힘으로 만물을 붙드신다.

그는 죄를 정결케 하셨다.

그는 하나님의 우편에 앉으셨다.

그는 공평의 규로 보좌에 앉으셨다.

그는 천사에게 경배를 받으신다.

그의 통치는 영원하다.

그의 기쁨은 이 우주 만물 모든 것 위에 있다.

그는 인간의 육체를 입으셨다.

그는 고난 가운데 영광과 존귀의 관을 쓰셨다.

그는 우리 구원의 근원이시다.

그는 고난을 통해 모든 순종 가운데서 온전하게 되셨다.

그는 사망 권세를 가진 자를 이기셨다.

그는 두려움의 굴레에서 우리를 건지셨다.

그는 자비하고 신실한 대제사장이시다.

그는 우리 죄를 위해 화목제가 되셨다.

그는 스스로 시련을 겪으셨기에 긍휼하시다.

그는 결코 죄가 없으시다.

그는 하나님을 경외하며 통곡과 눈물로 간구와 소원을 올리셨고 하나님이 그 기도를 들으셨다.

그는 영원한 구원의 근원이 되셨다.

그는 불멸의 생명의 능력을 따라 제사장이 되신다.

그는 우리를 대신해 하나님 앞에서 서신다.

그는 애타게 기다리는 사람들을 구원하기 위해 다시 오실 것이다.

그는 어제도 오늘도 영원토록 동일하시다.[1]

여러분도 이것을 받아들이라고 권하고 싶다. 지금까지 이 책에서 나는, 종교의 세계와 철학적 사상에 있어 기독교가 얼마나 독보적인지 보여 주고자 했다. 내가 여러분에게 권하고 싶은 것은 예수 그리스도를 만물의 주요, 영혼의 구원자로 받아들이라는 것이다.

나도 안다. 이 모든 것이 상당히 영적인 이야기처럼 들린다는 것을. 사실 매우 영적인 이야기가 맞다. 우리 그리스도인들은 하나님의 영이 실재이며, 운동력 있으며, 예수님이 십자가에 못 박혀 죽으시고 부활하신 하나님의 아들이라는 사실을 믿도록 친히 인도하신다는 사실을 믿는다. 만일 여러분이 신자가 아니라면, 지금 당신을 이끄시는 그분을 느끼게 되기를 바란다.

예수 그리스도에게서 발견되는 구원 외에 다른 구원은 없다. 그분이 본질이며 전부이시다.

---

1) John Piper, "How the Supremacy of Christ Creates Radical Christian Sacrifice: Together for the Gospel Conference, Louisville, KY," *Desiring God* (April 17, 2008), http://www.desiringgod.org/conference-messages/how-the-supremacy-of-christ-creates-radical-christian-sacrifice.

역자의 글

기차게 독특한 교리로 세상을 흔들어라!

한국 기독교 영성의 세계화(?)를 꿈꾸며 귀국을 했고, 신학대학교에서 가르치기 시작한 지도 몇 년이 흘렀다. 여전히 한국 기독교 영성의 핵심을 말하라면 잘 모르겠다. 하지만 문제가 무엇인지는 확실히 알게 되었다. 교리 교육이 약하다는 것이다.

『복음에 뿌리를 내려라』라는 책에 보면, 유대교 멤버가 되려면 짧게는 1년에서 길게는 3년이나 걸린다고 한다. 가톨릭교회의 멤버가 되려면 최소한 6개월의 교리를 이수해야 한다고 한다. 반면 개신교회는 평균 3주면 교회의 멤버가 될 수 있다. 집사, 장로가 될 때까지 교리를 한 번도 배운 적이 없다고 한다. 자기가 믿는 것이 무엇인지 모른 채 믿는다고 말하는 것이란 뜻이다. 한국에 와서 깨달은 건 성경을 잘 가르치지 않는다는 것이었다.

무엇보다 우리에게는 종교개혁의 정신, 아드 폰테스(ad fontes), 즉 '본질로 돌아가는 것'이 필요하다. 본질로 돌아간다는 것은 본질에서 벗어나 있음을 전제로 한다. 종교개혁은 복음의 본질에서 벗어나지 않으려는 몸부림이었다. 시대정신을 거슬러 본질을 지키려는 저항정신이 바로 종교개혁정신이다. 나는 그것이 반항이 아닌 저항, 록 스피릿과 닮았다고 생각한다.

얼마 전 한국을 처음 방문한 존 파이퍼 목사님을 만나 교제할 기회가 있었다. 존 파이퍼 목사님은 종교개혁은 성경 읽기의 재발견이라고 했다. 이 책의 저자인 제라드 윌슨은 존 파이퍼 목사님의 영향을 많이 받았고, 또 여러 집회에서 동역하고 있다. 나는 저자인 제라드 윌슨에게도 바로 그 종교개혁의 정신을 발견했다. 그는 복음으로 세상을 흔든다.

이 책은 독자들로 하여금 성경을 읽고 싶게 만든다. 모든 신학과 교리는 인간이 만든 것이 아니라 성경 읽기에서 비롯되었음을 알려 준다. 할리우드 영화보다 파격적인 스토리에 '아니, 성경에 그런 내용이 있었다고?'라는 생각이 들어 성경을 집게 한다. 확인하고 싶게 한다. 기독교 변증을 뜻하는 영어 단어 'aplogetics'는 '변명'이나 '사과'를 뜻하는 'aplogize'에서 왔다고 한다. 하지만 복음의 핵심을 알면 더는 우리가 살고 있는 이 세상에 변명이나 사과를 할 필요가 없다. 저자인 제라드 윌슨에게서 그런 배짱이 엿보인다. 복음의 능력은 그 어떤 논리와도 비교할 수 없는 독특한 능력이며, 어떤 종교나 철학도 흉내 낼 수 없는 진리임을 주장한다.

이 책은 성경을 펼쳐놓고 확인하며 읽어야 한다. 베뢰아의 사람들이 그랬듯 읽고 들은 내용을 반드시 성경과 비교하며 확인해야 한다. 그 작업이 바로 다시 말씀으로 돌아가는 것이다. 한국 교회는 그 어느 때보다 다시 본질로 돌아가 복음을 회복해야 한다. 참으로 필요한 시기에 꼭 듣고 싶은 이야기를 들려주신 존 파이퍼 목사님을 만났고, 또 이 책을 번역할 기회를 얻었다. 꼭 필요한 이야기를 하고 있는 책이다.

이 책이 되도록 많이 읽혔으면 좋겠다. 교리 교육의 새로운 바람이 일어나면 좋겠다. 복음은 세상을 흔드는 능력이다. 세상을 흔들려면, 흔들리지 않는 말씀에 뿌리를 깊이 내려야 한다. 이 책이 소개하는 교리들은 딱딱하지 않지만 말씀에 뿌리를 깊이 든든하게 내리고 있다. 한국 교회가 그저 과거에 종교개혁이 한 번 일어났던 교회가 아닌, 지금도 말씀에 뿌리를 내린 개혁이 진행 중인 교회가 되기를 간절히 소망한다.

_ 전병철 (아세아연합신학대학교 기독교교육학 교수)

감사의 글

 이 책은 많은 사람들의 통찰과 영감이 있었기에 쓸 수 있었다. 하지만 특별히 몇몇의 이름을 따로 언급하고 싶다. 가장 쓰기 어려웠던 1장은, 좋은 친구이자 미드웨스턴신학교 스펄전도서관의 큐레이터인 크리스천 조지와의 수많은 대화가 없었다면 불가능했을 것이다. 지혜를 나누어 주고 용기를 북돋아 주어 고맙네, 친구.

 이 책은 또한 레이 오트런드, 팀 켈러, 마틴 루터 그리고 C. S. 루이스와 같은 훌륭한 분들의 사상에 많이 의존했다. 에릭 레이먼드 목사는 이 글을 쓰는 데 엄청난 도움이 된 로마서 3장 26절에 대한 아름다운 진리를 깨닫게 해 주었다. 또 내가 전에 섬겼던 버몬트 주의 미들타운 스프링스 커뮤니티 교회와 뉴잉글랜드 지역의 아름다운 사람들에게 깊은 감사를 드린다. 그들은 낯설고 새로운 지역에서도 예수님의 메시지가 어떤 놀라운 역사를 가져오는지 보여 주었다.

 나의 에이전트인 돈 게이츠는 내가 이 책을 쓰는 내내 훌륭한 코치였다. 또한 베이커출판사의 친절한 직원들은 이 책을 쓰기 시작한 처음부터 끝까지 열정적인 응원단이었다. 무엇보다 나의 가장 친한 친구이며 내가 꿈꾸지 못했던 은혜의 모험을 함께하는 최고의 동반자인 베키에게 꼭 감사하고 싶다.

_ 제라드 윌슨

사명선언문

너희가 흠이 없고 순전하여……세상에서 그들 가운데 빛들로
나타내며 생명의 말씀을 밝혀 _ 빌 2:15-16

1. 생명을 담겠습니다
만드는 책에 주님 주신 생명을 담겠습니다.
그 책으로 복음을 선포하겠습니다.

2. 말씀을 밝히겠습니다
생명의 근본은 말씀입니다.
말씀을 밝혀 성도와 교회의 성장을 돕겠습니다.

3. 빛이 되겠습니다
시대와 영혼의 어두움을 밝혀 주님 앞으로 이끄는
빛이 되는 책을 만들겠습니다.

4. 순전히 행하겠습니다
책을 만들고 전하는 일과 경영하는 일에 부끄러움이 없는
정직함으로 행하겠습니다.

5. 끝까지 전파하겠습니다
모든 사람에게, 땅 끝까지, 주님 오시는 그날까지
복음을 전하는 사명을 다하겠습니다.

서점 안내

광화문점 서울시 종로구 새문안로 69 구세군회관 1층
02)737-2288(T) 02)737-4623(F)

강남점 서울시 서초구 신반포로 177 반포쇼핑타운 3동 2층
02)595-1211(T) 02)595-3549(F)

구로점 서울시 구로구 시흥대로 577 3층
02)858-8744(T) 02)838-0653(F)

노원점 서울시 노원구 동일로 1366 삼봉빌딩 지하 1층
02)938-7979(T) 02)3391-6169(F)

분당점 경기도 성남시 분당구 황새울로 315 대현빌딩 3층
031)707-5566(T) 031)707-4999(F)

신촌점 서울시 마포구 서강로 144 동인빌딩 8층
02)702-1411(T) 02)702-1131(F)

일산점 경기도 고양시 일산서구 중앙로 1391 레이크타운 지하 1층
031)916-8787(T) 031)916-8788(F)

의정부점 경기도 의정부시 청사로47번길 12 성산타워 3층
031)845-0600(T) 031)852-6930(F)

인터넷서점 www.lifebook.co.kr